中华蒙学经典

龙文鞭影

乔天一 译注

中華書局

目　录

卷三

卷四

附录

前　言

我国是个历史悠久的文明古国，每个历史阶段都产生过很多有作为、有影响的人物，这些人物及其事迹被记载在古代的正史、野史、笔记、文集中。但历史典籍浩如烟海，即使是大学问家也不可能把它们通读一遍，儿童就更不用说了。但是，在对儿童进行教育时，让他们熟知古人事迹又是现实的需要。首先，自古流传下来的古人事迹大多是有教育意义的，少部分虽然是负面的，但也能起到鉴戒作用。其次，儿童在写诗作文中，经常要用到典故，而典故大多都是由古人事迹演变而来的。在学习中既然存在“读不完”和“必须读”的矛盾，专讲古人事迹的蒙学读物就应运而生了。唐人李瀚首先摘取史传轶事编成四言韵语，书名《蒙求》，宋代徐子光为其作注。自宋至清，仿效之作层出不穷，《龙文鞭影》就是其中比较好的一种。

《龙文鞭影》初名《蒙养故事》，后经明末清初人杨臣诤增订，更名《龙文鞭影》，意在表明采用本书进行教育容易取得成效。“龙文”是古代骏马的名字，“鞭影”是说鞭子扬起以后不打下来，只是像一道影子似的划过。因良马看到鞭影就会快跑，无需用鞭子抽打。对于古代蒙童来说，本书确实是名副其实的“速成教材”。之所以这样说，有以下几点原因。

第一，《龙文鞭影》的内容在同类蒙学教材中堪称丰富。唐代的《蒙求》共636句，除去末尾4句，真正包含古人事迹的共632句；《龙文鞭影》共1032句，不包含典故的也是4句。两书基本都是每句一个典故（有个别处是两句一个典故，《龙文鞭影》中偶尔还能见到一句包含两个典故的例子），可见《龙文鞭影》包含典故远超《蒙求》。从时间范围看，《蒙求》收录的古人事迹是从春秋到南北朝时期（实际南北朝的典故很少）；《龙文鞭影》则收录上古至明末清初的古人事迹，不仅范围更广，而且收录了大量唐宋名人轶事，相应地也删去了一些不常用的汉晋典故，实可谓后出转精。

第二，《龙文鞭影》将典故分韵排布，对于初涉诗文创作的儿童有很大帮助。不同版本的《龙文鞭影》分韵法不太一致，最常见的通行本是依偶数句的末字为准，按照诗韵分类，把句子分别收录在三十韵中。这样一来，文字不仅读起来琅琅上口，易于记诵，而且如果作诗需要用典，可以按照相应的韵部去寻求，十分方便。

第三，《龙文鞭影》的典故之间有内在的联系，抓住脉络则记忆和应用会事半功倍。此书虽是一部以韵分类的典故教材，且各韵内典故丛杂，无法归纳每韵的整体内容，但是，这并不表示本书是在堆砌典故。一般来说，本书中相对的两个典故都是有联系的，如“公瑜嫁婢，处道还姬”都是帮助落难人完成婚姻的故事，“燕投张说，凤集徐陵”都是名人出生前的异象，等等；也有些典故是两两对立的，如“安石执拗，味道模棱”，指的是性格完全相反的两个人；还有一些典故从情节上看不出太多联系，但文字上能做到两两相对，如“郗启箧，殷羡投函”“孟嘉落帽，宋玉披襟”之类。

第四，《龙文鞭影》的典故有很正面的道德取向，通过老师的讲解和学生的背诵，学习者会自然而然地受到道德教育，从而形成基本的人生观、价值观。

最后，《龙文鞭影》的注释比较完善。由于四字句太过简单，学生有时不能理解典故的内涵，本书每句下面都有简短的注释，简述典故涉及的人和事，帮助学生理解；有些不很常见的典故还注明了出处，无论老师教授还是学生自学都很方便。因此《龙文鞭影》问世后，很快受到人们的青睐，成为重要的蒙学教材。

当然，《龙文鞭影》也是有瑕疵的。首先，本书是一部封建社会的蒙学教材，宣扬的是在当时道德体系中被视为美谈的事迹，而这些事迹中有些现在看来是落后甚至有害的。如“邓攸弃子”“郭巨埋儿”，这些为古人津津乐道的孝友故事，现在看来是有背人伦，甚至是触犯法律的。还有一些典故宣扬神仙事迹和因果报应，其中大多是后人的附会之谈，自然不能完全相信。

此外，本书对历史的评论也带有时代的印迹，如视曹操为国贼，刘备是汉朝的正统继承者，章　是奸臣，程颐、朱熹是堪比孔子的大儒。这种单纯从礼制道德或私人意见出发评价历史人物的做法，在今天看来是不实事求是的。

虽然本书存在上述问题，但鉴于它收录典故广博，基本的道德取向是扬善惩恶，因此瑕不掩瑜，仍具有重要的价值。然而，这样一部有意义的蒙学教材，目前对它的作者以及成书过程的研究还很有限。目前，将《龙文鞭影》的作者题为“萧良有、杨臣诤”，这个说法并不准确。此书刻本所列的作者、校勘者分别是：萧良有纂辑、杨臣诤增订、李恩绶校补、来集之音注，这几位虽然所用名义不同，但都为此书作出了贡献。纂辑者萧良有是万历八年（1580）

一甲第二名进士，官至国子监祭酒。作注者来集之则活动于明末崇祯年间（1628—1644）。从这两个人的生活时代看，本书应该成书于明朝万历年间，作注则晚到崇祯前后。增订者杨臣诤是明末清初桐城人，明亡后隐居不仕，本书中“休那题碣，叔部凭棺”两个典故赞扬明末遗民能坚守大节，所提到的又都是桐城人，很可能就是杨臣诤补入的。校补者李恩绶是晚清镇江文坛的领袖人物，下平声“七阳”第一联“君起盘古，人始亚当”提到《圣经》人物，大概就是他所补写。至于杨臣诤具体“增订”了哪些文字，李恩绶又“校补”了什么内容，现在已不得而知。

由于《龙文鞭影》的流传，清代人李晖吉、徐瀠曾经仿照本书的体例写了一部《龙文鞭影二集》，也是按三十韵分类，并将本书作为《初集》，一起刻印。本次整理《龙文鞭影》，以李恩绶校补的光绪刻本为底本，没有包括《二集》在内。原刊本的注释颇有疏漏，有把人物搞错的，如北魏的孝子王崇被当成西汉的大臣王崇；有把人物年代搞错的，如梁代画家张僧繇被误记为唐朝人；有把两人当成一人的，如谢凤和谢超宗本是父子，原注说“谢凤字超宗”；还有一些注释或是抓不住重点，或是把几种记载糅合在一起，总之欠缺准确性。因此，本次整理时不加旧注，而是对正文重新进行阐释，由于篇幅限制，除必须的情况外，一般不对人物或事件进行褒贬评论，只据事直书。如有前文提及的不符合现代思想和法律的典故，也未作特别的注释，相信读者自能辨别。

如有不当之处，敬希读者指正。

作者

2012 年 7 月

卷一

一 东

粗成四字，诲尔童蒙。

【译文】

本书把典故写成简单的四字句，用来教导你们这些儿童。童蒙：儿童，小孩子。

经书暇日，子史须通。

【译文】

在读经书（指儒家经典）的空余时间，还应该学习诸子百家和历史著作。

重华大孝，武穆精忠。

【典故】

重（chóng）华大孝：《孟子·万章上》记载：重华（即舜，传说中的上古帝王）的父亲、后母和弟弟多次合谋要害死他，但舜逃生后仍然孝顺父母，亲爱兄弟，所以古人把舜当作“孝”的典范。

位于河南开封西南朱仙镇的岳飞庙，俗称岳王庙。在人们心目中，岳飞代表着正义、勇敢、智慧和忠贞。

武穆精忠：《宋史·岳飞传》记载：岳飞（南宋名将，民族英雄，谥号武穆）去见皇帝宋高宗，高宗写下“精忠岳飞”四个字，制成军旗赐给他。

尧眉八彩，舜目重瞳。

【典故】

尧眉八彩，舜目重（chóng）瞳：《论衡·骨相》记载：尧（传说中的上古帝王）的眉毛有八种颜色，舜（传说中的上古帝王）的眼睛有两个瞳孔。古人把这种奇异现象视为圣人的特征。

商王祷雨，汉祖歌风。

【典故】

商王祷雨：《淮南子·主术训》记载：商汤（商朝的第一代君主）时，连续大旱七年，太史认为应该以人作为祭品，向上天请求降雨。商汤不忍杀害他人，就把自己当做祭品，在桑林向上天祈祷。祈祷结束后，天降大雨，解除了旱情。古人认为这是上天对商汤不忍杀人一事的报答。

汉祖歌风：《史记·高祖本纪》记载：刘邦（汉高祖）当了皇帝后，回到故乡，和家乡父老饮酒聚会。在宴会上，他唱道："大风刮起来，云随着风翻腾飘扬。我的威武凌驾于天下，回到了故乡。怎样才能寻得勇士为我守卫边疆？"后人把这首歌称作《大风歌》。

秀巡河北，策据江东。

【典故】

位于河北高邑县花园村南的"千秋台"，相传这是当年刘秀在高邑登基做皇帝时垒成的。

秀巡河北：《后汉书·光武帝纪》记载：刘秀（即汉光武帝，东汉开国皇帝）参加到反抗王莽新朝的起义军中，拥立更始帝。后来，刘秀奉更始帝之命巡行河北（古时指黄河以北的地区），获得当地官员的支持。他以河北为根据地逐步统一全国，建立了东汉王朝。

策据江东：《三国志·吴志·孙破虏讨逆传》记载：东汉末年，孙策占领江东（长江以东）地区，建立割据势力。临死时，他将事业托付给弟弟孙权。孙权在此基础上，建立了东吴政权。

太宗怀鹞，桓典乘骢。

【典故】

太宗怀鹞（yào）：《隋唐嘉话》记载：一次，唐太宗（即李世民，唐朝第二代皇帝）正在玩鹞子（一种比鹰小的猛禽，可以训练它捕猎），看到大臣魏徵来了，急忙把鹞子藏在怀里。魏徵装作不知道，奏事时故意拖延时间。最终，鹞子被闷死在唐太宗怀中。

桓典乘骢（cōng）：《后汉书·桓典传》记载：东汉后期官员桓典不畏权贵，经常上书攻击掌权者的不当行为，住在京城洛阳的人都很畏惧他。由于他常骑一匹骢马（青白色的马，现通常称为“菊花青”），京城的人都说：“走走就停下吧，要躲开骢马御史。”

嘉宾赋雪，圣祖吟虹。

【典故】

嘉宾赋雪：南朝人谢惠连的《雪赋》以西汉文帝之子梁王与宾客在兔园赏雪为主题，描绘了梁王命司马相如描绘雪景，司马相如奉命作赋的情节。

明太祖朱元璋像

圣祖吟虹：《碧里杂存》记载：明太祖朱元璋微服出行，见到彩虹，随口作了两句诗。路过的彭友信立刻续上后两句。朱元璋认为彭友信有才华，与他约定次日一起入朝。第二天，彭友信坚持等候朱元璋，以致错过了上朝的时间。朱元璋很赞赏彭友信的人品，就任他为官。

邺仙秋水，宣圣春风。

【典故】

邺（yè）仙秋水：《邺侯外传》记载：唐代诗人贺知章评价童年的李泌（bì，唐朝大臣，官至宰相，封邺侯，因喜好神仙不死之术，被称为“邺仙”）说：“这个小孩子眼睛像秋水一样明亮澄清，将来一定能做宰相。”后来果然应验。

宣圣春风：《尚友录》记载：汉武帝向文学家东方朔询问孔子（春秋时期著名思想家，儒家思想的创始人，汉朝追尊孔子为“褒成宣尼公”，所以后世称孔子为“宣圣”）和颜回（孔子的弟子）的道德谁更出色。东方朔回答：“颜回的道德就像桂树，能够让一座山都变得芳香；孔子的道德则像是春风，所到之处万物都跟着生长。”

恺崇斗富，浑濬争功。

【典故】

恺（kǎi）崇斗富：《世说新语·汰侈》记载：西晋时期，王恺和石崇两位大臣比富。晋武帝为了帮助王恺取胜，赐给他一棵二尺多高的珊瑚树，石崇看后顺手就将它打碎了。王恺大怒，石崇说：“不要生气，我还给你就是了。”于是让仆人搬出家里的六七棵珊瑚树，每棵都有三四尺高。

浑濬（jùn）争功：《晋书·王濬传》记载：在西晋灭吴的战争中，西晋大臣、将领王浑率先打败吴军，但他迟疑不敢渡江；西晋名将王濬则顺长江而下，攻入吴国都城。王浑把这件事看作耻辱，于是向晋武帝奏报王濬在战争中的不法行为。王濬则上书为自己辩护。

王伦使虏，魏绛和戎。

【典故】

王伦使虏：《宋史·王伦传》记载：南宋大臣王伦奉命到金国议和，并达成接回被金国俘虏的宋徽宗和宋钦宗的协议。后来金国发生政变，废止了和约，并将王伦扣押在北方。王伦始终不肯投降金国，最终被金人处死。　　虏：古人对少数民族的蔑称，此处指金国。

魏绛（jiàng）和戎：《左传·襄公四年》记载：春秋时期，戎族部落派使者与晋国讲和。晋国国君认为戎人不讲信义，要继续和他们打仗。大夫魏绛极力阻止，并向国君指出与戎人保持友好的好处。晋国国君接受了魏绛的劝告，不再与戎族交战。

恂留河内，何守关中。

【典故】

恂（xún）留河内：《后汉书·寇恂传》记载：刘秀攻下河内郡（在今河南西北部）后，决定北上镇压起义军，留大将寇恂镇守河内郡。寇恂击败来犯的强敌，又不断为刘秀的军队供给粮草财物，得到刘秀的赞赏。

何守关中：《史记·萧相国世家》记载：刘邦平定关中（指陕西秦岭北麓渭河冲积平原）后，派萧何（西汉开国功臣，官至丞相）辅佐儿子刘盈留守，自己率军东进与项羽交战。萧何不断给刘邦提供给养。刘邦灭项羽后，将萧何评为第一功臣。

曾除丁谓，皓折贾充。

【典故】

曾（zēng）除丁谓：《宋史·丁谓传》记载：北宋真宗死后，时任宰相的丁谓与内侍雷允恭勾结。雷允恭擅自移动真宗陵墓墓址，导致中途停工。负责调查的官员由于畏惧丁谓，不敢说实话。后来大臣王曾前往复查，

永定陵是北宋真宗皇帝赵恒的陵墓，位于河南巩义。图为永定陵全景。

才揭露出真相。丁谓因此被免职。

皓折贾充：《资治通鉴·晋纪》记载：西晋灭吴后，吴国的最后一个皇帝孙皓被迫朝见晋武帝。朝会上，西晋大臣贾充嘲讽孙皓说："听说您在南方凿人的眼睛，剥人的脸皮，这是什么刑罚啊？"孙皓回答："做臣子的有杀害君主以及不忠诚的，就处以这种刑罚。"贾充有杀害曹魏君主的劣迹，听到孙皓的话后就不说话了。

田骄贫贱，赵别雌雄。

【典故】

田骄贫贱：《史记·魏世家》记载：战国时期学者田子方对魏太子很不恭敬。魏太子生气地问："是富贵的人可以骄傲地对待别人呢？还是贫贱的人可以表现出骄傲来呢？"田子方回答："当然是贫贱的人可以表现骄傲，富贵的人怎么敢骄傲地对待别人？国君待人骄傲，就要失去他的国；大夫待人骄傲，就会失去他的家；贫贱的人呢，说的话不被采纳，做的事与人不合拍，可以穿上鞋就走，他到哪儿不都是贫贱的吗？还怕失去什么呢？"

赵别雌雄：《后汉书·赵温传》记载：东汉大臣赵温曾感叹："大丈夫应该奋发上进，怎么能屈居人下。"于是就辞职回家了。　雌雄：这里分别指两种不同的生活态度，即奋发有为与屈服隐忍。

王戎简要，裴楷清通。

【典故】

王戎简要，裴楷清通：《世说新语·赏誉》记载：西晋官员王戎和裴楷幼年时同去拜访大臣钟会。事后，有人问钟会："刚才那两

唐朝末年著名画家孙位的《高逸图》（局部），画中人物是"竹林七贤"之一的王戎。画面上的王戎，裸足趺坐，右手执如意，左腕懒懒地搁在右手上，似乎正欲侃侃而谈。在王戎的侧后，恭敬地站立着一位怀抱书卷的书童。

个孩子怎么样？”钟会说：“裴楷内心清明，外表通达；王戎懂得礼法大要而行事简约。”

子尼名士，少逸神童。

【典故】

子尼名士：《晋书·蔡谟传》记载：西晋名士王澄途经官员蔡克（字子尼）的家乡，问当地官员：“此地有哪些名士呢？”官员回答说：“有蔡子尼和江应元。”

少逸神童：《诗话总龟·幼敏门》记载：北宋文人、官员刘少逸 11 岁时，他的老师带他去见当时的著名文士王禹偁（chēng）和罗处约。王、罗出对联考刘少逸，始终难不住他。于是二人向朝廷报告刘少逸是一位神童。

巨伯高谊，许叔阴功。

【典故】

巨伯高谊：《世说新语·德行》记载：东汉时期，荀巨伯去探望生病的朋友，遇上敌军攻城。朋友说：“我肯定要死了，你走吧。”荀巨伯不忍离开。城陷后，敌军首领问荀巨伯：“大军到来，城里的人都逃了，你怎么还在这里？”荀巨伯回答：“朋友生病，我不忍抛弃他，希望能以我的性命换取他的性命。”敌军赞赏他的义气，就撤兵离去了。

许叔阴功：《独醒杂志》记载：南宋名医许叔微行医救了很多的人。一天，他梦见神人对他说：“上天因为你治病救人的阴功（指在人世间所做而能在阴间记功的事情），会赐给你大官。”后果然应验。

代雨李靖，止雹王崇。

【典故】

代雨李靖：《续玄怪录》记载：唐朝开国功臣、名将李靖未做官时曾到山中打猎，晚上住在山中民家。夜里女主人对李靖说：“我们这里是龙宫，上天命令我们降雨，但我的两个儿子都不在，能麻烦您一次吗？”于是她给李靖一匹马、一个水瓶，告诉他让马随便跑，听到马叫，滴一滴水在马鬃上，就会下雨。李靖看到自己所住的村子非常干旱，连滴了二十滴，不料却造成了洪灾。

止雹王崇：《魏书·孝感传》记载：北魏孝子王崇在父母先后去世后极其哀痛。那一年他的家乡发生雹灾，对庄稼造成了巨大损害。然而当冰雹要经过王崇的田地时，却突然停了下来。当时的人都认为这是上天对王崇孝行的报答。

和凝衣钵，仁杰药笼。

【典故】

和凝衣钵：《渑水燕谈录·贡举》记载：五代时期大臣和凝中进士时名列第十三。有一年他主持科举考试，对参加考试的范质非常欣赏，于是将范质定为第十三名。事后，和凝对范质说："你的文章是应该得第一名的，姑且委屈你排在第十三，将来传我的衣钵（僧人所穿法衣与食钵的合称。佛教以衣钵相传作为传承的标志，所以后人把师徒传授继承也称为"传衣钵"）。"后来范质果然官至宰相，实现了和凝的预言。

仁杰药笼：《旧唐书·元行冲传》记载：元行冲曾对唐代大臣狄仁杰说："下属侍奉上司，对上司来说就像是储藏各种东西备用，储备肉食是供食用的，储备药物是防病的。您门下的宾客里面可以充当美食角色的已经很多，希望能把我当做一味药物。"狄仁杰对其他人说："元行冲就是我的药，一天也不能缺少。"　　药笼：盛药的器具。比喻储备人才之所。

位于河南洛阳城东白马寺山门外的狄仁杰墓。此墓为一圆形土丘，墓前今存碑石两方。较大的石方上书"有唐忠臣狄梁公墓"八字；较小的一方镌刻有吊诗数首及明人周鼎、河南知府虞廷玺所撰序文。

义伦清节，展获和风。

【典故】

义伦清节：《宋史·沈伦传》记载：北宋灭后蜀政权后，几个主要将领在当地大肆掠夺，大臣沈义伦不肯与他们同流合污。回京后检查行李，沈义伦的箱子里只有几本书而已。宋太祖赞赏他清廉高节。

展获和风：《孟子·万章下》记载：孟子称赞展获（即柳下惠，春秋时期鲁国大夫，有圣人之名）说："柳下惠是圣人之中平和温厚的那一类人。"又说："接触到柳下惠的风范，能让鄙俗的人宽容，轻薄的人敦厚。"后世因此称柳下惠为"和圣"，并用"和风百世"一词来赞美他。　和风：形容风范温厚诚信。

坐落于和圣园中的"和圣"——柳下惠塑像。和圣园位于山东新泰的和圣故里，是一处纪念道德圣贤大家柳下惠的主题文化公园。

占风令尹，辩日儿童。

【典故】

占风令尹：《列仙传》记载：老子西游，关令尹（名喜，春秋时期把守关口的官员）看到有紫气浮在关口上空，知道有圣人将要路过此地，就按照征兆的线索找到老子，并请他在隐居之前写一部著作留给人间。老子于是写成了《道德经》。

經典釋文
總校王詒壽分校
老子道德經上篇　華亭張氏原本
晉王弼注
一章
道可道非常道名可名非常名
無名天地之始有名萬物之母
故常無欲以觀其妙　常有欲以觀其徼
此兩者同出而異

浙江书局刻本《道德经》书影

辩日儿童：《列子·汤问》记载：孔子看到两个小孩子在争辩，就上前问原因。一个孩子说："我认为太阳刚出来时离人近，中午时离人远。"

另一个孩子说："我认为太阳刚出来时离人远，中午时离人近。"孔子听后竟不能判断他们谁说得对。

敝屣东郭，粗服张融。

【典故】

敝屣（lǚ）东郭：《史记·滑（gǔ）稽列传》记载：汉武帝时，士人东郭先生生活穷苦。他冬天出门，穿的鞋只有面没有底，脚直接踩在雪上。

粗服张融：《南齐书·张融传》记载：南朝齐官员张融上朝时穿着破旧的衣服。皇帝下诏说："看到你穿了一件破衣服，这确实是你日常的作风，但衣服太过破旧，也和你在朝廷中的名望不符。现在送一件旧衣服给你，这是我曾穿过的衣服，已经让人按照你的体格重新裁剪过了。"

卢杞除患，彭宠言功。

【典故】

卢杞除患：《新唐书·卢杞传》记载：唐朝大臣卢杞做地方官时，报告当地有三千头官府所养的猪祸害民间。皇帝下令把这些猪迁到别的地方去，卢杞说："其他地方的居民也是您的百姓，我觉得把这些猪吃掉是最好的做法。"皇帝很高兴，下令把猪赐给贫民。

彭宠言功：《后汉书·彭宠传》记载：当年，东汉光武帝刘秀出兵讨伐王郎，地方官彭宠负责运送粮草。他自以为功劳很大，常向别人夸耀。

放歌渔者，鼓枻诗翁。

【典故】

放歌渔者：《尚友录》记载：唐代官员崔铉（xuàn）见有个人总在江上钓鱼，钓到鱼就拿去换酒，高兴了就大声唱歌。崔铉问他："您这是隐士的生活吗？"渔人回答："人人都说姜子牙、严子陵是隐士，其实大家都不知道他们是在借钓鱼获取名声。"说完就走了。

鼓枻（yì）诗翁：《明语林》记载：宋朝人卓彦恭路过洞庭湖，见月下有一位老人划船，便问他捕到鱼没有。老翁回答："没有鱼，有诗。"于是敲打着船桨唱道："八十沧浪一老翁，芦花江上水连空。世间多少乘除事，良夜月明收钓筒。" 枻：船桨。 诗翁：能作诗的老人。

韦文朱武，阳孝尊忠。

【典故】

韦文朱武：《晋书·列女传》记载：前秦官员韦逞的母亲小时候曾跟着父亲学习《周礼》。前秦君主苻坚知道后，下令选派120名学生到她家学习，并授予她"宣文君"的称号。《晋书·朱序传》记载：东晋名将朱序镇守襄阳，抵抗前秦的进攻。他的母亲认为城的西北角必然首先崩溃，就率领城中妇女在西北角内另筑一新城。后来，城的西北角果然崩塌，城中守军退守新筑城内，前秦军队被迫撤退。

阳孝尊忠：《汉书·王尊传》记载：九折阪这个地方非常危险，西汉官员王阳经过这里时感叹："身体是父母留给我的，怎么能在这样危险的地方经过呢？"于是就告病辞官了。西汉末年，官员王尊也路过九折阪，问随行的人员："这里不是王阳害怕的那条路吗？"官员回答："正是。"王尊就对驾车的人说："快走！王阳是孝子，我王尊要做忠臣！"

倚闾贾母，投阁扬雄。

【典故】

倚闾（lǘ）贾母：《战国策·齐策》记载：战国时期，齐国发生动乱，国君被杀。臣子王孙贾回到家中，他母亲责备道："你早晨出去晚上回来，我倚着家门等你；你晚上出门不回来过夜，我倚着巷门等你。你现在侍奉国君，国君出逃，你不知道他去了哪里，还回家做什么呢？"于是王孙贾号召民众起来反抗，杀死了作乱者。

投阁扬雄：《汉书·扬雄传》记载：王莽篡汉后，学者扬雄的门人获罪，牵连了很多人。正在天禄阁校书的扬雄怕被株连，就从阁楼上跳下，几乎摔死。

扬雄墓，又称“子云坟”，位于四川郫（pí）县西南三元场友爱镇，为一圆形封土堆，上有柏树数百株。

梁姬值虎，冯后当熊。

【典故】

梁姬值虎：《鹤林玉露》记载：一天，梁氏到官府看到廊下有一头猛虎在地上睡觉，再看时，猛虎原来是一个军人，此人就是南宋大将韩世忠。梁氏看出韩世忠的不凡，就决定嫁给他。　　值：遭遇。

冯后当熊：《汉书·外戚传》记载：汉元帝带着妃子去看斗兽，熊突然从牢笼中跑了出来，妃子们吓得纷纷逃散，只有冯婕妤（jié yú）挡在元帝身前。随从将熊杀死后，元帝问冯婕妤：“大家都很害怕，你怎么偏偏冲到前面呢？”冯婕妤回答：“猛兽捕捉到人就会停下来，我怕熊伤害到你，所以要挡在前面。”元帝从此对冯婕妤格外敬重。

罗敷陌上，通德宫中。

【典故】

罗敷陌上：汉乐府有《陌上桑》一篇，描绘美貌而聪慧的罗敷采桑时，过路官员想要霸占她，被罗敷拒绝的情节。在诗中，罗敷巧妙而坚定地拒绝了官员的引诱，成为我国古代坚贞女性的代表。

通德宫中：《飞燕外传》记载：西汉成帝皇后赵飞燕的女仆樊通德被伶玄买为妾，她为伶玄讲述了赵飞燕姐妹的故事，并让他记下来。后来，伶玄根据樊通德讲的故事写成了《飞燕外传》一书。

二　冬

汉称七制，唐羡三宗。

【典故】

汉称七制：《文中子》记载：隋朝学者王通曾经说："古时所谓的圣主二帝三王，我是没有办法见到了，除了两汉，还有什么可称道的呢？伟大啊，汉代那七位君王。他们大概是以崇仁重义、公平宽恕的方式来治理天下吧。两汉四百年之间，天下没有人起过反叛的念头，这是因为汉代的君王懂得如何团结人心吧。"　七制：汉代七个治国有道的皇帝，即西汉的高祖、文帝、武帝、宣帝，东汉的光武帝、明帝、章帝。

唐羡三宗：唐代最有作为的皇帝是太宗、玄宗和宪宗。太宗在唐朝建国过程中有很大功劳，而且治国有道，史称"贞观之治"；玄宗扫平皇室内乱，励精图治，开创"开元盛世"；宪宗削平地方割据势力，后人将他的统治时期称为"元和中兴"。　三宗：唐代三个最有作为的皇帝，即太宗、玄宗、宪宗。

坐落于陕西西安贞观文化广场的雕像群，描绘了唐太宗李世民骑着高头大马在将士们的簇拥下前行，凸显了"贞观之治"下国力的强盛。"贞观之治"的形成，是与君臣的和睦团结、风气的纯正俭朴、德操的崇高伟大密不可分的。

杲卿断舌，高祖伤胸。

【典故】

杲（gǎo）卿断舌：《新唐书·忠义传》记载：唐玄宗时期，安禄山起兵造反，其属下官员颜杲卿不肯合作，还杀了安禄山的部将。后来颜杲卿被安禄山俘虏，处以断舌之刑（古代的一种肉刑，割断舌头）。

高祖伤胸：《汉书·高帝纪》记载：项羽与刘邦对峙，刘邦历数项羽十项大罪。项羽大怒，派人暗中射杀刘邦。箭本来射中了刘邦的胸口，但他怕动摇军心，便按住自己的脚说："贼人射中了我的脚趾。"

魏公切直，师德宽容。

【典故】

魏公切直：《宋史·韩琦传》记载：宋代大臣、魏国公韩琦的言论以阐明得失、端正法纪、亲近忠直、远离奸臣为重点。宰相王曾称赞他说："现在进谏的官员不是言辞激烈不切实，就是有所顾虑，这样的人对于增进皇上的德行有什么用呢？而你的言论，才真称得起恳切而不迂腐。"

位于河南新乡原阳县原武镇的娄师德纪念馆

师德宽容：《新唐书·娄师德传》记载：唐代大臣娄师德与李昭德一同入朝，因身体肥胖而跟不上李昭德的脚步，李昭德对娄师德发火说："你这个农夫，真是烦死人了！"娄师德听后反而笑着说："我不是农夫，谁是农夫？"

祢衡一鹗，路斯九龙。

【典故】

祢（mí）衡一鹗：《后汉书·祢衡传》记载：东汉文学家、官员孔融向朝廷推荐文人祢衡说："几百只鸷（zhì，凶猛的鸟，如鹰、雕、枭等）也比不上一只鹗（一种白头红嘴、黑背虎爪的猛禽），就像寻常的人才再多也比不上祢衡一样。"

路斯九龙：《苏东坡全集·张龙公祠记》记载：唐朝人张路斯在水边

发现了宫室，就住了进去，从此他经常夜出晨归。夫人问其原因。他回答："我是龙，蓼（liǎo）县人郑祥远也是龙，他跟我争夺住处。明天我们交战，你让九个儿子帮助我。"第二天九个儿子一起用弓箭射向郑祥远，使其受伤逃走。事后，张路斯的九个儿子也都化成了龙。

纯仁助麦，丁固梦松。

【典故】

纯仁助麦：《范文正公集·言行拾遗录》记载：北宋大臣范纯仁到苏州运麦子，回程路上遇到文人石延年。范纯仁得知他家里连续有三件丧事，现在想带着灵柩回北方而没有钱，就把运来的麦子全都给了石延年。

丁固梦松：《三国志·三嗣主传》注引《吴书》记载：三国时期吴国大臣丁固梦见自己肚子上长了一棵松树，醒来就对人说："松字可以拆成'十八公'，十八年以后，我大概能当上三公吧。"后来果如他所言。

韩琦芍药，李固芙蓉。

【典故】

韩琦芍药：《梦溪笔谈·补笔谈》记载：北宋政治家韩琦家有一棵芍药（花名，古人称其为"花相"，即百花中的宰相）开了四朵花，上下红瓣，中有黄蕊，名为"金缠腰"。他请王安石、王珪、陈升之一起欣赏，并把花剪下来，四人各戴一朵。此后三十年间，四人都官至宰相。

盛开的芍药花。芍药是我国栽培最早的一种花卉，它位列草本之首，被人们誉为"花仙"和"花相"，又被称为"五月花神"。

李固芙蓉：《酉阳杂俎·续集》记载：唐朝人李固参加科举落榜后到蜀中（今四川中部）游历，路遇一位老妇对他说："你明年芙蓉镜下及第，二十四年后官至宰相。可惜我看不到那一天了。”第二年李固果然高中状元，考试的题目中有一个是“人镜芙蓉”。

乐羊七载，方朔三冬。

【典故】

乐（yuè）羊七载：《后汉书·列女传》记载：东汉人乐羊子出外求学，一年后返回家。妻子问其原因，他说：“在外太久，想家了。”妻子拔出刀走到织机旁边说：“你致力学习而中途回来，就像我辛辛苦苦织的这匹布，一刀切断而前功尽弃。”乐羊子深受感动，离开家继续学业，七年不返，终有所成就。

方朔三冬：《汉书·东方朔传》记载：西汉文学家东方朔对汉武帝说：“我十三岁开始读书，经历三年的时间，所学的知识已足够作文章和谈论历史了。”

郊祁并第，谭尚相攻。

【典故】

郊祁并第：《宋史·宋祁传》记载：北宋大臣宋郊、宋祁兄弟同榜中进士。按最初拟定的名次，宋祁第一、宋郊第三，但掌权的太后从兄弟次序考虑，把宋祁改作第十，宋郊提为第一。当时有“兄弟双状元”之称。 并第：一起考中科举。第，科举考试中的等次。

谭尚相攻：《三国志·袁绍传》记载：东汉末年军阀袁绍死后，他的两个儿子袁谭、袁尚争权，互相攻打。曹操趁机拉拢袁谭，进攻袁尚。后来袁氏兄弟都被曹操消灭。

陶违雾豹，韩比云龙。

【典故】

陶违雾豹：《列女传·贤明传》记载：战国时期，陶地的长官答子做官五年后回家休假，随行的车有百辆之多，他的妻子见到后抱着孩子哭泣。

韩文公祠是中国现存最早纪念唐代文学家韩愈的祠庙，位于广东省潮州市城东笔架山麓，笔架山又因韩愈而称韩山。韩愈祠主体建筑分前后二进，古朴典雅，肃穆端庄。

答子的母亲责问儿媳。妻子回答："我听说黑豹在雾雨中七天不去捕食，为的是让皮毛长好，因而藏身避害。猪狗贪吃，吃肥了就等着被杀。答子在陶做官，国家穷，自家富，国君不敬重他，百姓不拥护他，这是败亡的先兆啊。"后来答子果然因贪污被处死。　雾豹：雾中的豹子，后用来指隐居伏处，退藏避害的人。

韩比云龙：唐代文学家韩愈在《醉留东野》中写道："吾愿身为云，东野变为龙。四方上下逐东野，虽有离别无由逢。"东野，指唐代诗人孟郊。诗中，韩愈希望自己和孟郊分别变成云和龙，从而能与老友长期相聚。　云龙：古人认为龙出行时一定要有云跟随，后用来比喻朋友间相处融洽。

洗儿妃子，校士昭容。

【典故】

洗儿妃子：《资治通鉴·唐纪》记载：唐玄宗的宠妃杨贵妃收安禄山为养子。安禄山生日后的第三天，杨贵妃把他视作新出生的婴儿一样让宫女为他洗澡。唐玄宗得知后前往观看，还赐给贵妃"洗儿钱"。　洗儿：古时孩子出生三天后，要给孩子洗澡，称"洗儿"。

校（jiào）士昭容：《新唐书·后妃传》记载：朝廷宴会上，唐中宗的妃子上官昭容经常品评大臣所作的诗，并将其分出等次，赐给不同的奖赏。

校士：评定士人优劣。

彩鸾书韵，琴操参宗。

【典故】

彩鸾书韵：《传奇·文萧》记载：唐代书生文萧与仙女吴彩鸾结婚。文萧家贫，吴彩鸾每天写《唐韵》一部，让文萧去卖以维持生计。

琴操参宗：《能改斋漫录·乐府》记载：北宋文学家苏轼与歌妓琴操玩参宗（即参禅，指佛家弟子通过种种方式领悟佛理）游戏。问答一番后，琴操问苏轼："像我这样的人，最终会是什么结果？"苏轼回答："门前冷落车马稀，老大嫁作商人妇。"琴操听后恍然大悟，当即削发为尼。

三 江

古帝凤阁，刺史鸡窗。

【典故】

古帝凤阁：《文选·杂诗》注记载：黄帝时期，凤凰在阿（ē）阁上筑巢，被视为祥瑞之兆。

刺史鸡窗：《幽明录》记载：晋代兖（yǎn）州刺史宋处宗将一只鸡养在窗前。一天，鸡忽然说话，而且善于巧辩。宋处宗经常与鸡交流，从而提升了自己的语言技巧。

亡秦胡亥，兴汉刘邦。

【典故】

亡秦胡亥：《史记·秦本纪》记载：秦始皇去世后，其子胡亥即位。他因实行残暴统治而引发了大规模起义，胡亥被逼自杀。其侄子婴继位，后被项羽所杀，秦朝灭亡。

兴汉刘邦：《史记·高祖本纪》记载：楚汉战争中，刘邦最终打败项羽，建立了汉朝。

戴生独步，许子无双。

【典故】

坐落于河南郾城许慎纪念馆中的许慎像。许慎，编撰了中国第一部汉语字典《说文解字》，被誉为“文化宗师”。

戴生独步：《后汉书·逸民列传》记载：东汉隐士戴良学识深厚，经常有独到见解。朋友问他：“你觉得天下谁能和你相比？”戴良说：“我是独一无二的人物，没有人能和我相比。”

许子无双：《后汉书·儒林列传》记载：东汉学者许慎学识渊博。当时人称赞他说：“在讲说‘五经’方面，没有人能和许慎相比。”

柳眠汉苑，枫落吴江。

【典故】

柳眠汉苑：《三辅旧事》记载：汉朝的宫苑中有棵柳树，长得和人很像，被称为“人柳”。这棵柳树每天三次卧倒三次立起，很像人睡觉和醒来时的样子。

枫落吴江：《唐才子传》记载：唐代人崔信明与郑世翼在江上相见，郑世翼说：“听说您有‘枫落吴江冷’的佳句，希望能看看您其他的诗篇。”崔信明把诗稿拿给郑世翼看。郑世翼没有看完，就说：“看到的实在没有听说的好。”说完就将这些诗稿全都扔进了江里。

鱼山警植，鹿门隐庞。

【典故】

鱼山警植：《法苑珠林》记载：东汉末年至三国时期的文学家曹植登上鱼山（在今山东东阿），听到有诵经声，肃然起敬。后来他仿照听到的声音创制出《太子颂》等佛教音乐。

鹿门隐庞：《后汉书·逸民列传》记载：东汉末期名士庞德公隐居乡

下不肯做官。后来庞德公带着妻儿一起进入鹿门山（在今湖北襄樊）采药，再没有出山。

浩从床匿，崧避杖撞。

【典故】

浩从床匿：《新唐书·文艺传》记载：唐代诗人孟浩然到王维的官署拜访，恰巧唐玄宗也来了，孟浩然很害怕就躲到床下。王维将此事告诉了玄宗。玄宗说："我听说过这个人，为什么要害怕我呢？"于是下令让孟浩然从床下出来。

崧（sōng）避杖撞：《后汉书·钟离意传》记载：东汉官员药崧办事不合明帝心意，明帝用手杖打他。药崧躲到床下，说："天子应该端庄恭敬，没听说用手杖打人的。"

刘诗瓿覆，韩文鼎扛。

【典故】

刘诗瓿（bù）覆：《明史·刘基传》记载：明代开国功臣刘基的诗集有《覆瓿集》。"覆瓿"一词来自西汉末期学者刘歆与扬雄的谈话。刘歆对扬雄说："现在的学者追求功名利禄，没有真学问，只怕以后人们会用他们的著作去盖酱坛子。"　瓿覆：瓦罐的盖子，后用作谦词，比喻著述价值不高

韩文鼎扛（gāng）：《新唐书·韩愈传》记载：唐代文学家韩愈的诗文雄健豪放，才华横溢，后人说他的笔力可以举起鼎。　鼎扛：双手举起鼎，

位于浙江文成县的刘基故里，其中有为纪念这位明代开国元勋而建刘基庙，及附近的辞岭亭、盘谷、石磬洞、三叠岩、刘家旧宅、刘基墓等。此图为刘基庙前的"王佐"牌楼。

比喻笔力雄健。鼎，古代炊具，用于煮食物。扛，两手举起东西。

愿归盘谷，杨忆石淙。

【典故】

愿归盘谷：唐代人李愿不肯依附权贵，选择了隐居盘谷（在今河南济源县北）。韩愈写下《送李愿归盘谷序》一文称许李愿的气节，并表示出对隐居生活的向往。

杨忆石淙（cóng）：明代大臣杨一清曾给故乡的一处景致起名为“石淙”。晚年他没能回乡居住，但把自己在镇江的住所命名为“石淙精舍”，以示对家乡的怀念。

弩名克敌，城筑受降。

【典故】

弩名克敌：《挥麈（zhǔ）三录》记载：两宋之际名将韩世忠仿照神臂弓图样制造了一种弩（一种利用机械力量射击的古代兵器），宋高宗赐名“克敌”。

城筑受降：我国历史上有两次在边疆筑城以“受降”命名。第一次是汉武帝时公孙敖筑受降城，以接受匈奴的投降，见《史记·匈奴列传》。第二次是唐中宗时，张仁愿筑东、中、西三座受降城，以防突厥南侵，见《新唐书·地理志》。

韦曲杜曲，梦窗草窗。

【典故】

韦曲杜曲：《旧唐书·韦安石传》和《旧唐书·杜佑传》记载：韦姓和杜姓都是唐代首都长安的大族。韦家聚居在长安城南、皇子陂（bēi）西，世人称该地为“韦曲”。韦曲东五里，是杜家的聚居地，世人称为“杜曲”。今天西安还有以这两个地方命名的镇。

梦窗草窗：南宋晚期词人吴文英别号“梦窗”，他所写的词被编为《梦窗词》；同时代文人周密别号“草窗”，他存世的词作被编为《草窗词》。

灵征刍狗，诗祸花龙。

【典故】

灵征刍狗：《三国志·魏志·方技传》记载：三国时人周宣占卜非常灵验，有人先后三次问他梦见刍狗（用草编成的狗，古代的祭祀用具）是什么征兆，他每次的回答都不同，但都和这人之后的遭遇相符合。

诗祸花龙（máng）：《列朝诗集·高太史启》记载：明初诗人高启的诗中有“小犬隔花空吠影，夜深宫静有谁来”的句子，涉及宫内隐私，触怒了明太祖，埋下被杀的祸根，所以称“诗祸”。“花龙”是“小犬隔花”的简缩，龙即狗。

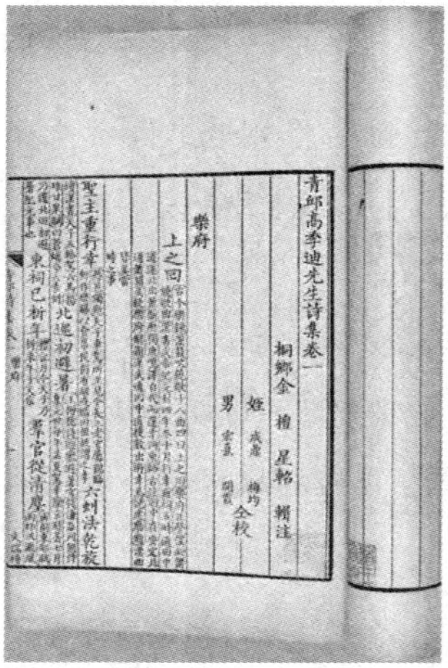
青邱高季迪先生詩集卷一
桐鄉金檀星軺輯注
姪 成彥 梅均 全校
男 寀黃 胡嶽
樂府
上之回
聖主重行幸……六刻法乾旋
北遊初避暑……
東祠已祈年……翠官從清蹕

《青邱高季迪先生诗集》书影，此诗集辑录了明代诗人高启的诗作。

嘉贞丝幔，鲁直彩缸。

【典故】

嘉贞丝幔（màn）：《开元天宝遗事》记载：唐代宰相张嘉贞想招郭元振作女婿，但又不好决定把哪个女儿嫁给他，就让五个女儿躲在丝质的幕帘后，每人手上拿一根丝，让郭元振牵丝决定。郭元振挑选了一根红丝，是张嘉贞的第三个女儿，既贤惠又美丽。

鲁直彩缸：宋代文学家、书法家黄庭坚（字鲁直）之子求婚于苏东坡之子苏迈的女儿，并用红彩绸缠酒缸作为彩礼。

四　支

王良策马，傅说骑箕。

【典故】

王良策马：《史记·天官书》记载：我国的古代天文学家把银河中的四颗星叫做“天驷（sì）”。天驷旁边的那颗星叫做“王良”。王良旁边有一颗星叫做“策”。如果策星移动到王良或天驷旁边，星象上就叫“王良策马”，预示着将发生大规模的战争。

傅说（yuè）骑箕（jī）：《史记·天官书》记载：相传，商王武丁的宰相傅说死后变为天上的星座，跨坐在箕宿（xiù）和尾宿（xiù）之间，所以古人说他“骑箕”。

伏羲画卦，宣父删诗。

【典故】

伏羲画卦：《周易·系辞》记载：伏羲（传说中的上古部落首领，三皇之首）察天地及身边事物，从中寻求灵感，画出八种卦象，即后世所说的“八卦”。

相传八卦为伏羲所作。“乾、坤、震、巽、坎、离、艮、兑”八个卦象分立八方，象征“天、地、雷、风、水、火、山、泽”八种自然现象，也象征世界的变化与循环。

宣父（fǔ）删诗：《史记·孔子世家》记载：古代的诗流传到孔子时还有三千多篇，孔子选出与儒家道义相符合的三百多篇，教授学生。这些被选出来的篇目据说就是今天的《诗经》。　宣父：即孔子。汉朝时谥孔子为“褒成宣尼公”，后代儒生便称孔子为“宣圣”“宣父”。

高逢白帝，禹梦玄彝。

【典故】

高逢白帝：《史记·高祖本纪》记载：汉高祖刘邦没当皇帝前，喝醉了酒经过一片沼泽，遇见大蛇拦路。他借着酒力，上前将蛇斩杀。后面的人来到斩蛇的地方，看到一老妇哭泣，便上前询问，老妇说：“我儿子是白帝（传说中的神灵）之子，变成蛇挡在路上，被赤帝之子杀了，我在这里哭他。”于是人们都认为刘邦是赤帝之子的化身。

禹梦玄彝（yí）：《吴越春秋·越王无余外传》记载：禹（传说时代与尧、舜齐名的贤圣帝王）登衡山，梦见穿红色绣衣的男子自称玄夷苍水使者（一位神话人物）对自己说：“想要得到我的神书，你要在山下黄帝住的地方斋戒三个月，然后再上山挖石头，就能找到。”禹按照使者的话去做，果然找到黄金做成的简，上面镶着玉字，讲的是治水的道理。

寅陈七策，光进五规。

【典故】

寅陈七策：南宋官员、学者胡寅曾写《上皇帝万言书》，文章从南宋初年国家面临的内忧外患出发，向宋高宗提出七项建议，主旨是抵抗侵略、富国强兵、革新政治。

光进五规：北宋大臣、史学家司马光任谏官时，曾写过《上仁宗五规》，这是一篇从宏观角度劝谏宋仁宗改革弊政的文章。

鲁恭三异，杨震四知。

【典故】

鲁恭三异：《后汉书·鲁恭传》记载：东汉人鲁恭做中牟县令时，河南发生蝗灾，却没有伤及中牟。皇帝怀疑此事的真实性，就派官员去查证。官员和鲁恭到田间巡视，坐在桑树下，一只野鸡飞来，落在他们身边。官员问身边的一个小孩："你怎么不抓野鸡啊？"小孩说："它正在抚养幼雏呢。"官员对鲁恭说："蝗虫不入境，鸟兽肯亲近人，小孩子懂得仁爱，这三件奇异的事情证明了你的德行。"

杨震四知：《后汉书·杨震传》记载：东汉大臣杨震路过昌邑县，曾受其推荐的王密正在此县当县令。为报答杨震的恩情，他夜里给杨震送去十斤黄金，杨震拒不接受。王密说："现在是深夜，没人知道。"杨震说："天知，地知，你知，我知，怎么说没人知道呢？"

邓攸弃子，郭巨埋儿。

【典故】

邓攸（yōu）弃子：《晋书·邓攸传》记载：西晋末年，天下大乱，官员邓攸带着自己一家以及弟弟的儿子邓绥逃难。由于局势紧迫，为保全弟弟的遗孤，邓攸不得已抛弃了自己的儿子，只带着邓绥继续前行。

郭巨埋儿：《搜神记》记载：汉代人郭巨家贫，但极为孝顺。他担心抚养孩子会影响侍奉老人，就想把儿子埋掉。他挖地时，忽见一釜（fǔ，古代的一种锅）黄金，上面写着"孝子郭巨，天赐黄金一釜"。于是郭家变得富裕起来，郭巨也就没有埋掉自己的儿子。

位于河北邢台内丘县的郭巨塔，塔高6米，底座长宽均为1.5米，上窄下宽，四方形。塔共为七节（含座），座南面凿一洞，洞内刻有郭巨佛像。

公瑜嫁婢，处道还姬。

【典故】

公瑜嫁婢：《括异志·钟离发运》记载：宋代人钟离瑾（字公瑜）做县令时，买了一个婢女作为女儿的陪嫁。后来，钟离瑾得知婢女是前任县令的女儿，就将这个婢女用和女儿同样的规格嫁了出去。

处道还姬：《本事诗》记载：隋灭陈后，陈朝乐昌公主被赐予隋朝功臣杨素（字处道）。公主的丈夫徐德言到京城访寻妻子，杨素得知后，就让公主和徐德言团聚。

允诛董卓，玠杀王夔。

【典故】

允诛董卓：《后汉书·王允传》记载：东汉末年，董卓专权，司徒王允设计拉拢武将吕布，杀死了董卓。

玠（jiè）杀王夔（kuí）：《宋史·余玠传》记载：南宋将领王夔骄悍，不听大臣余玠的调遣，又残害百姓。余玠趁召王夔议事之机，派人闯入王夔的营寨，夺取其军队，处死了王夔。

石虔矫捷，朱亥雄奇。

【典故】

石虔（qián）矫捷：《晋书·桓石虔传》记载：东晋将领桓石虔曾随父亲打猎，见有一只虎中箭伏地。桓石虔冲过去，从虎身上拔起一支箭来，虎猛地跃起，桓石虔跳得比虎还高。虎落到地上，桓石虔跟着落下，又从虎身上拔下一支箭，可谓矫健绝伦。

朱亥雄奇：《列士传》记载：战国时期魏国侠客朱亥受魏公子信陵君之命去秦国表示拒绝接受邀请。秦王大怒，将朱亥投到虎圈里，朱亥愤怒之下，用力瞪着老虎。老虎被他吓住，不敢动弹。秦王认为朱亥了不起，就以正式的礼节送他回魏国了。

平叔傅粉，弘治凝脂。

【典故】

平叔傅粉：《世说新语·容止》记载：三国时期魏国官员何晏（字平叔）皮肤白皙。魏明帝怀疑他涂了粉，于是夏天赐给他面片汤，让他当场吃下。吃完之后，何晏用手帕擦去汗，皮肤反而比之前更为白皙了。

弘治凝脂：《晋书·杜乂（yì）传》记载：东晋人杜乂（字弘治）容貌秀美。书法家王羲之见过他后，称赞道："你脸如同凝脂一样白，眼睛像漆一样黑，只有神仙中才有这样的人物。"

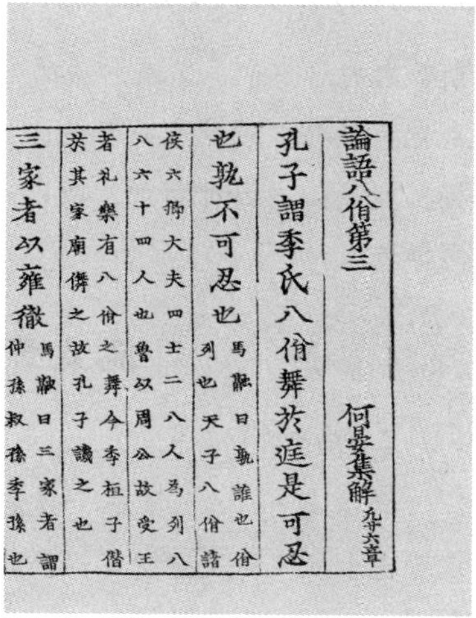
論語八佾第三 何晏集解 凡廿六章
孔子謂季氏八佾舞於庭是可忍也孰不可忍也 馬融曰孰誰也佾列也天子八佾諸侯六佾大夫四士二八人為列八八六十四人也魯以周公故受王者禮樂有八佾之舞今季桓子僭於其家廟舞之故孔子譏之也
三家者以雍徹 馬融曰三家者謂仲孫叔孫季孫也

何晏不仅是一名美男子，而且学识也相当丰富。他为《论语》作注，写成《论语集解》，开创了古籍注释中的集解一体。

伯俞泣杖，墨翟悲丝。

【典故】

伯俞泣杖：《说苑·建本》记载：汉代孝子韩伯俞犯了错误，遭到母亲的责打，韩伯俞大哭。母亲问他："从前我打你，你都没有哭，今天为什么哭呢？"韩伯俞回答："以前您打我，我会很痛。今天您的力气已经不能让我疼痛了，我悲哀于您的衰老，所以哭泣。"

墨翟（dí）悲丝：《墨子·所染》记载：墨翟（即墨子，名翟，战国时

墨子纪念馆中的墨子塑像。墨子纪念馆坐落于山东枣庄，是世界唯一一座专门研究墨子文化、收集墨子资料、展示墨子研究成果的场馆。

期著名的思想家，墨家学派的创始人）看见别人在染丝，叹息道："把丝放到青色染料里就能染成青色，放到黄色染料里就能染成黄色，放到五色染料里就能染成五种颜色，所以一定要谨慎啊。不仅染丝是这样，治国也是同样道理。"

能文曹植，善辩张仪。

【典故】

能文曹植：《三国志·魏志·陈思王植传》记载：三国时期魏国文学家曹植十多岁时文章就写得很好。父亲曹操看过他的习作，问："这是你请别人写的吧？"曹植回答："如果您不信，可以当面考试，我怎么会请人代笔呢？"

善辩张仪：《史记·张仪列传》记载：战国时期辩士、谋略家张仪受秦王重用，他为秦国先后游说魏、楚、韩、齐、赵、燕六国，劝他们向秦割地求和。张仪还以舌辩之功先后做过秦、魏两国的国相。

温公警枕，董子下帷。

【典故】

温公警枕：《范太史集·司马温公布衾铭记》记载：北宋大臣、史学家司马光（死后追封为温国公，故又称司马温公）勤奋好学，常读书到深夜，然后躺在警枕（由一小段圆形木头制成的枕头，当人熟睡，一翻身头很容易从上面滑落下来，就会警醒，因此称警枕或醒枕）上睡觉。刚睡着，头就从枕头上滑落，将司马光惊醒，然后他就起来继续读书。

董子下帷：《史记·儒林列传》记载：西汉学者董仲舒在教书时总是把帷帐放下来，防止分神。他自己读书也非常认真，三年不曾看过自己家园中的景色。　　下帷：放下室内悬挂的帷幕，形容专心读书教学。

会书张旭，善画王维。

【典故】

会书张旭：《新唐书·文艺传》记载：唐代书法家张旭擅长草书。他经常大醉后写字，酒醒后重新审视自己的作品，认为是精妙之作。当时人认为只有张旭的字是挑不出缺陷的。人称其为“草圣”。

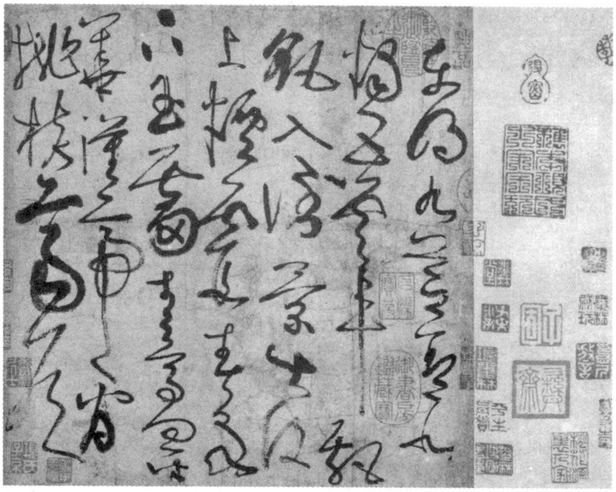

唐代书法家张旭草书作品

善画王维：《新唐书·文艺传》记载：唐代诗人王维善画画，尤其擅长画山水景致。苏轼说他：诗中有画，画中有诗。

周兄无慧，济叔不痴。

【典故】

周兄无慧：《左传·成公十八年》记载：春秋时期，晋厉公被杀后，周子（即晋悼公，名周）被立为国君。按制度本来应该是他的哥哥即位，但周子的哥哥智力低下，连豆子和麦子都分不清，所以没有被立为国君。

济叔不痴：《晋书·王湛传》记载：西晋官员、名士王济的叔叔王湛平时显得非常愚笨，王济很看不起他。有一次王济与王湛谈《周易》，王湛说得头头是道；叔侄两人又一起骑马，王湛骑术也非常好。一次晋武帝问王济："你家那个傻叔叔死了吗？"王济回答："我的叔叔不傻。"

杜畿国士，郭泰人师。

【典故】

杜畿（jī）国士：《傅子》记载：三国时期魏国官员杜畿与侍中（官名，皇帝的近臣，可直接参与政事）耿纪彻夜深谈。住在耿纪隔壁的尚书令荀彧（yù）听到杜畿的言论，就派人对耿纪说："你家中有国士（一国中才能最优秀的人）却不推荐给朝廷，怎么能做侍中呢？"后来，荀彧推荐杜畿做了官。

郭泰人师：《资治通鉴·汉纪》记载：东汉后期名士郭泰在学术上很有造诣，而且道德高尚。有个叫魏昭的年轻人请求给他当仆人，并说："学问上的老师容易找到，德行上的老师却难找，我愿意追随在您身边，为您服务。"

伊川传《易》，觉范论《诗》。

【典故】

伊川传（zhuàn）《易》：《宋史·程颐传》记载：北宋理学家程颐（因他是洛阳伊川人，所以又被称为伊川先生）将《周易》和儒家思想结合起来，用新的观点加以注解，著成《伊川易传》一书。　　传：解说经义的文字，即为经书作注。

觉范论诗：《冷斋夜话》记载：南宋僧人惠洪（字觉范）和其弟超然

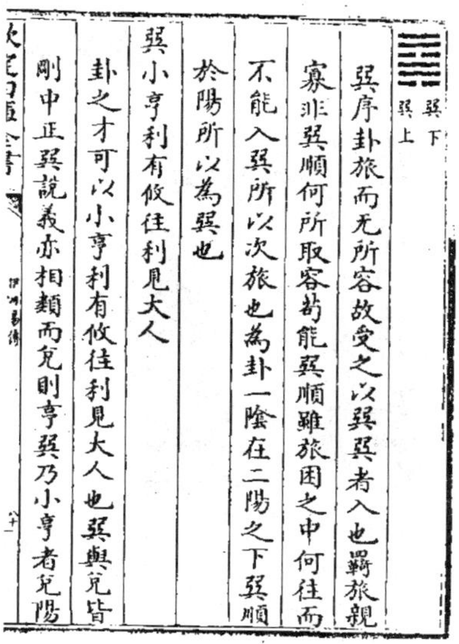
欽定四庫全書

伊川易傳

巽下
巽上

巽序卦旅而无所容故受之以巽巽者入也羇旅親寡非巽順何所取容苟能巽順雖旅困之中何往而不能入巽所以次旅也為卦一陰在二陽之下巽順於陽所以為巽也

巽小亨利有攸往利見大人

卦之才可以小亨利有攸往利見大人也巽與兌皆剛中正巽說義亦相類而兌則亨巽乃小亨者兌陽

程颐所著《伊川易传》书影，此书被收入清乾隆时期所修的《四库全书》中。

都善谈论《诗经》。超然说：“作诗贵在自然的情趣。”觉范问：“如何才能懂得自然的情趣呢？”超然回答：“了解了萧何就能了解韩信，你就知道什么是自然的情趣了。”

董昭救蚁，毛宝放龟。

【典故】

董昭救蚁：《搜神记》记载：吴郡富阳（今杭州富阳县）人董昭之过钱塘江，见一只蚂蚁趴在草上于江上漂浮，随时可能溺水，就把它救了起来。当夜，董昭之梦见一个黑衣人前来致谢，说自己是蚁王，今后如有危难可以向它求援。后来董昭之入狱，蚂蚁在监牢里挖出一条地道，董昭之得以逃出。

毛宝放龟：《搜神后记》记载：东晋武将毛宝帐下有一军人曾买一只白龟，养大后放回江中。后来晋军战败，那军人跳入江中，感觉脚下有东西托住自己，因而得以渡过长江。登岸后他发现原来托住他的就是当年放走的白龟。由于这个军人是毛宝的部下，又没留下名字，所以后人就将这个故事归到毛宝身上。

乘风宗悫，立雪杨时。

绘有“程门立雪”图案的小口梅瓶。此画的作者是清代画家孙祜，他擅画人物，雍正、乾隆时任职于宫廷。

【典故】

乘风宗悫（què）：《宋书·宗悫传》记载：南朝宋时名将宗悫年少时，他的叔父宗炳问他将来的志向是什么。宗悫回答：“希望能乘着大风，冲破万里波涛。”宗炳听后很震惊。

立雪杨时：《宋史·杨时传》记载：一年冬天，北宋学者杨时去拜见老师——理学家程颐，正赶上程颐在闭目养神。杨时不敢打扰，便在门外静立。等到程颐睁开眼睛时，门外的雪已积了一尺厚。

阮籍青眼，马良白眉。

【典故】

阮籍青眼：《晋书·阮籍传》记载：三国时期魏国文学家阮籍在不同的情况下分别用白眼（眼珠向上翻或向旁边转出眼白部分，表示看不起人或不满意）和青眼（黑色的眼珠在眼眶中间，表示对人的喜爱、重视和尊重）看人。嵇喜去见他时就遭到了白眼的待遇。嵇喜的弟弟嵇康性格超脱，阮籍就用青眼看他。

马良白眉：《三国志·蜀志·马良传》记载：三国时期蜀汉官员马良年轻时眉毛里就掺杂着白色的毛，同乡的人都说：“马家的五兄弟里，白眉的那个最出色。”

韩子《孤愤》，梁鸿《五噫》。

【典故】

韩子《孤愤》：《史记·老子韩非列传》记载：韩非子（战国时期著名思想家，法家的代表人物）多次向韩王上书劝谏，均不被接受。韩非子对

法家思想集大成者——韩非子

此既无奈又悲愤，于是写了《孤愤》一文。

梁鸿《五噫（yī）》：《后汉书·逸民列传》记载：东汉隐士梁鸿路过洛阳，看到宫室豪华壮丽，就作《五噫》歌叹息道："上了北邙山啊，回头看京城啊，宫室高大啊，百姓们辛苦啊，永远没有尽头啊！"

钱昆嗜蟹，崔谌乞麇。

【典故】

钱昆嗜蟹：《归田录》记载：北宋官员钱昆喜欢吃螃蟹，他请求做地方官。有人问他想去哪个地方。他回答："只要是有螃蟹、没有通判的地方，我就很满意了。"宋朝设置通判以监视地方长官，所以钱昆这样说。

崔谌（chén）乞麇：《北齐书·李绘传》记载：南北朝时期东魏官员崔谌仗着弟弟崔暹（xiān）的权势向李绘索要麇鹿（一种珍贵的稀有兽类）角和鹡鸰（jí líng）的羽毛。李绘说："鹡鸰有翅膀，能飞上天；麇鹿有腿，能跑到海里去。我手脚很笨，不能捉到它们来满足奸邪之人的欲望。"

隐之卖犬，井伯烹雌。

【典故】

隐之卖犬：《晋书·吴隐之传》记载：东晋官员吴隐之家穷，嫁女儿时，他让家人把自家的看门狗牵出去卖了。

井伯烹雌：《乐府诗集·琴曲歌辞四》记载：春秋时期，百里奚（字井伯）到秦国做了大夫。后来他的妻子也流落到秦国，并受雇为百里奚府中的洗衣妇。她认出了百里奚，就唱道："百里奚，当初你只值五张羊皮。记得当

位于河南南阳西城区麒麟路上的百里奚故里碑，此碑是清康熙三十六年（1697）南阳知府宋璘镌刻的。

初分别时，煮了家中的老母鸡，家里的门闩当柴劈，今天你富贵了，就把我忘了吗？”于是百里奚和妻子得以相认。 烹雌：即烹伏雌。伏雌，抱窝下蛋的母鸡。

枚皋敏捷，司马淹迟。

【典故】

枚皋（gāo）敏捷：《西京杂记》记载：西汉文学家枚皋写文章非常快，但时有多余的句子，这是由于他写作时不多加思考的缘故。学者扬雄说：打仗的时候，需要发布檄文、传递军报，这种需要速度的文字要让枚皋来写。

司马淹迟：《西京杂记》记载：西汉文学家司马相如写文章很慢，但从头到尾文辞美妙。学者扬雄说：朝廷重要的文章还是应该交给司马相如来写，虽然慢，却无可挑剔。

祖莹称圣，潘岳诚奇。

【典故】

祖莹称圣：《魏书·祖莹传》记载：北魏文人祖莹八岁通晓《诗经》和《尚书》，当时京城人都称他为“圣小儿”。

潘岳诚奇：《晋书·潘岳传》记载：西晋文人、官员潘岳少年时就以聪慧又有才华而闻名，有着“奇童”的称号。

紫芝眉宇，思曼风姿。

【典故】

紫芝眉宇：《新唐书·卓行传》记载：唐代宰相房 称赞唐代隐士元德秀（字紫芝）说：“看到紫芝的面容，我的争名夺利之心一下就消失了。”

眉宇：眉额之间，泛指容貌。

思曼风姿：《南史·张绪传》记载：南朝齐官员、名士张绪（字思曼）风姿清雅。齐武帝观赏柳树时总说：“柳树风流可爱，就像年轻时的张绪一样。”

毓会窃饮，谌纪成糜。

【典故】

毓（yù）会窃饮：《世说新语·言语》记载：钟毓、钟会趁父亲钟繇（yáo，三国时期魏国大臣）睡觉时偷酒喝。钟繇偷眼观看，见钟毓先跪拜再饮酒，钟会只饮酒不跪拜。事后他问两个儿子原因。钟毓说：“很多礼仪都需要酒来实现，我不敢不跪拜。”钟会说：“偷本身就是不合礼法的，所以我不跪拜。”

谌（chén）纪成糜：《世说新语·夙惠》记载：东汉名士陈寔（shí）在家中陪客人谈话，让两个儿子陈纪、陈谌去做饭，却迟迟不见饭熟。他问原因。两个儿子说：“我们听您和客人说话，忘了给锅加箅（bì）子，米掉进水里，现在都成粥了。”陈寔问儿子：“你们记住谈话内容了吗？”陈纪和陈谌一起复述，互相补充，居然没有漏掉什么。陈寔说：“既然这样，做成粥就行，何必一定要做成饭呢？”

韩康卖药，周术茹芝。

【典故】

韩康卖药：《后汉书·逸民列传》记载：东汉隐士韩康在市上卖药。有个女子来买药，韩康不肯讲价，女子生气地说：“你是韩康吗？居然不肯讲价！”韩康叹息道：“我本来是为了隐姓埋名才卖药的，不想如今连小女子都认出我了，我还卖什么药呢？”于是就到山里隐居起来。

周术茹芝：《乐府诗集·琴曲歌辞二·采芝操》记载：西汉初年四位隐士东园公、甪（lù）里先生、绮里季、夏黄公，被称作“商山四皓”。他们合作了一首《采芝操》，反映了隐居生活的艰辛和对太平盛世的向往。

周术：即甪里先生。

刘公殿虎，庄子涂龟。

清康乾时期著名画家上官周所著《晚笑堂画传》中的刘安世像。

【典故】

刘公殿虎：《宋名臣言行录》记载：北宋官员刘安世敢于和皇帝争辩。皇帝发火时，他就退到一旁不说话，等皇帝情绪有了好转，他又上前争辩。朝臣就给他起了个绰号叫“殿上虎”。

庄子涂龟：《庄子·秋水》记载：楚王派使者请庄子（战国时期著名思想家，道家学派代表人物）做官，庄子说：“我听说楚国有神龟，已经死了三千年，国君把它藏在宗庙里。你们觉得，这神龟是愿意死后把骨头留下享受尊贵的待遇呢，还是愿意悠闲地在泥塘里拖着尾巴爬来爬去呢？”使者说：“它当然愿意活在泥塘里了。”庄子说：“我也要在泥塘里拖着尾巴爬来爬去了。”

唐举善相，扁鹊名医。

【典故】

唐举善相：《史记·范雎蔡泽列传》记载：战国时期，蔡泽请相面人唐举算自己的寿命。唐举说：“从现在算，还有 43 年。”蔡泽说：“能过上 43 年的富贵生活足够了。”后来蔡泽做了秦相。

扁鹊名医：《史记·扁鹊仓公列传》记载：春秋时期名医扁鹊少年时获得奇术，能看出人的病在何处，因此治病有神效。

韩琦焚疏，贾岛祭诗。

【典故】

韩琦焚疏：《谏垣存稿序》记载：北宋大臣韩琦曾任谏官，他本想效仿古人把所上谏疏的草稿全都烧掉，但又觉得这样无以表现皇帝听从劝谏

位于北京房山石楼镇的唐代诗人贾岛墓（衣冠冢）

的美德，于是将谏疏加以整理，名为《谏垣存稿》。

贾岛祭诗：《云仙杂记》记载：唐代诗人贾岛每年除夕夜都把一年以来的全部诗篇整理到一起，用酒肉祭奠。他说："写诗耗费了我很多精力，就用这些酒肉来补偿一下吧。"时人管这种行为叫做"祭诗"。

康侯训侄，良弼课儿。

【典故】

康侯训侄：《宋史·胡寅传》记载：南宋著名学者胡安国（字康侯）的侄子胡寅很难管教。胡安国把他关在阁楼上，里面放了几千卷书。一年后，胡寅把这些书都读熟了，还考中了进士。

良弼课儿：《万姓统谱》记载：南宋进士余良弼有教子诗，写道："白发无凭吾老矣，青春不再汝知乎？年将弱冠非童子，学不成名岂丈夫。幸有明窗并净几，何劳凿壁与编蒲。功成欲自殊头角，记取韩公训阿符。"

颜狂莫及，山器难知。

【典故】

颜狂莫及：《宋书·颜延之传》记载：南朝宋文学家颜延之倚仗自己文章写得好，常有狂放的行为。皇帝问他："你的哪个儿子像你一样狂放？"颜延之回答："我的狂放是遥不可及的。"

山器难知：《世说新语·赏誉》记载：西晋名士王戎评价大臣山涛说："这个人就像没有剖开的玉、没有冶炼的黄金，谁都知道是宝贝，但没有人清楚他究竟有多大才能。”

懒残煨芋，李泌烧梨。

位于湖南衡阳南岳镇烟霞峰下的邺侯书院，原名端居室，是李泌隐居的地方。

【典故】

懒残煨芋：《邺侯外传》记载：李泌半夜去拜访唐朝僧人明瓒（其性疏懒，时常吃残余的饭菜，因此被称为“懒残”）。明瓒亲自拨火煨（wēi，埋在带火的灰里烧熟）芋头给李泌吃，同时说：“你不用多说话，安心做十年宰相。”

李泌（bì）烧梨：《邺侯外传》记载：唐肃宗召三个弟弟及大臣李泌围炉闲谈。因为李泌不吃肉，所以肃宗亲自为他烤了两只梨。

干椹杨沛，焦饭陈遗。

【典故】

干椹（shèn）杨沛：《三国志·魏志·贾逵传》注引《魏略·杨沛传》记载：三国时期魏国地方官杨沛让百姓将桑椹和豆子晒干作为食物。

焦饭陈遗：《世说新语·德行》记载：东晋人陈遗的母亲喜欢吃焦饭（锅底的糊饭，俗称“锅巴”），陈遗就注意替她收集。有一次陈遗收集好焦饭，没来得及送回家就随军出征了。那一次东晋打了败仗，陈遗跑到深山里，靠吃焦饭活了下来。当时人都认为这是上天对他孝心的回报。

文舒戒子，安石求师。

【典故】

文舒戒子：《三国志·魏志·王昶（chǎng）传》记载：三国时期魏国大臣王昶（字文舒）写了一封信给子侄，教育他们要重德行，远浮华，不要自以为是。

安石求师：《晁氏客语》记载：北宋大臣、文学家王安石认为启蒙老师一定要是博学而道德高尚的人。有人表示反对。王安石说："先入者为之主。"意思是启蒙老师对学生的影响尤其强烈，不能不谨慎。

防年末减，严武称奇。

【典故】

防年末减：《汉武故事》记载：西汉人防年的父亲被后妻杀死，防年为父报仇，杀了他的继母。按照法律，杀死父母是大逆不道罪。皇帝问太子的意见。太子回答说："继母杀死父亲，杀人之时，已经算不得母亲了，所以该按一般杀人罪处理。"于是防年最终被减轻了刑罚。

严武称奇：《新唐书·严武传》记载：唐朝官员严武的父亲严挺之不喜欢严武的生母而喜欢小妾玄英。严武八岁时，打死了玄英。严家的仆人向严挺之报告说："公子失手把玄英杀了。"严武说："哪有大臣厚待小妾而薄待正妻的？我是故意杀死她的。"严挺之没有责怪，反而说："不愧是我严挺之的儿子。"

邓云艾艾，周曰期期。

【典故】

邓云艾艾：《世说新语·言语》记载：三国时期魏国将领邓艾口吃，经常连续说出几个"艾"字。有人和他开玩笑："你总是说'艾艾'，你的名字到底有几个'艾'？"邓艾巧妙地回答："春秋时期楚国有首歌是：'凤凰啊，凤凰啊。'其实也只有一只凤凰。"

周曰期期：《史记·张丞相列传》记载：西汉开国功臣周昌口吃，但刚直敢言。高祖刘邦想要废太子，周昌大怒，对高祖说："臣口不能言，然期期知其不可（我说话虽然不利索，但一定一定知道这样做不行）。"其实只需要说一个"期"字，但周昌口吃，就说成了"期期"。

周师猿鹄，梁相鹓鸱。

位于陕西宝鸡周礼文化主题公园中的周穆王拜西王母雕塑，取材自《穆天子传》所载的周穆王西游在瑶池与西王母诗相唱和的传说。

【典故】

周师猿鹄（hú）：《抱朴子》记载：周穆王南征，整支军队中的君子变成猿猴或者天鹅，小人变成了虫子或者沙粒。　鹄：天鹅。

梁相鹓鸱（yuān chī）：《庄子·秋水》记载：梁国国相惠子误听谣言，以为庄子要设法取代自己的位置，于是下令搜捕庄子。后来庄子亲自去见惠子，对他说："南方有一种叫鸟叫鹓雏（凤凰一类的鸟），它只吃竹子的果实，只喝甜美的泉水。有只鸱（鹞鹰）抓到一只腐烂的老鼠，看到鹓雏飞过，以为鹓雏要抢老鼠，就对着它大叫。你现在也是要为了自己的梁国而对我大叫吗？"

临洮大汉，琼崖小儿。

【典故】

临洮大汉：《汉书·五行志》记载：秦始皇时期在临洮（在今甘肃）出现了12个巨人。秦始皇下令融化掉收缴上来的武器，铸成这些巨人的样子。

琼崖小儿：《洞微志·九代祖》记载：宋人李守忠去琼州（在今海南），到一位八十多岁的杨姓老人家做客，杨的父亲已经120岁，祖父195岁。他又见梁上鸡窝中有一小孩探头往下看，杨的祖父说："这是我的九世祖，平时不说话、不吃东西，也不知道他多大岁数了。"

东阳巧对，汝锡奇诗。

【典故】

东阳巧对：《尧生堂外纪》记载：明代大臣李东阳朝见明英宗，正好赶上地方进贡螃蟹。皇帝随口出了一个上联："螃蟹浑身甲胄。"李东阳对道："蜘蛛满腹经纶。"

汝锡奇诗：《括苍汇纪》记载：北宋诗人陈汝锡少年诗作中有"闲愁莫浪遣，留为痛饮资"的句子。黄庭坚称赞道："这是同道中人啊。"

启期三乐，藏用五知。

【典故】

启期三乐：《列子·天瑞》记载：春秋时期，孔子见荣启期衣服很破旧，却仍在弹琴唱歌。孔子问他："您怎么这样高兴呢？"荣启期说："天地万物中人最尊贵，我生而为人，这是第一件快乐的事；男尊女卑，我是个男子，这是第二件快乐的事；有人生下来连日月都没见过就死了，我活到现在已经快九十岁，这是第三件快乐的事。"孔子说："这就是善于自我宽解的人啊。"

藏用五知：宋代官员李若拙（字藏用）之子李绎作《五知先生传》来形容自己。所谓"五知"，即知时、知难、知命、知退、知足。此处是将李绎事迹误放在其父李若拙身上。

堕甑叔达，发瓮钟离。

【典故】

堕甑（zèng）叔达：《后汉书·郭泰传》记载：东汉人孟敏（字叔达）将甑（一种煮饭的器具）掉到地上后继续走路。郭泰见状，问其原因。孟敏回答："甑已经破了，回头看又有什么用？"

汉代彩绘陶甑

发瓮钟离：《搜神记》记

载：东汉官员钟离意自己出钱修整孔子庙。一个叫张伯的人在堂下挖出七枚玉璧，但只将六枚交给钟离意。钟离意打开孔子留下的一个瓮，发现一卷帛书，写着："后世修订我的书的人是董仲舒；保护我的车、擦拭我的鞋、打开我的箱子的人是钟离意；璧一共有七枚，张伯藏起其中之一。"钟离意质问张伯，张伯只好把藏起来的玉璧交了出来。

一钱诛吏，半臂怜姬。

【典故】

一钱诛吏：《鹤林玉露》记载：北宋名臣张咏做知县时，见一小吏（古代政府里的办事人员）从钱库出来，鬓发中夹着一枚库中的钱，张咏令属下杖责此吏。面对责罚，小吏勃然大怒说："一个钱算什么？你能打我一顿，还能杀了我吗？"张咏听后，提笔写道："一日一钱，千日千钱；绳锯木断，水滴石穿。"于是就把小吏杀了。

半臂怜姬：《东轩笔录》记载：北宋官员宋祁妻妾众多，一次宴会上他觉得寒冷，派人回家取半臂（古代一种短袖上衣）。不料众妻妾得知后各送一件。面对十几件半臂，宋祁怕妻妾们认为自己有亲疏厚薄之分，只好忍着寒冷回家。

王胡索食，罗友乞祠。

【典故】

王胡索食：《世说新语·方正》记载：陶范送给东晋官员王胡之一船米，王胡之拒绝说："我如果没饭吃了，自然会去找谢仁祖（谢尚字仁祖，东晋名士）要饭吃，用不着你的米。"

罗友乞祠：《世说新语·任诞》记载：谁家要祭神，东晋官员罗友就去讨要祭祀剩下的酒食。一次，他到得太早，不得不在门外等到天亮。

召父杜母，雍友杨师。

【典故】

召（shào）父杜母：《汉书·循吏传·召信臣》和《后汉书·杜诗传》记载：西汉人召信臣和东汉人杜诗任南阳太守，他们爱惜民力，兴修水利，得到郡中百姓的尊敬。后来人们将这两位太守相提并论，说："前有召父，后有杜母。"

雍友杨师：《方舆胜览》记载：杨用中曾对南宋大臣张浚说："杨仲远可以做你的老师，雍退翁可以做你的朋友。"

直言解发，京兆画眉。

【典故】

直言解发：《新唐书·列女传》记载：唐朝人贾直言被流放到南海，他对年轻的妻子说："我这一去生死都很难说，我走后你赶快嫁人吧。"其妻把头发扎起来，外面又缠上一层帛，让贾直言在帛上写下名字，说："只有你才能解开它。"二十年后贾直言回家，帛还缠得好好的。等解开封帛，妻子的头发已经枯死，一洗头就全部脱落了。

京兆画眉：《汉书·张敞传》记载：西汉人张敞做京兆尹（西汉首都长安的行政长官）时替妻子画眉，被人指责缺乏大臣威仪。皇帝责问他，张敞说："我们在家里还有比画眉更亲密的事情呢。"皇帝听了也就没有责怪。

清中期画家区瑞所绘《区瑞张敞画眉图轴》。图中张敞给妻子画眉，其妻坐在鼓墩上，前面几上放有镜子、化妆品之类的东西，屏风后站着一个丫环，双手捧着主人的帽子、衣裳和束带。

美姬工笛，老婢吹篪。

【典故】

美姬工笛：《晋书·石崇传》记载：西晋名士石崇家有一小妾名叫绿珠，貌美且擅长吹笛。权臣孙秀向石崇讨要绿珠，石崇坚持不给而遭到杀害，绿珠也跳楼而死。

老婢吹篪（chí）：《洛阳伽（qié）蓝记》记载：北魏河间王元琛家中有一歌女叫朝（zhāo）云，擅长吹篪（古代一种用竹管制成像笛子一样的乐器）。元琛出任地方官，遇到羌人叛乱，难以镇压。朝云扮成贫苦老妇，在敌人阵前吹篪乞讨，羌人听到悲凉的篪声，纷纷落泪，相继归降了北魏朝廷。

五　微

敬叔受饷，吴祐遗衣。

【典故】

敬叔受饷：《齐春秋》记载：南朝齐人何敬叔做县令时为官清廉。一年夏天，何敬叔忽然在门上挂出榜文，宣告要接受礼物，几天内就收到很多物品。何敬叔把这些物品拿来替贫民交了租。

吴祐遗（wèi）衣：《后汉书·吴祐传》记载：东汉官员吴祐手下一名小吏私自敛财，为他的父亲买了一件衣服。小吏父亲知道后非常生气，说："你有这么好的上司，怎么忍心欺瞒他呢？"于是小吏拿着衣服去认罪。吴祐认为小吏能服罪，而其父又有德，就把衣服赠给了他。　　遗：赠送。

淳于窃笑，司马微讥。

【典故】

淳于窃笑：《史记·滑（gǔ）稽列传》记载：战国时期，楚国攻打齐国，齐王让淳于髡（kūn）拿黄金百斤、马40匹给赵国以求援助。淳于髡大笑。齐王说："先生觉得太少吗？"淳于髡说："我看到一个种田人祭神，祭品只有一只猪蹄、一杯酒，却希望神能保佑他家大丰收。我看他拿的贡品少而欲望却很大，因此才笑。"齐王于是给淳于髡黄金千镒（yì）、白璧20枚、马400匹。淳于髡到赵国求得十万精兵．楚国因而退兵。

司马微讥：《新唐书·卢藏用传》记载：唐代官员卢藏用年轻时隐居在终南山，目的是为博得好名声而求做官。后来，卢藏用指着终南山对道士司马承祯说："这山里的风景不错。"司马承祯回答："依我看，这山不过是当官的捷径罢了。"卢藏用听后很惭愧。　　微讥：语含讥刺。

子房辟谷，公信采薇。

【典故】

子房辟谷：《史记·留侯世家》记载：西汉建立后，开国功臣张良（字子房）被封为留侯，他说："享受万户的封邑，位至列侯，这是一般人所能达到的极至，对我来说已经足够了。我想抛弃人间的事务，去与古仙人交往。"于是他开始学习辟谷术（道教的一种修炼法，练习者不吃五谷）。

公信采薇：《史记·伯夷列传》记载：商末周初隐士伯夷（字公信）与弟弟叔齐因反对周武王灭商，一起隐居到首阳山中。他们不吃周人种的粮食，只靠在山中采薇（一种野菜，又称"巢菜""野豌豆"）维持生活，最终还是饿死了。

北宋画家李唐所作的《采薇图》，描绘的是商末伯夷、叔齐"不食周粟"的故事。

卜商闻过，伯玉知非。

【典故】

卜商闻过：《礼记·檀弓》记载：卜商（即子夏，春秋时人，孔子的弟子）晚年丧子，哭得眼睛都失明了。曾子却列举了他的三条罪过。卜商听了连忙向曾子拜谢。

伯玉知非：《淮南子·原道训》记载：春秋时期卫国大夫蘧（qú）伯玉每天反省自己，五十岁时他回顾自己的前半生，能知道前四十九年所犯的错误。

仕治远志，伯约当归。

【典故】

仕治远志：《世说新语·排调》记载：东晋时期，谢安曾过着隐居生活，后不得已才在桓温手下任职。有人送给桓温一些草药，其中一味叫远志。桓温问谢安："远志为什么又叫小草？"谢安还没来得及回答，桓温的属下郝隆（字仕治）应声说："隐居时叫远志，出山就只能是小草。"这是在讥讽谢安以隐居求名而未必有实际才能。

伯约当归：《三国志·蜀书·姜维传》记载：三国时期，大将姜维（字伯约）归降蜀汉后，其母仍在曹魏。后来姜维收到母亲的信，让他寻找中药当归，实际是示意他找机会回到魏国。姜维回信说："良田百顷，不在一亩；但有远志，不在当归。"表示自己有远大的志向，要在蜀汉建功立业。

商安鹑服，章泣牛衣。

【典故】

商安鹑服：《荀子·大略》记载：卜商（即子夏，春秋时人，孔子的弟子）家里很穷，他的衣服像是挂着的鹌鹑一样。鹌鹑的尾巴短而秃，用绳子挂起来，看着像一串补丁，所以荀子这么形容。

章泣牛衣：《汉书·王章传》记载：西汉大臣王章未做官时家里非常穷，得了病只能用牛衣（盖在牛身上御寒的粗布）盖在身上保暖，他哭着和妻子诀别，妻子斥责他说："朝廷中的大臣，哪个学问能超过你？你不想着上进，哭哭啼啼有什么用？"王章因而奋发，后来做了大官。但他不满足，其妻子又制止他说："人应该知足，想想当年你盖牛衣哭泣的时候。"

蔡陈善谑，王葛交讥。

【典故】

蔡陈善谑（xuè）：《诗话总龟·诙谐门》记载：北宋时，陈亚善与蔡襄两位文人聚会，趁酒兴正浓，蔡襄在屏风上写了一句："陈亚有心终是恶。"这是利用陈亚的名字开玩笑。陈亚回敬道："蔡襄无口便成衰。" 谑(xuè)：开玩笑。

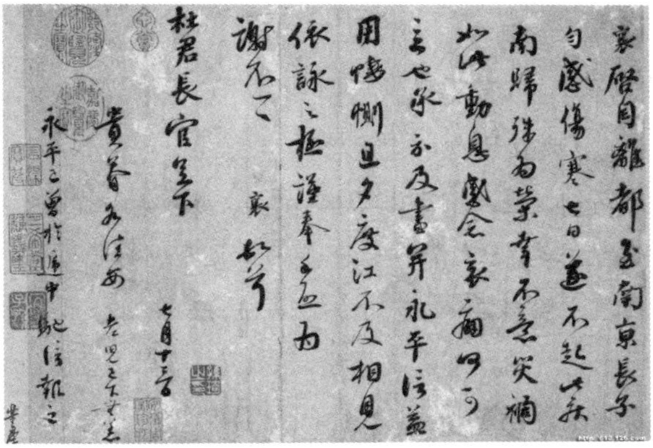

北宋书法家蔡襄的书法作品。蔡襄的书法浑厚端庄，淳淡婉美，自成一体。

王葛交讥：《世说新语·排调》记载：东晋时，王导和诸葛恢两位大臣争论王、葛两姓地位的高低。王导说："你说诸葛氏地位高，怎么通常都说'王葛'，不说'葛王'呢？显然王氏还是要排在诸葛氏前面。"诸葛恢说："就像大家都说'驴马'，没有人说'马驴'，难道驴就比马个头更大了？"

陶公运甓，孟母断机。

【典故】

陶公运甓（pì）：《晋书·陶侃传》记载：东晋大臣陶侃任刺史时，每天早上搬一百块砖到书房外，晚上又把这些砖搬到书房内。有人问他为何这样做。陶侃回答："我正致力于收复中原，如果日子过得太悠闲，恐怕将来没法再做事，所以要找些事来磨练自己。"

孟母断机：《列女传·母仪传》记载：孟子上学回来，母亲问他："学到什么地步了？"孟子应付说："也就是那个样子吧。"孟母斩断正在织的布，说："我靠织布维持生活，中途停下来不织了，拿什么给你做衣服和换粮食呢？你不认真学习，就像我斩断布一样，今后怎么保证未来的生活呢？"此后孟子从早到晚认真学习，成为了著名思想家。

六　鱼

少帝坐膝，太子牵裾。

【典故】

少帝坐膝：《世说新语·夙惠》记载：东晋明帝小时候坐在父亲元帝膝上，元帝问他："太阳和长安哪个更远啊？"明帝说："太阳远，从来没听说有人从太阳那里来。"元帝觉得儿子很聪明，第二天特意把大臣召集起来，又问了同样的问题。而明帝却说："太阳近。"元帝大吃一惊。明帝解释说："抬起头来就能看见太阳，可是看不见长安。"

太子牵裾（jū）：《晋书·愍怀太子传》记载：西晋愍（mǐn）怀太子（晋武帝之孙，晋惠帝之子）五岁时，宫里失火，武帝登上高楼想看看火势，太子牵着祖父的衣襟，让他躲到暗影里面。武帝问为什么。太子回答："现在是晚上，突发火灾，要当心有人作乱。火光明亮，把您所在的地方照得清清楚楚，这样很危险。"武帝觉得这个孩子不一般。

卫懿好鹤，鲁隐观鱼。

【典故】

卫懿（yì）好鹤：《左传·闵公二年》记载：春秋时期，外族侵略卫国。卫国国君懿公喜欢养鹤，让鹤享受臣子的待遇。这时臣民都说："让鹤去吧，鹤享受着您的俸禄，我们哪会打仗呢？"卫懿公失去了民心，与外族交战果然大败，懿公战死。

鲁隐观鱼：《左传·隐公五年》记载：春秋时期鲁国国君隐公要去观看捕鱼，大臣劝谏说："不能用来祭祀和用于军事的物品，不能制作用具的材料，都不值得君主注意。猎兽捕鱼有具体官员管理，跟您没有关系。"

蔡伦造纸，刘向校书。

【典故】

蔡伦造纸：《后汉书·蔡伦传》记载：古时用来书写文字的材料只有竹简和帛，竹简太沉，帛又太贵。东汉宦官蔡伦改进造纸术，改用树皮、麻头、破布作为原料，这种纸被称为"蔡侯纸"。

"蔡伦"题材的纪念邮票

刘向校（jiào）书：《汉书·刘向传》记载：西汉成帝命学者刘向主持校书工作。刘向把官内藏书对照校勘，找出各本之间的差异，写成定本。在此过程中，刘向为每部书都写了提要，这就是我国最早的目录学著作《别录》。

朱云折槛，禽息击车。

【典故】

朱云折槛（jiàn）：《汉书·朱云传》记载：西汉官员朱云上书请求斩杀成帝的老师张禹。成帝大怒，下令将朱云问罪。朱云攀住殿前的栏杆大喊："我死后能和古代的忠臣交往于地下，也算值了，但不知国家会变成什么样子！"由于用力太大，栏杆都被拉断了。后来，要修栏杆时，成帝说："不要换了，修补一下就可以，以此来表彰敢说话的官员。"　槛：栏杆。

禽息击车：《韩诗外传》记载：春秋时期秦国人禽息向秦穆公推荐百里奚，穆公不肯任用。禽息趁穆公出行时拦下车，说："我活着不能对国家有价值，不如死了吧。"于是一头撞向木桩。穆公受到感悟，任用了百里奚。

耿恭拜井，郑国穿渠。

【典故】

耿恭拜井：《后汉书·耿恭传》记载：东汉将领耿恭守疏勒（古代西域王国，在今新疆）时被匈奴围攻，致城中断水。在这危急的时刻，耿恭整理衣冠，到井前拜祭，不久泉水奔涌而出。耿恭命将士把水泼到城外，匈奴人以为有神相助，于是撤了兵。

郑国穿渠：《史记·河渠书》记载：战国时期，韩国派水工郑国到秦国，劝其修一条三百多里长的水渠来灌溉农田，目的是消耗秦国国力。工程到一半，韩国的密谋被发觉，秦王要杀郑国，郑国说："我确实是为做间谍来的，但是水渠修成了，对秦国也有好处。"秦王认为有道理，就让他继续修造。渠修成后，秦国农田得到良好灌溉，实力更加强大。这条水渠就被命名为郑国渠。

郑国渠首遗址位于陕西咸阳城北泾阳县王桥乡泾水出山口附近。郑国渠是我国古代著名的水利工程，为秦始皇统一中国起到了巨大的作用。

国华取印，添丁抹书。

【典故】

国华取印：《宋史·曹彬传》记载：北宋大臣曹彬（字国华）一周岁时，父母把各种玩具放在席子上，看他拿什么，以预卜孩子的前程。曹彬左手拿兵器，右手拿礼器，过一会儿又拿起一颗印章，其他的都不看了。后来曹彬先后做过节度使、枢密使、宰相，应验了周岁时的预卜。

添丁抹书：唐代诗人卢仝（tóng）曾写过一首名为《示添丁（添丁是卢仝儿子的小名）》的诗来形容儿子顽皮，其中一句为："忽来案上翻墨汁，涂抹诗书如老鸦。"

细侯竹马，宗孟银鱼。

【典故】

细侯竹马：王莽时期，郭伋（jí，字细侯）曾任并州牧，有恩于百姓。东汉光武帝时，他再次出任此职。巡察途中，有数百儿童骑着竹马（一种儿童玩具，形状是在竹竿前安一个马头）在道边迎接，郭伋问："你们来这里干什么？"儿童们回答："听说您来了，我们特意来欢迎您。"

宗孟银鱼：《东都事略·蒲宗孟传》记载：蒲宗孟当翰林学士时，北宋皇帝神宗说："翰林学士是清要的近侍官，对他们的待遇还有欠缺之处，从现在起，允许学士佩银鱼符（鱼符是唐宋时期中高级官员的一种佩饰，按照级别分为金银铜三等）。"

管宁割席，和峤专车。

【典故】

管宁割席：《世说新语·德行》记载：东汉末名士管宁与华歆一同锄草，挖到一块金子，管宁就像挖到土块一样毫不在意，华歆则拿在手里看了一番才扔掉。两人又一同读书，有高官路过门口，管宁依然专心学习，华歆则放下书出门去看。经过这些事，管宁觉得两人志向不同，就把坐席割开，对华歆说："你不是我的朋友。"　割席：指朋友绝交。

和峤（qiáo）专车：《晋书·和峤传》记载：西晋初期，和峤做中书令（帮助皇帝在宫廷处理政务的官员），荀勖（xù）做中书监（与中书令职务相等而位次略高）。按照制度，中书监和中书令应该同坐一辆车入朝，但是和峤看不起荀勖，每当两人同车时，和峤总是自己独占整辆车。

渭阳袁湛，宅相魏舒。

【典故】

渭阳袁湛：《南史·袁湛传》记载：东晋大臣袁湛的外甥谢绚曾在官方场合对袁湛不够尊重，袁湛说："你家两代都没有舅甥情谊。"谢绚的父亲谢重对舅舅也不够礼貌，所以袁湛这么说。　渭阳：春秋时秦太子送舅舅晋文公回国，到渭水北岸告别，作了一首名叫《渭阳》的诗以表示不忍与舅父分离，后世于是把"渭阳"作为舅舅的别称。

宅相魏舒：《晋阳秋》记载：西晋大臣魏舒儿时在舅舅家居住，舅舅家盖了新房，让相宅的人来看，相宅人说："一定能出一个显贵的外甥。"家里人认为所谓显贵的外甥指的就是魏舒。　宅相：住宅的格局。古人认为从住宅的格局能够看出住户的兴衰，因而有相宅的职业。

永和拥卷，次道藏书。

【典故】

永和拥卷：《魏书·逸士传》记载：北魏隐士李谧（字永和）专心读书，不肯做官。他曾说："男子汉家里有图书万卷，哪有时间去做管理城池的高官？"

次道藏书：《曲洧（wěi）旧闻》记载：北宋学者宋敏求（字次道）家中藏书丰富。喜欢读书的人争着在宋敏求家附近租房，为的是借书方便，以至于宋家附近的房租都比别处高一倍。

镇周赠帛，虙子驱车。

【典故】

镇周赠帛：《资治通鉴·唐纪》记载：唐朝人张镇周到家乡做官，他召集亲友饮宴作乐几十天，又把金帛送给他们，最后说："今天我还能和老朋友们一同欢乐，明天我就要开始治理地方，和各位有官民身份的差别了，不能再像这样来往了。"

虙（fú）子驱车：《说苑·政理》记载：虙子（即虙子贱，名不齐，春秋时人，孔子的弟子）要做单（shàn）父（今山东菏泽单县）地方官，临行前去见阳昼，阳昼说："我有两条钓鱼的心得，当作送行的礼物吧。你投下钓饵就咬钩的鱼，叫阳桥，肉少而且不好吃；似乎要咬饵又似乎不咬的，叫鲂（fáng）鱼，肉厚而且好吃。"虑子还没有到单父，已经有很多贵人前来迎接，他吩咐车夫："赶快走，这是阳桥来了。"

廷尉罗雀，学士焚鱼。

【典故】

廷尉罗雀：《史记·汲郑列传》记载：汉朝翟方进任廷尉（主管国家司法的最高官员）时，宾客满堂。等到他被免职，门前客人少到可以设网捕鸟的地步。

学士焚鱼：《古今合璧事类备要》记载：南朝梁人张褒任学士时被御史弹劾。张褒说："青山不会对不起我。"就烧掉自己佩带的鱼符离职了。

冥鉴季达，预识卢储。

【典故】

冥鉴季达：《夷坚志》记载：南宋人杨希仲（字季达）没有中进士前曾做家庭教师。主人的小妾偷偷来和他调情，杨希仲正色拒绝。当晚，杨希仲的妻子梦见有人对她说："你的丈夫独处异乡，能够自我约束，神明已经知道，将让他中第一名作为回报。"第二年，杨希仲果然考中第一名。　冥鉴：指神灵的鉴戒。

预识卢储：《太平广记·李翱女》记载：唐朝人卢储向李翱投卷求其推荐。李翱15岁的女儿看到了文卷，说："这个人一定能中状元。"李翱听到女儿的话，就让幕僚去向卢储传达结亲之意。第二年，卢储中了状元，随即与李翱的女儿结婚。新婚之夜卢储所作的诗中有"昔年将去玉京游，第一仙人许状头"的句子，指的就是妻子预先知道他要中状元。

宋均渡虎，李白乘驴。

【典故】

宋均渡虎：《后汉书·宋均传》记载：东汉人宋均出任九江太守，当地有很多老虎，设置陷阱也不能防止它们伤人。宋均下令说："老虎伤人，是因为官吏残暴。应该除去那些贪婪奸恶的官吏，多选拔忠诚善良的人任职，各县把陷阱都撤掉吧。"后来老虎真的离开了九江郡。

李白乘驴：《类说》记载：唐代诗人李白喝醉了酒，骑着驴从华阴县衙门前经过。县令正在审案，看到李白路过而不下驴，就把他抓了起来，问："你是什么人，竟敢如此无礼？"李白说："我曾用皇帝的手巾擦嘴，让皇上为我调羹，让贵妃为我捧砚，让高力士为我脱靴，天子殿前我还敢骑马，华阴县竟然不让我骑驴？"县令听后连忙作揖谢罪。

位于四川江油北郊昌明河畔的李白纪念馆，是为纪念唐代大诗人李白而修建的仿唐园林建筑群。

仓颉造字，虞卿著书。

【典故】

仓颉（jié）造字：《说文解字序》记载：神农氏用结绳来记事。随着人类认识的事物越来越丰富，结绳已不能满足需要。黄帝的史官仓颉观察鸟兽的足迹，认为可以通过类似的符号来记录事物，于是创制了文字。

虞卿著书：《史记·平原君虞卿列传》记载：战国名士虞卿第一次拜见赵孝成王后得到黄金百镒；第二次拜见，又被任命为上卿，因此号虞卿。他著书八篇，世称《虞氏春秋》。

班姬辞辇，冯诞同舆。

【典故】

班姬辞辇（niǎn）：《汉书·外戚传》记载：西汉成帝让妃子班婕妤与

自己同坐辇（古代用人拉着走的车子，后多指天子或王室坐的车），班婕妤说：“我看过古代的画，圣贤君主身边都是名臣，只有亡国之君身边才是嫔妃。如果我和您同辇，是不是和后一种情况有些像呢？”成帝于是打消了这个念头。

冯诞同舆（yú）：《魏书·外戚传》记载：北魏大臣冯诞小时候曾与孝文帝作伴读书，后来又娶了孝文帝的妹妹。孝文帝常和他同车出行、同桌吃饭、同席坐卧。　　舆：车中装载东西的部分，后泛指车。

七　虞

西山精卫，东海麻姑。

【典故】

西山精卫：《山海经·北山经》记载：相传精卫是炎帝的小女儿在东海游玩时溺死后变成的鸟，名为精卫，它经常衔着西山的树枝石块去填东海。

东海麻姑：《神仙传·王方平》记载：女仙麻姑的长相如同十八九岁的少女，她自己说曾经三度看见东海变成桑田。

楚英信佛，秦政坑儒。

【典故】

楚英信佛：《后汉书·光武十王传》记载：东汉光武帝的儿子楚王刘英晚年信佛。汉明帝让天下有死罪的人交纳绢帛赎罪，刘英也交纳了三十匹。汉明帝说：“楚王崇尚佛家，能有什么不法的行为呢？”于是把楚王所交的绢帛还了回去。

位于陕西骊山的秦坑儒谷碑

秦政坑儒：《史记·秦始皇本纪》

记载：秦始皇（姓嬴，名政）遭受儒士诽谤后，下令追查究竟哪些人有妖言惑众或诽谤的行为。受审的儒生互相告发，牵连了四百六十多人。最终，犯禁者都被坑杀。

曹公多智，颜子非愚。

【典故】

曹公多智：《魏书》记载：东汉末期权臣曹操攻打马超，和敌将韩遂等人在阵前谈话。马超军中的人争相前来观看。曹操笑着对敌人说："你们想看曹公长什么样吗？我和常人一样，没有长四只眼睛两张嘴，不过就是比一般人更聪明罢了。"

颜子非愚：《论语·为政》记载：孔子说："我和颜回（孔子的弟子，字子渊，又称颜渊）说话，一整天他也不会提出不同的意见，看起来似乎很愚笨。然而考察他私下的言论，足以对我的思想进行发挥，颜回并不愚笨啊。"

伍员覆楚，勾践灭吴。

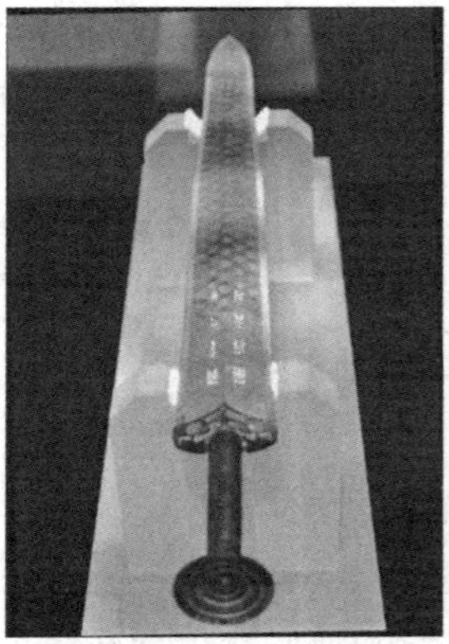

越王勾践剑（现藏于湖北省博物馆）出土于湖北荆州附近的望山楚墓群中，剑上用鸟篆铭文刻了"越王勾践，自作用剑"八个字。

【典故】

伍员（yún）覆楚：《史记·伍子胥列传》记载：伍员（即伍子胥，春秋时期楚国人，后投奔吴国）的全家被楚平王杀害，他逃到吴国，被任用为重臣。后来吴国伐楚，攻进楚国的国都。当时楚平王已经去世，伍员挖开他的坟墓，鞭打他的尸体三百下，报了灭门之仇。

勾践灭吴：《史记·越王勾践世家》记载：春秋末期越国国王勾践被吴王打败后被迫做了吴国的奴仆。后经努力，勾践又回到越国。他每天睡在柴草上，舔尝苦胆，以示不忘在吴的困苦。他又任用贤臣，发展国力，最终灭掉了吴国。

君谟龙片，王肃酪奴。

【典故】

君谟（mó）龙片：《渑水燕谈录》记载：福建产的茶中，龙团最为上品。北宋仁宗时，大臣蔡襄（字君谟）在福建制造小片龙团，十分贵重。　龙片：即龙团，宋代所制的一种茶饼。

王肃酪奴：《洛阳伽蓝记》记载：南朝齐人王肃刚到北魏时，不吃羊肉、奶酪，而喜欢鲫鱼羹和茶。过了几年，王肃习惯了北方食物，在宴会上评论南北饮食说："羊肉是大国风味，鱼是小邦菜肴；至于茶，比起奶酪来也只能做奴仆。"于是有人和他开玩笑说："明天你来我家，我请你吃小邦的菜，还有酪奴。"　酪奴：北魏时对茶的戏称，即奶酪的奴仆。

蔡衡辨凤，义府题乌。

【典故】

蔡衡辨凤：《决疑注》记载：东汉初，华阴县有一种鸟，高五尺，头像鸡，下颌像燕子，脖子像蛇，尾巴像鱼，身上披着五色的羽毛，青色羽毛最多。地方官和朝中大臣都说是凤，只有官员蔡衡说："这鸟以青羽毛为最多，应该是鸾（luán），不是凤。"

义府题乌：《大唐新语》记载：唐太宗让大臣李义府作一首以乌鸦为题的诗。李义府写道："日里飏（yáng）朝彩，琴中伴夜啼。上林许多树，不借一枝栖。"太宗非常赏识他的才华，说："我把整棵树都借给你，何止一枝？"于是将他越级提拔为监察御史。

苏秦刺股，李勣焚须。

【典故】

苏秦刺股：《战国策》记载：战国时期辩士苏秦去游说各国，几年都没有成效，狼狈地回到家中。从此他开始发奋读书，要睡着的时候，就用铁锥扎自己的大腿，血从大腿一直流到脚上。一年后，苏秦又去游说各国联合抗秦，终于受到了重用。　　股：大腿。

李勣（jì）焚须：《隋唐嘉话》记载：唐朝大臣李勣（本名徐世勣）做了宰相后还坚持为生病的姐姐煮粥，为此经常烧到自己的胡须。姐姐问："家里的仆人很多，你何必辛苦自己呢？"李勣回答："我下厨难道是因为家里没人干活吗？你和我都已年老，即使我想再多给你煮几次粥，还能煮多久呢？"

介诚狂直，端不糊涂。

【典故】

介诚狂直：《宋史·石介传》记载：石介为官和写文章指切当时，无所忌讳，人们称赞他"狂直"。

端不糊涂：《宋名臣言行录》记载：北宋太宗想要任用吕端做宰相，但有人说吕端糊涂。太宗说："吕端小事糊涂，大事不糊涂。"

关西孔子，江左夷吾。

【典故】

关西孔子：《后汉书·杨震传》记载：东汉学者杨震自幼好学，几乎没有他不通晓的知识。因其是弘农华阴人，地处函谷关以西，因此被称为"关西孔子"，以表赞美。

江左夷吾：《世说新语·言语》记载：东晋人温峤（qiáo）刚到江左（即长江下游以东地区）时，对时局充满忧虑。但他与重臣王导见面后，高兴地说："江左有夷吾（即管仲，名夷吾，春秋时期齐国宰相，辅佐齐桓公称霸）一类的人物，我还有什么可担忧的呢？"

位于陕西灵宝市豫灵镇杨家村的杨震祠，杨家村因东汉"关西孔子"杨震曾耕读于此而得名。

赵抃携鹤，张翰思鲈。

【典故】

赵抃（biàn）携鹤：《名臣碑传琬琰集》记载：北宋大臣赵抃为官清廉，宋神宗对他说："听说你到地方赴任时只带一琴一鹤，当官如此简单，值得称道啊。"

张翰思鲈：《世说新语·识鉴》记载：西晋时人张翰在洛阳做官，忽然想念家乡吴郡的鲈鱼脍和莼菜羹，便说："人生也不过寻求自在而已，何必到几千里外做官呢？"于是就驾车回家了。

李佳国士，聂悯田夫。

【典故】

李佳国士：《太平广记·李膺（yīng）》记载：东汉官员、名士李膺在与同县人聂季宝交谈后说："这个人将来一定能成为国士（一国中才能最优秀的人物）。"后来，果如其所言。

聂悯田夫：唐代诗人聂夷中写有一首《伤田家》的诗："二月卖新丝，五月粜新谷。医得眼前疮，剜却心头肉。我愿君王心，化作光明烛。不照绮罗筵，遍照逃亡屋。"

善讴王豹，直笔董狐。

【典故】

善讴王豹：《孟子·告子下》记载：春秋战国时期歌唱家王豹住在淇水岸边，整个黄河以西地区都受到他的感染而善于唱歌。

直笔董狐：《左传·宣公二年》记载：春秋时期，晋灵公要杀大夫赵盾。赵盾被迫出逃，他的侄子赵穿刺杀了灵公，又迎赵盾回国执政。晋国史官董狐在史册上写道："赵盾杀害了他的君主。"赵盾看后感到不解，董狐说："出奔不逃出国境，回国不讨伐叛贼，不是你杀害君主又是谁呢？"　直笔：形容记事不畏权贵，秉笔直书。

赵鼎倔强，朱穆专愚。

【典故】

赵鼎倔强：《宋史·赵鼎传》记载：南宋大臣赵鼎不同意与金朝议和而被贬官。他给朝廷上书，其中有“白首何归，怅余生之无几；丹心未泯，誓九死以不移”的句子。宰相秦桧看了后说：“这老先生还像以前一样倔强（指刚强不屈）。”

朱穆专愚：《后汉书·朱穆传》记载：东汉人朱穆心思都用在学业上，有时想到一个问题，连自己的帽子掉了都不知道。他的父亲觉得这个孩子有些愚笨。　　专愚：固执专一而不懂人情世故。

张侯化石，孟守还珠。

【典故】

张侯化石：《搜神记》记载：一天雨后，有一只像山鹊的鸟落到地上变成一块石头。东汉大臣张颢（hào）将石头打开，发现里面有一颗金印，印文是“忠孝侯印”。

孟守还珠：《后汉书·循吏传》记载：东汉人孟尝任合浦（今广西合浦）太守，当地海里产含有珍珠的蚌。但前任地方官太过贪婪，不停地派人到海里捕捉，使珠蚌都跑到了别的地方。孟尝到任后，停止了过去的错误做法。不到一年时间，珠蚌又都回来了。

毛遂脱颖，终军弃繻。

【典故】

毛遂脱颖：《史记·平原君虞卿列传》记载：战国时期，秦国围攻赵国，赵国的平原君去楚国求援，要从门客中选拔20个人做随从，毛遂主动要求同行。平原君说：“我听说有能力的人就像把锥子放在袋子里一样，很快能露出尖来。你在我这里三年，看不出什么长处，还是算了吧。”毛遂说：“我今天才请求您把我放在袋子里，如果早跟您要求的话，连锥子末端的环都能露出来，何况是锥尖呢？”最终，毛遂帮助平原君说服楚王出兵。　脱颖：比喻人的才能全部显示出来。脱，露出。颖，锥子末端的环。

位于山东滕州官桥镇的毛遂墓，墓前方立有著名书法家王学仲所题“毛遂之墓”碑。

终军弃繻（xū）：《汉书·终军传》记载：西汉人终军从济南到长安求学，进入函谷关时，守关的人给他一张繻（这里指出入关卡的凭证），并说：“这是你回来时乘坐官府马车的凭证。”终军说：“大丈夫外出求学，绝不会再回来了。”就把繻扔掉了。

佐卿化鹤，次仲为乌。

【典故】

佐卿化鹤：《太平广记·徐佐卿》记载：唐玄宗射中一只鹤，鹤向西南飞走了。当时有个道士叫徐佐卿，对弟子说：“我在山中行走，偶然中箭。这箭不是人间所有，我把它挂在墙上，你们等箭主到这里，就把箭还给他。”两年后，唐玄宗因安史之乱逃到蜀中，发现这支箭就是自己射鹤时所用，才知道当年那只鹤就是徐佐卿所变。

次仲为乌：《太平广记·王次仲》记载：秦朝人王次仲隐居山中，以篆书为基础创造出隶书。秦始皇认为王次仲创造新字体有功，就派人召他入朝，被王次仲拒绝。秦始皇又找来使者，事先对他说：“如果这次他不肯，就斩了他的头带回来。”使者到了山中宣读诏令，王次仲变成一只大乌鸦，振翅而飞，并落下三根羽毛，交给使者复命。

韦述杞梓，卢植楷模。

【典故】

韦述杞梓（qǐ zǐ）：《白孔六帖》记载：唐代官员韦述和他两个弟弟学

位于河北涿州卢家场村北的卢植墓

问都很好。同时代人赵冬曦的兄弟也很有名望，宰相张说（yuè）说："韦赵兄弟，人之杞梓（杞树和梓树，比喻优秀的人才）。"

卢植楷模：《后汉书·卢植传》记载：曹操北征，路过东汉大臣卢植的故乡涿（zhuō）郡，下令说："已去世的卢植，名声显扬于海内，学问堪称儒家宗师，是士大夫的楷模，国家的栋梁。"

士衡黄耳，子寿飞奴。

【典故】

士衡黄耳：《述异记》记载：有人送给西晋文学家陆机（字士衡）一条名叫黄耳的狗。陆机到洛阳做官后，对黄耳说："我和家里很久不通信了，你能帮我送信吗？"狗摇着尾巴叫了几声。陆机就把写好的信放在竹筒里，系在黄耳的脖子上。黄耳果然把信送到了陆家，还带了回信到洛阳。

子寿飞奴：《开元天宝遗事》记载：唐代大臣张九龄（字子寿）家里养了一群鸽子。这些鸽子可以将信准确送到相应的人家。于是张九龄给这群鸽子起了个名字叫"飞奴"，即会飞的奴仆。

直笔吴兢，公议袁枢。

【典故】

直笔吴兢：《新唐书·吴兢传》记载：唐代史官吴兢撰写《武则天实录》，如实记载了张昌宗威胁利诱张说诬陷宰相魏元忠的事情。张说看到后，多次让吴兢改写，吴兢说："如果看在您的情面上改写了，还叫什么'实录'？"

公议袁枢：《宋史·袁枢传》记载：南宋史学家袁枢参与国史修撰，北宋大臣章惇的后人仗着同乡的关系，希望袁枢在传记里替章惇说几句好话。袁枢说："章惇做宰相，对不起国家，又欺骗君王。我做史官，有什么就写什么，宁可对不起同乡，不能对不起天下人的共同看法。” 公议：就某人某事形成的共同观点。

陈胜辍锸，介子弃觚。

【典故】

陈胜辍锸（chā）：《史记·陈涉世家》记载：秦朝人陈胜曾替人耕田以维持生活。在休息时，他和同伴说：“假如有一天我富贵了，一定不会忘记大家。”同伴笑道：“你不过是个佃农，哪有富贵可言呢？”陈胜叹息道：“燕雀怎么能懂得鸿鹄的志向？”后来陈胜在大泽乡首先反秦称王，天下纷纷响应。 锸：即铁锹，挖土的工具。

介子弃觚（gū）：《西京杂记》记载：汉代官员傅介子14岁时曾经把写字的木简扔到一旁，说：“大丈夫应该到异国的土地上建功立业，怎么能做一个普通的儒生呢？”后来他多次出使西域，立了大功。 觚：古代写字用的木简。

谢名蝴蝶，郑号鹧鸪。

【典故】

谢名蝴蝶：《古今诗话》记载：宋代诗人谢逸曾作蝴蝶诗三百首，人称其为“谢蝴蝶”。

郑号鹧鸪：《类说》记载：唐代诗人郑谷曾作《鹧鸪诗》，人称其为“郑鹧鸪”。

戴和书简，郑侠呈图。

【典故】

戴和书简：《云仙杂记》记载：汉代人戴和每结交到一个亲密的朋友，就把这个人的名字写在简册上，并在先祖的灵位前焚香禀告。写有名字的简册被称为“金兰簿”。

郑侠呈图：《宋史·郑侠传》记载：北宋神宗时，北方发生大规模饥荒，百姓流离失所。官员郑侠请画师把流民的苦状画成图画，呈献给皇帝。

瑕丘卖药，邺令投巫。

【典故】

瑕（xiá）丘卖药：《列仙传》记载：汉代仙人瑕丘仲以卖药为生。后因地震，瑕丘仲的房屋倒塌。有人贪图利益，把他的尸体扔到河里，并拿了他的药去卖。不久，瑕丘仲来找弃尸人索取自己的药，弃尸人吓得跪地哀求。

西门豹祠遗址坐落于河南安阳市区北的漳河岸边。祠堂早已不存，只留下四通古碑，其中两通字迹已漫漶不清，另两通则为清朝道光年间和民国时期的。

邺（yè）令投巫：《史记·滑（gǔ）稽列传》记载：战国时期魏国人西门豹做邺地（今河南安阳市北）县令时，得知当地豪强和巫婆勾结，以替河伯娶妻为由，每年要把一个女子扔到水中，还从民间搜刮大量钱财。为制止这种行为，西门豹借口新娘长得丑，把巫婆与豪强投进水里，从此邺地再没有人敢提为河伯娶妻的事情。

冰山右相，铜臭司徒。

【典故】

冰山右相：《资政通鉴·唐纪》记载：唐代大臣杨国忠做宰相时，天下的士人都争着去拜见他，只有进士张彖（tuàn）不肯。有人劝张彖说一旦得到杨国忠的赏识，就有富贵的希望。张彖说："你们都把杨国忠当成泰山，我看他不过是冰山，一旦烈日当空，这座山就要消失。"

铜臭（xiù）司徒：《九州春秋》记载：东汉末期，朝政腐败，大臣崔烈以五百万买得司徒的职位，他问儿子崔钧："我做三公，外界有什么议论？"崔钧说："您年轻时就有很高的名望，没人说您不应该做三公，不过这次您升官，议论的人都嫌您沾染了铜钱的气味。"　铜臭：铜制品上的一种气味。

后引申为只重金钱，不重人情的人，又指贪官受贿。臭，通“嗅”，表气味。

武陵渔父，闽越樵夫。

【典故】

武陵渔父（fǔ）：《陶渊明集·桃花源记》记载：武陵郡（在今湖南）的渔人捕鱼时沿着溪水中的桃花探寻源头，发现了一座小村庄。村民过着自给自足的生活，不受外界战乱的困扰。渔人从村庄出来，一路留下记号，回到郡中后向地方官报告了自己的发现。地方官派人随着渔人去寻找，却再也找不到这个村庄了。

闽越樵夫：《淳熙三山志》记载：唐代宗时，闽越（今福建一带）樵夫蓝超追一头白鹿，渡水进入石门，开始路很窄，后来突然宽阔，出现一座村庄。村中人对蓝超说：“我们是秦朝时避难来到这里的，你能不能也留下呢？”蓝超说：“我想和亲友告别以后再来。”于是村民送给他一枝石榴花，让他离去。蓝超凭记忆再去寻找时，却始终找不到了。

渔人鹬蚌，田父鵕卢。

【典故】

渔人鹬（yù）蚌：《战国策·燕策》记载：战国时期，赵国攻打燕国，苏代替燕王去劝赵王，说：“我曾看到蚌打开壳晒太阳，鹬（一种水鸟）来啄蚌的肉，蚌合上壳，把鹬的嘴夹住。鹬和蚌谁也不肯放开谁，渔人一下子就把它们都捉住了。现在赵伐燕，我怕秦国要做这个渔人啊。”

描绘“鹬蚌相争”场景的邮票

田父鵕（jùn）卢：《战国策·齐策》记载：战国时期，齐国要攻打魏国，齐国政治家淳于髡（kūn）对齐王说：“韩子卢是跑得最快的狗，东郭鵕是最狡猾的兔子。韩子卢追赶东郭鵕，最终两个都累死了，农夫轻易地捉住了它们。齐魏相争，我担心秦国和楚国会成为故事里的农夫啊。”

郑家诗婢，郗氏文奴。

【典故】

郑家诗婢：《世说新语·文学》记载：东汉学者郑玄家中的奴婢都很有学问。一次，一个婢女没好好做事还狡辩，郑玄罚她到泥里跪着。另一个婢女经过，问跪着的婢女："胡为乎泥中？（你怎么会在这泥水中啊？）"跪着的人回答："薄言往愬（sù），逢彼之怒。（我向他诉苦，正好碰上他在发怒。）"问答的两句话都出自《诗经》。　诗婢：懂得《诗经》的婢女。

郗氏文奴：《世说新语·品藻》记载：东晋大臣郗愔（yīn）家有一奴仆，精于写文章，而且很有想法。王羲之向刘惔（tán）称赞这个人，刘惔问："比起郗愔来怎么样？"王羲之说："不过是奴仆中比较有想法的一个而已，怎么能和郗愔相比？"刘惔说："如果比不上郗愔，那也就是一般的奴仆罢了。"

卷二

八　齐

子晋牧豕，仙翁祝鸡。

【典故】

子晋牧豕（shǐ）：《列仙传》记载：汉朝人商丘子晋以养猪为生，活到70岁也没有老迈的迹象，平日只喝水和吃菖蒲根，当时人认为他是仙人。

仙翁祝鸡：《列仙传》记载：祝鸡翁养了几千只鸡，给每只鸡都起了名字。他早晨把鸡放到外面，晚上只要喊鸡的名字，鸡就能回到自己的笼子里。

武王归马，裴度还犀。

【典故】

武王归马：《史记·周本纪》记载：周武王灭商后，把战马都放养到华山以南的土地上，表示今后要停止战争。

裴度还犀：《唐摭言》记载：唐代大臣裴度去算命，相士说他最终会被饿死。不久，裴度捡到一条用犀角作装饰的腰带，并归还给失主。相士再次见到裴度，说："你一定是做了积德的事，以后定能大贵。"后来裴度果然做了宰相。

重耳霸晋，小白兴齐。

【典故】

重（chóng）耳霸晋：《史记·晋世家》记载：重耳曾流亡在外19年，后得以返回晋国，登上君位，即后来的晋文公，并成为春秋时期一代霸主。

小白兴齐：《史记·齐太公世家》记载：齐桓公（名小白）任用管仲为相，振兴齐国，成为春秋时期第一位霸主。

山东嘉祥武氏祠汉画像石上刻画的齐桓公与管仲

景公禳彗，窦俨占奎。

【典故】

景公禳（ráng）慧：《史记·齐太公世家》记载：齐景公（春秋时期齐国国君）时，天空出现彗星，这是不祥之兆。景公问大臣晏婴："可以用祈禳的办法来消除灾祸吗？"晏婴回答："神如果能靠祈禳招来的话，自然也可以靠祈禳赶走。国内数以万计的百姓都因受苦而怨恨，您一个人祈禳，又怎么敌得过众人的祈禳呢？"　禳：迷信的人向鬼神祈祷以消除灾祸。

窦俨占（zhān）奎：《东都事略·窦俨传》记载：北宋时期，卢多逊、杨徽之做谏官时，官员窦俨对他们说："丁卯年时，金、木、水、火、土五颗星将在奎宿（xiù，星座名）的区域内相聚，从此天下太平。我恐怕看不到了。"到丁卯年，果然五星在奎宿相聚。当时北宋已经统一了中原地区，窦俨的预言得以应验。

卓敬冯虎，西巴释麑。

【典故】

卓敬冯（píng）虎：《献徵录》记载：明代官员卓敬晚上回家遇到暴风雨，便在一隐士家躲避。隐士把家里的牛借给卓敬。卓敬回到住处后，牛忽然大吼一声，变成一只黑虎跑掉了。　冯：同"凭"，凭借，依靠。

西巴释麑（ní）：《韩非子·说林上》记载：春秋时期鲁国大夫孟孙打猎时捉到一只小鹿，让家臣秦西巴送回家去。母鹿一路上跟着秦西巴的车哀叫，于是秦西巴将小鹿放生。孟孙大怒，就把秦西巴赶了出去，但三个月后又将其召回，并任命他做自己儿子的老师。有人问孟孙："秦西巴不是有罪才被赶出去的吗？"孟孙回答："他对小鹿都怜悯，何况对我的儿子呢？"

信陵捕鹞，祖逖闻鸡。

【典故】

信陵捕鹞（yào）：《列士传》记载：战国时期魏国公子信陵君吃饭时，

有一只斑鸠飞到他的桌案下面，信陵君抬头发现一只鹞子（一种猛禽，以捕食小鸟为生）正在屋上守候。信陵君直到鹞子飞去才放走斑鸠，不料斑鸠还是被鹞子抓住吃掉了。信陵君命门客捕捉了三百多只鹞子，问它们："是谁得罪了我？"一只鹞子低头伏罪。信陵君杀掉了它，将其他鹞子放走。此后，信陵君仁慈的名声更加显赫，很多士人都投到他的门下。

祖逖（tì）闻鸡：《晋书·祖逖传》记载：东晋名将祖逖年轻时有大志，与好友刘琨（kūn）一起做官时，半夜听到鸡叫，就把刘琨叫醒，一起出门舞剑。

"闻鸡起舞"题材的邮票。闻鸡起舞比喻有志报国的人及时奋起。

赵苞弃母，吴起杀妻。

【典故】

赵苞弃母：《后汉书·独行传》记载：东汉人赵苞担任太守时，鲜卑族入侵，劫持其母作人质。赵苞在战场上对母亲说："我是国家的官员，不能只考虑私人感情。"于是下令进攻。他的母亲因此而遇害。

吴起杀妻：《史记·孙子吴起列传》记载：战国时期，齐国攻打鲁国，鲁国国君想任命吴起（战国时期卫国人，军事家、政治家，兵家代表人物）为大将抗齐，但由于他的妻子是齐国人，因此得不到信任。吴起得知后，杀死了自己的妻子，以表示对鲁国的忠诚。

陈平多辙，李广成蹊。

【典故】

陈平多辙：《史记·陈丞相世家》记载：西汉开国功臣陈平年轻时家里很穷，同乡一富人叫张负，觉得陈平相貌奇伟，就尾随到了陈平家。陈平家非常破，但门外有很多有身份的人留下的车轮印。张负由此看出陈平的志向，就把孙女嫁给了他。

李广成蹊（xī）：《史记·李将军列传》记载：西汉名将李广不太会说话，模样看起来和平常人差不多，但全国人都景仰他。就像桃树、李树虽然不会说话，因为结的果子好吃，树下自然会被踩出一条小路来。

烈裔刻虎，温峤燃犀。

【典故】

烈裔（yì）刻虎：《拾遗记》记载：秦朝工匠烈裔把玉刻成百兽的样子，并在它们胸前刻上日期，但是从不给这些兽点眼睛，说是点上眼睛它们就会跑掉。秦始皇不信，命令烈裔给两只老虎各点上一只眼睛，过了十天，老虎就不见了。第二年，西方献上两只独眼白虎，其胸前有烈裔刻的日期。

温峤（qiáo）燃犀：东晋大臣温峤经过牛渚（今安徽马鞍山采石镇），江水深不可测。温峤命人点燃犀角，向水下望去，看到很多水族怪物。晚上他梦见有人对他说："我们和您生活在两个世界，您为什么要点起火来照出我们的样子呢？"温峤醒来后心里很不舒服，不久便生病去世了。燃犀：相传点燃犀角可以照妖，后世指能明察事物，洞察奸邪。

梁公驯雀，茅容割鸡。

【典故】

梁公驯雀：《白孔六帖》记载：狄仁杰（唐代大臣，死后被追封为梁国公）母亲去世时，有白雀飞来吊丧，像驯养的一样温和，当时人认为是一种吉兆。

茅容割鸡：《后汉书·郭泰传》记载：东汉学者郭泰借宿在名士茅容家。他见茅容杀鸡，以为是为了招待自己，不料茅容把鸡肉给母亲吃，自己却和客人一起吃粗陋的饭食。

九　佳

禹钧五桂，王祐三槐。

【典故】

禹钧五桂：《类说·窦氏五龙》记载：五代后晋时人窦禹钧的老家在蓟州渔阳（今天津蓟县），因渔阳地处燕山一带，故又称其为窦燕山。他的五个儿子相继高中进士。冯道写了首诗说："燕山窦十郎，教子有义方。灵椿一株老，丹桂五枝芳。"

王祐三槐：《石林燕语》记载：北宋太祖怀疑大将符彦卿谋反，便派官员王祐去核查，并许诺一旦查实就提拔他做宰相。但王祐为符彦卿洗刷了冤枉，并在府中种了三棵槐树，说："我虽不能做宰相，子孙中却必定有担任三公的。"后来他的儿子王旦做了宰相。

清代任薰所绘《窦燕山教子图》（现藏于苏州博物馆）。画中窦燕山对孩子那种舐犊之情和拳拳之爱跃然纸上。

同心向秀，肖貌伯偕。

【典故】

同心向秀：《晋书·向秀传》记载：西晋文人向秀与山涛、嵇康、吕安关系很好，志同道合。他曾和嵇康一起打铁，又与吕安一起种菜。

肖貌伯偕：《风俗通》记载：汉代人张伯偕与弟弟张仲偕相貌相似，仲偕的妻子看见伯偕，以为是自己的丈夫，就问他："我今天化的妆好看吗？"伯偕说："我是伯偕。"仲偕的妻子急忙跑开了。过了一会儿，两人再次相遇，仲偕的妻子说："刚才我出了一个大错。"伯偕回答说："我还是伯偕呀。"

袁闳土室，羊侃水斋。

【典故】

袁闳（hóng）土室：《后汉书·袁闳传》记载：东汉名士袁闳想要隐居，

因为有老母在世，他便在院子里修建一间土屋，把自己关在里面。每天早上他在屋中朝东方跪拜，以示对母亲的尊敬。

羊侃水斋：《梁书·羊侃传》记载：南朝梁时人羊侃到地方赴任时，把两条船并在一起，在船上建了三间房子，称为水斋。

敬之说好，郭讷言佳。

【典故】

敬之说好：《唐诗纪事》记载：唐代诗人项斯去拜见前辈杨敬之。杨敬之读了他的诗后，非常赞赏，赠给他一首诗："几度见诗诗总好，及观标格过于诗。平生不解藏人善，到处逢人说项斯。"因而后人把"说项"作为替人说好话的代名词。

郭讷（nè）言佳：《晋纪》记载：西晋官员郭讷听到歌女唱歌，大加夸奖。名士石崇问他歌女唱的是什么曲子，郭讷说不知道。石崇笑道："你不知道曲名，怎么能说她唱得好呢？"郭讷回答："就像看见西施，难道需要知道她的姓名再说她美吗？"石崇无言以对。

陈瓘责己，阮籍咏怀。

【典故】

陈瓘（guàn）责己：《陈瓘集·责沈文送侄孙几叟》记载：北宋官员陈瓘和范祖禹聊天，范祖禹说："能像颜回一样不迁怒他人，同样错误不犯第二次，只有程颐能做到。"陈瓘没听说过程颐，感觉自己眼界太窄，就写了一篇文章批评自己。

位于河南开封尉氏县的阮籍啸台遗址。啸台呈不规则圆形，上有平台。

阮籍咏怀：《晋书·阮籍传》记载：三国时期魏国诗人阮籍曾以《咏怀》为题写了八十多首诗，被同时代人所看重。《咏怀》诗写的是阮籍在魏末晋初时期的感受，但文字深远晦涩，不是很好懂。　　咏怀：用诗歌来抒发情怀，寄托抱负。

十　灰

初平起石，左慈掷杯。

【典故】

初平起石：《神仙传》记载：东晋人黄初平（又称黄大仙、赤松子）去放羊，从此失踪。他的兄长花了 40 年时间，才在山中找到了他。兄长问他羊在何处，黄初平说在山的东面。到了那里，兄长只看到满地的白石头。黄初平对着石头大喝一声，石头都变成了羊。

左慈掷杯：《神仙传》记载：东汉末期术士左慈在曹操举办的宴席上喝完酒，把酒杯扔向房梁，杯子悬在房梁上，像鸟在飞翔一样。客人都抬头看杯子，左慈在这时忽然消失了。

名高麟阁，功显云台。

【典故】

名高麟阁：《汉书·苏武传》记载：西汉宣帝晚年，将他统治时期功德最突出的大臣画像挂在麒麟阁中。

功显云台：《后汉书·朱景王杜马刘傅坚马传论》记载：东汉明帝追念中兴功臣，将 28 位开国名将的肖像画在云台（东汉皇宫中的一处高台）上，即所谓“云台二十八将”。

朱熹正学，苏轼奇才。

【典故】

朱熹正学：《宋史·朱熹传》记载：南宋理学家朱熹的学术思想集诸儒之大成，在对儒学经典的解释和儒家思想的发挥方面贡献都很大，被视为孔孟的正宗传人。　　正学：指学术的正统。

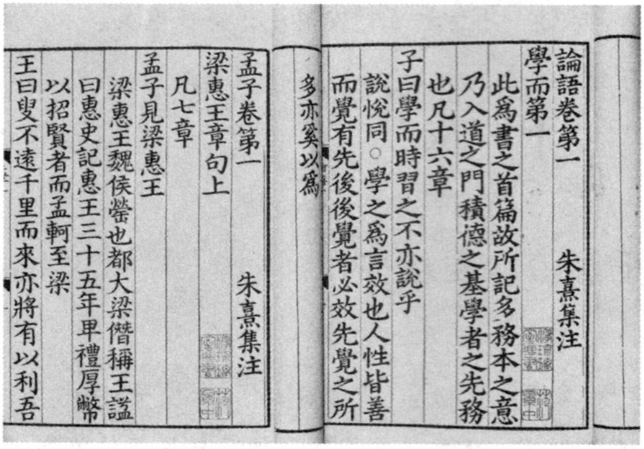
論語卷第一　朱熹集注
學而第一
此爲書之首篇故所記多務本之意
乃入道之門積德之基學者之先務
也凡十六章
子曰學而時習之不亦說乎
說悅同○學之爲言效也人性皆善
而覺有先後後覺者必效先覺之所

多亦奚以爲

孟子卷第一　朱熹集注
梁惠王章句上
凡七章
孟子見梁惠王
梁惠王魏侯罃也都大梁僭稱王謚
曰惠史記惠王三十五年卑禮厚幣
以招賢者而孟軻至梁
王曰叟不遠千里而來亦將有以利吾

南宋大儒朱熹的代表作《四书章句集注》包括《大学章句》《中庸章句》《论语集注》《孟子集注》四部分，是一部儒家理学的名著。

苏轼奇才：《宋史·苏轼传》记载：北宋大臣、文学家苏轼与太皇太后、宋哲宗议事。太皇太后说：“先帝每次看到你的文章，总是夸奖‘奇才，奇才’，但没来得及重用你，他就去世了。”苏轼听后很感动。

渊明赏菊，和靖观梅。

【典故】

渊明赏菊：《续晋阳秋》记载：东晋诗人陶渊明离开官场，在家乡过着隐居生活。一年重阳节，陶渊明坐在自家附近的菊花丛旁，摘了一把菊花，自己欣赏。

和靖观梅：《豳（bīn）风广义》记载：北宋人林逋（谥号“和靖先生”）隐居时，房舍周围都种了梅树，整日观赏也不觉厌倦，又养了两只鹤作伴。当时人称他“以梅为妻，以鹤为子”。

鸡黍张范，胶漆陈雷。

【典故】

鸡黍（shǔ）张范：《后汉书·独行传》记载：东汉人张劭与范式同在太学学习，后来各自回乡。分手时，范式向张劭提出次年要去张劭家拜访。第二年，约定的时间临近，张劭请母亲准备丰盛的饭菜。母亲说：“你怎么就能确定他一定来呢？”张劭回答：“范式一定不会失约。”结果，范式果然如期到来。　　鸡黍：指丰盛的饭菜。

胶漆陈雷：《后汉书·独行传》记载：东汉人陈重与雷义是好朋友。雷义被举为茂才，向刺史提出把这个头衔让给陈重，刺史不答应，于是雷义也放弃了这个头衔。后来两人一起被举为孝廉，又一起被任命为尚书郎。当时人说："胶和漆被称为最具黏性的东西，但不如陈重与雷义亲密无间。"　　胶漆：比喻情投意合，亲密无间。

耿弇北道，僧孺西台。

【典故】

耿弇（yǎn）北道：《后汉书·耿弇传》记载：东汉光武帝巡视河北，大将耿弇从上谷郡来见。当时在邯郸有王郎的割据势力前来进攻，耿弇主张北上，发动渔阳、上谷两郡精兵进攻。大臣们都说："怎么能向北去自投罗网？"光武帝指着耿弇说："这位就是我们在北方的接待者。"

僧孺西台：《剧谈录·御史滩》记载：唐代伊阙县有一条溪，每当本县官员调任御史，溪中就会露出浅滩。一天，浅滩又出现了。一名老官吏说："这次调任的如果是去京城任职，应该有一对鸂鶒（xī chì，俗称紫鸳鸯）落在滩上。"牛僧孺觉得这次调任的人应该是自己，就举杯祈祷说："既能有滩，何必吝惜一对鸂鶒？"话音刚落，果然有一对鸂鶒出现在滩上。不久，牛僧孺调任长安监察御史。　　西台：御史台的通称。

唐代宰相，牛李党争中牛派的领袖人物——牛僧孺画像

建封受贶，孝基还财。

【典故】

建封受贶（kuàng）：《古今谭概》记载：唐代大臣张建封不得志时，穿着破衣服坐在河边树下，巧遇尚书裴宽，于是两人攀谈起来。裴宽对张

建封极为赏识，将船中的钱帛和奴婢都送给了他。　　贶：赐赠之物。

孝基还财：《事类备要》记载：宋代人张孝基的岳父将自己的不肖之子赶出家门，并把全部家财都留给了张孝基。后来张孝基遇见沦为乞丐的妻弟，就把他带回家中，用种地、管仓库等工作来考验他。见妻弟表现不错，张孝基就将全部家财还给了他。

准题华岳，绰赋天台。

【典故】

准题华岳：《诗话》记载：北宋大臣寇准八岁时以华山（位于今陕西渭南）为题作诗："只有天在上，更无山与齐。"他的老师非常惊异，对寇准的父亲说："你的儿子将来怎能不作宰相？"

绰（chuò）赋天台（tāi）：《世说新语 · 文学》记载：东晋文学家孙绰听说天台山（位于今浙江台州）非常秀美，就让人画成图画带回。看了图画之后，孙绰写了一篇《天台赋》。

穆生决去，贾郁重来。

【典故】

穆生决去：《汉书 · 楚元王刘交传》记载：西汉学者穆生年轻时与刘交一同学习。刘交被封为楚王后，请穆生来做官。由于穆生不爱喝烈酒，刘交会特别为他准备甜米酒。后来，刘交的孙子刘戊继承王位，有一次忘了准备甜米酒，穆生说："楚王已经不尊重我了，我该走了。"于是称病辞官。

贾郁重来：《山堂肆考》记载：五代时人贾郁在仙游县做官，将要离任时，部下有一小吏喝醉了酒。贾郁生气地说："我再到这里做官，一定要惩罚你。"小吏嘲笑道："您想再来，就像乘铁船渡海一样难。"贾郁后来果然又到仙游任职，之前喝醉的那个小吏偷国库的钱被发觉，贾郁将他判了刑。

台乌成兆，屏雀为媒。

【典故】

台乌成兆：《旧唐书·柳仲郢传》记载：唐代柳仲郢（yǐng）担任谏议大夫后，每次升官，家中都有乌鸦聚集，直到五天以后才纷纷散去。　台乌：汉代朱博担任御史大夫，府中种有柏树，树上有乌鸦栖息，因此后世称御史台为乌台。

屏雀为媒：《旧唐书·后妃传》记载：隋朝大臣窦毅给女儿找丈夫时，在屏风上画了两只孔雀，让求婚者每人射两箭，谁射中孔雀的眼睛就把女儿嫁给谁。唐高祖李渊两箭各中一目，于是娶了窦毅的女儿。

平仲无术，安道多才。

【典故】

平仲无术：《后山谈丛》记载：北宋大臣寇准（字平仲）与张咏关系很好，寇准做宰相时，张咏对部下说："寇公有奇才，可惜学问积累不够。"后来寇准到外地做官，遇见张咏，寇准问他："有什么教导我的话吗？"张咏说："可以看看《汉书·霍光传》。"寇准看到"霍光不学无术"时，笑着说："这是张公在批评我啊。"

位于广东雷州西湖宋园内的寇公祠。一代名相寇准在雷州的职位虽然不高，但他勤政爱民，并终老于此。雷州人深感寇准的忠义，便在他寄居过的寓所"西馆"立祠奉祀。

安道多才：《宋史·张方平传》记载：北宋大臣张方平（字安道）少年时极其聪明，他向人借《史记》《汉书》《后汉书》，不到十天就归还，并说："书中详情已经了解了。"他写文章从不打草稿，都是一挥而就。

杨亿鹤蜕，窦武蛇胎。

【典故】

杨亿鹤蜕：《浦城志》记载：宋代官员、文学家杨亿的母亲怀孕时，梦见一个穿羽衣的人来投胎。孩子生出来，竟然是一只鹤，家里人非常惊恐，将鹤雏扔到江边。杨亿的叔父觉得奇怪，追到江边，只见鹤雏已经变成婴儿，但身上仍有一尺多长的紫色细毛，过了一个月才脱落。

窦武蛇胎：《搜神记》记载：东汉大将军窦武的母亲分娩时，同时生出窦武和一条蛇，家人把蛇送到树林中。窦武的母亲死时，有一条大蛇从林中出来，用头撞击棺木，泪和血一起流，就像是儿子在哭泣一样。

湘妃泣竹，鉏麑触槐。

【典故】

湘妃竹又名斑竹，产于湖南、河南、江西、浙江等地，竹竿布满褐色的云纹紫斑，为著名观赏竹。

湘妃泣竹：《博物志》记载：尧帝把两个女儿娥皇、女英嫁给舜。舜南巡时，病死在苍梧，两个妃子则死在湘江之间，成为湘水的女神，所以被称为湘妃。当初，二妃因思念舜而痛哭，泪珠落在竹子上染成斑点，后人称这种竹子为湘妃竹。

鉏麑（chú ní）触槐：《左传·宣公二年》记载：春秋时期，晋灵公派武士鉏麑刺杀大夫赵盾，鉏麑到赵家时，见赵盾穿好了朝服坐着打盹，随时准备上朝。鉏麑非常感动，叹息道：“如果杀了赵盾这样能为民做主的人，是不忠的行为；如果违背了国君的命令，则是不守信的行为。”于是他选择在槐树上撞死，以解脱自己两难的困境。

阳雍五璧，温峤一台。

【典故】

阳雍五璧：《西京杂记》记载：汉代人阳伯雍设茶摊，免费给人喝茶。有一位喝茶的人送给他一包种子，说：“种下去可以得到好玉，还可以娶到好妻子。”当时徐家有个女子，阳伯雍去求亲，徐家人说：“要一双白璧作聘礼。”阳伯雍到播种的地方去挖，果然得到白璧五双。徐家把女儿嫁给了他。

温峤（qiáo）一台：《世说新语·假谲（jué）》记载：东晋大臣温峤丧妻后，表姑托他为自己女儿找婆家，温峤想自己娶，就捏造了一个和自己条件相似的人，并留下玉镜台一枚作为聘礼。婚礼那天，新郎新娘互相行礼时，新娘伸手拨开面纱，拍手大笑说：“我就怀疑是你这个老家伙，果然是这样。”　　台：指玉镜台，后引申为婚娶聘礼的代称。

十一真

孔门十哲，殷室三仁。

【典故】

孔门十哲：《旧唐书·礼仪志》记载：从唐朝开始，祭祀孔子时将孔子的弟子也列侍于两侧，有这个资格的一共十人，称为十哲。十哲包括：颜渊、闵子骞、冉伯牛、仲弓、宰我、子贡、冉有、子路、子游、子夏。后来颜渊被提升到配享级别，补入曾参；曾参又得配享，补入子张。

殷室三仁：《论语·微子》记载：孔子说：“商朝（因其最后的都城在殷，故又称殷商）有三位仁人，面对纣王的暴虐，箕子装疯，微子出走，比干进谏被处死。”

晏能处己，鸿耻因人。

【典故】

晏能处己：《世说新语·夙惠》记载：三国时期曹魏官员、学者何晏小时候，他的母亲改嫁曹操，曹操对何晏像对待自己的孩子一样，还想收养他。七岁时，何晏在曹操府中地上画了一个方块，读书坐卧都在其中，有人问他这是干什么，何晏回答：“这是何家的房子。”曹操得知后，知道何晏不会甘心做自己的养子，就让他回自己家去了。

鸿耻因人：《东观汉记·梁鸿传》记载：西汉末至东汉初文学家梁鸿的邻居对他说："我们已经做过饭了，你接着在这个灶上做吧。"梁鸿说："我不用它，请把火熄灭吧。"于是自己重新生火做饭。　　因人：依靠别人。

文翁教士，朱邑爱民。

【典故】

文翁教士：《汉书·循吏传》记载：西汉人文翁做蜀郡太守时，崇尚教化，他派郡中官吏到都城长安去学习，又在本郡兴办学校，成绩好的学生直接被任命为郡县官吏。从此，蜀郡风俗有了很大的变化，文化也得到了发展。

朱邑爱民：《汉书·朱邑传》记载：西汉人朱邑只是桐乡一个管收税及听取诉讼的小吏，但对百姓有恩惠。朱邑去世后，其子把他葬在桐乡西郊，百姓为他立祠祭祀。

太公钓渭，伊尹耕莘。

【典故】

太公钓渭：《史记·齐太公世家》记载：周文王打猎时，遇到在渭水（在今陕西省中部）北岸钓鱼的姜太公。二人交谈后，周文王就用自己的车将太公带回都城，并提拔他为重臣。周能够灭商，太公的谋略起了很大作用。

位于陕西宝鸡东南蟠溪河上的姜子牙钓鱼台。姜太公在此垂钓时，遇到周文王的拜谒，从而出现了我国历史上"文武之治"的盛世。

伊尹耕莘(shēn)：《孟子·万章》记载：伊尹在有莘氏（上古时期部落名）的领土上以耕地为生，他听说商汤是一位有德的君主，想为其效力又没有机缘。正好有莘氏要把女儿嫁给汤，伊尹就作了陪嫁队伍中的一员。经过交谈，商汤赏识伊尹的才能，让他做了自己的宰相。

皋惟团力，泌仅献身。

【典故】

皋（gāo）惟团力：《旧唐书·李皋传》记载：唐代大臣李皋以团力法训练士兵，提高了军队的战斗力，打败了淮西李希烈的叛军。

泌（bì）仅献身：《邺侯外传》记载：唐代宗时过端午节，王公大臣都向皇帝进献珍宝，只有大臣李泌不献。代宗问李泌为何如此。李泌回答："群臣都是从百姓那里取得财宝献给陛下，我觉得这样做并无好处，而且我的所有东西都是陛下所赐，除了我自己之外，没有什么可以献上的。"唐代宗说："我所求的就是你答应把你自己给我。"

丧邦黄皓，误国章惇。

【典故】

丧邦黄皓：《三国志·蜀志·董允传》记载：蜀汉后期，老臣先后去世，没有人能够制约宦官黄皓。后主刘禅听信黄皓的话，对当时蜀汉的危险局面毫无认识，最终导致亡国。

误国章惇（dūn）：《宋史·章惇传》记载：北宋神宗任用大臣王安石变法，不同观念的官员之间产生了激烈冲突。章惇站在王安石一边，打击保守派人士。后人认为北宋灭亡是由于主张新法的人士排挤保守派人士，章惇的行为实属误国。

鞅更秦法，普读《鲁论》。

【典故】

鞅更秦法：《史记·商君列传》记载：商鞅（战国时期卫国人，政治家、思想家，法家的代表人物）在秦国主持变法，废除井田制，奖励耕战，重新划定秦国的行政区，培植军功地主势力，打击旧贵族。秦国因而富强。

普读《鲁论》：《鹤林玉露》记载：北宋大臣赵普靠为宋太祖出谋划策而显贵。宋太宗继位后，赵普对他说："我有《论语》一部，曾以半部辅佐

坐落于陕西商洛商鞅广场的商鞅雕像

太祖平定天下,如今以另半部辅佐陛下安定国家。” 《鲁论》:即《鲁论语》,《论语》的传本之一。

吕诛华士，孔戮闻人。

【典故】

吕诛华士:《韩非子·外储说右上》记载:西周初年大臣吕尚（即姜太公，姓姜，名尚，因其先祖曾封于吕，故又称吕尚）被封于齐，当地有一名士叫华士。吕尚三次召他来见，华士都不肯，于是太公就诛杀了他。周公埋怨吕尚不该杀此人，吕尚说：“如果人人都像他一样，不敬畏天子，不和诸侯来往，这世上还有君臣之道吗？”周公无言以对。

孔戮闻人：《荀子·正言》记载：春秋时期学者少正卯在鲁国非常有影响力，孔子做鲁相后就杀了他。弟子子贡问孔子：“您刚上任就杀国内的名士，恐怕要失去民心吧？”孔子说：“少正卯心性通达但个性险恶，行为诡异又顽固不改，说话虚伪而且善辩，专门记丑恶的东西又显得博学，赞同错误的行为还为之润色，这样的错误有一条，就会被君子诛杀，而少正卯竟然全占了，可见是小人中的小人，不可不杀。”

暴胜持斧，张纲埋轮。

【典故】

暴胜持斧：《汉书·隽（juàn）不疑传》记载：汉武帝时，官员暴胜之手持斧钺（yuè），督促官吏镇压农民起义，很多地方官因办事不利而被处死。隽不疑对他说："做官的人，过于刚强就要有灾祸，过于柔和就办不成事；以威严行事，还要以恩义辅助，才能立功扬名，长久享有富贵。"暴胜之接受了他的意见。　持斧：汉代授予使者或将领斧钺，表示给予他们自行诛杀犯罪者的权力。

张纲埋轮：《后汉书·张纲传》记载：汉顺帝派遣八名官员巡视全国，察访民情，张纲是其中之一。其他官员都去指定的地区调查了，张纲却把所乘车的轮子埋在地下，并说："豺狼一般暴虐的奸臣已经掌握了国政，哪有时间去管狐狸之类的小恶徒。"于是上疏弹劾大将军梁冀等不法权贵。

孙非识面，韦岂呈身。

【典故】

孙非识面：《石林燕语》记载：北宋大臣孙抃（biàn）推荐唐介和吴敦复做御史。有人问他："你和这二位并不相识，为什么推荐他们呢？"孙抃回答："从前的人以做'呈身御史（自荐而求得御史之职）'为耻，我怎么能搞'识面台官（徇私而推荐人）'那一套呢？"

韦岂呈身：《新唐书·韦澳传》记载：高元裕想推荐韦澳做御史，于是让韦澳的哥哥给韦澳带话，要他来拜见自己。韦澳听到后不说话。韦澳的哥哥说："高元裕是正人君子，你难道轻视他吗？"韦澳说："恐怕没有'呈身御史'的说法啊。"呈身：主动投靠。

令公请税，长孺输缗。

【典故】

令公请税：《晋书·裴楷传》记载：西晋大臣裴楷每年向梁王、赵王要封国内的田租来抚恤穷人。有人讥讽裴楷说："你怎么找别人要钱来供自己做好事啊？"裴楷说："把有余的部分拿来补给不足之人，这是符合天道的。"　令公：古代对尚书令、中书令的尊称，裴楷曾任中书令，被尊称为裴令公。

长（zhǎng）孺输缗（mín）：《鹤林玉露》记载：宋代官员杨长孺离任

前，把所积累的俸禄七千缗都用来替贫民交了租。　缗：古代计量单位，通常一千文钱为一缗。

白州刺史，绛县老人。

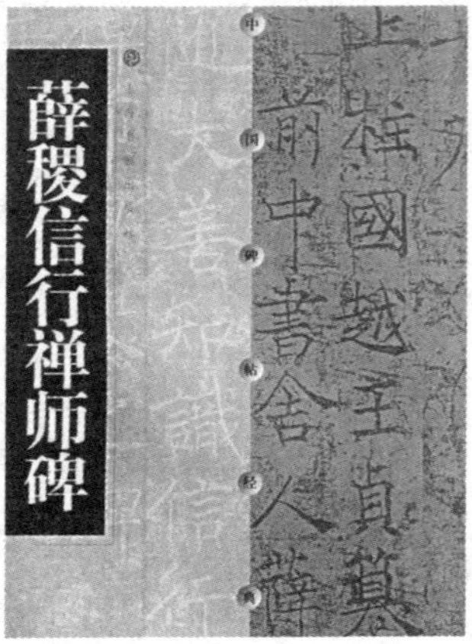

《薛稷信行禅师碑》书影。《信行禅师碑》又名《隋大善知识信行禅师兴教之碑》，唐越王李贞撰，薛稷书。碑文内容记述隋代名臣信行禅师之兴佛教事迹。

【典故】

白州刺史：唐代文人薛稷封纸为楮(chǔ)国公，官白州刺史，统领万字军。所谓“楮国公”，是因为当时造纸用楮树皮，“白州”是因纸的白色联想到的，“万字军”则是因为纸是用来写字的。后以白州刺史代称纸。

绛县老人：《左传·襄公三十年》记载：在杞地筑城的工人中有一位绛县（在今山西侯马）的老人，已经73岁了。晋国正卿赵武把老人请来，向他道歉说：“让您在泥水里工作了这么久，是我的过错。”于是任命老人为官。

景行莲幕，谨选花裀。

【典故】

景行莲幕：《南史·庾杲（gǎo）之传》记载：南朝齐大臣王俭任用庾杲之（字景行）做长史。有人给王俭写信说：“您的幕府要选拔一位长史，确实是很不容易的。庾景行在绿水上泛舟，身边到处都是荷花，多么美好啊。”当时人把王俭的幕府称为莲花池，所以信中这样称赞。　莲幕：即“莲花幕”，对幕府的美称。

谨选花裀(yīn)：《开元天宝遗事》记载：唐代人许慎（字谨选）不拘小节，和亲友在花园中饮宴，从来不安排座位，只让仆人把落花扫到一起铺成坐垫，说：“我有花做成的褥（rù）垫，还需要其他的坐具吗？”

郗超造宅，季雅买邻。

【典故】

郗超造宅：《世说新语·栖逸》记载：东晋大臣郗超只要听说有高尚的隐士，就为他准备百万钱的资产，还替他造房子。当时的名士戴逵（kuí）在剡（shàn）县隐居，郗超为他建了一座很好的住宅。

季雅买邻：《梁书·吕僧珍传》记载：南朝梁官员宋季雅卸任后在重臣吕僧珍家附近买了一座住宅，吕僧珍问他花费多少，回答说："一千一百万。"吕僧珍觉得太贵。宋季雅说："一百万买住宅，一千万买邻居。"

寿昌寻母，董永卖身。

【典故】

寿昌寻母：《梦溪笔谈》记载：北宋人朱寿昌是小妾所生，七岁时他母亲被父亲嫁给了别人。朱寿昌长大后，放弃做官到处寻找母亲。将近晚年时，他终于找到了。

董永卖身：《搜神记》记载：西汉人董永的父亲去世后，因没钱埋葬，董永只得把自己抵押给邻居，换了钱，埋葬了父亲。此时，忽然有一个女子主动要求嫁给董永，两人又一起去见债主。债主让董永夫妻织三百匹绢来偿还借款，董永的妻子只用一个月就织完了，并告诉董永说："我是天上的织女，因为你孝顺，上天让我来帮你偿还债务。"

建安七子，大历十人。

【典故】

建安七子：《典论·论文》记载：汉献帝在位时期，有七位文学家：王粲、陈琳、徐幹、刘桢、应玚（yáng）、阮瑀（yǔ）、孔融，合称"建安七子"。　建安：汉献帝的年号。　子：古人对有学问、有成就者的尊称。

大历十人：《新唐书·文艺列传·卢纶》记载：唐代宗时，有十位诗人：卢纶、吉中孚、韩翃（hóng）、钱起、司空曙、苗发、崔峒、耿湋（wéi）、夏侯审、李端，被合称为“大历十才子”。　大历：唐代宗的年号。

香山诗价，孙济酤缗。

【典故】

香山诗价：《记纂渊海》记载：唐代诗人白居易（晚年自号“香山居士”）作诗数千篇，读书人都争相抄写。当时鸡林国的商人来唐朝买白居易的诗，回国卖给本国的宰相，每篇值一两黄金。

孙济酤缗（gū mín）：《汉书记》记载：东汉人孙济嗜酒，不仅经常喝醉，还屡屡欠下酒债，大家都嘲笑他。孙济并不在乎，说：“到处都欠债，我想把身上穿的袍子卖掉还账。”　酤缗：买酒钱。

令严孙武，法变张巡。

【典故】

令严孙武：《史记·孙子吴起列传》记载：春秋时期，吴王让军事家孙武训练宫中女子。孙武把她们分成两队，任命吴王的两个宠妃为队长。一开始，训练秩序非常混乱，孙武多次重申军令仍无效，就把两个队长处斩以严肃军纪。再训练时，宫女们就非常有秩序了。

法变张巡：《旧唐书·张巡传》记载：唐代官员张巡用兵不按照古法，他让各部队的主将按各自的办法作战。有人问他为何这样。张巡回答：“少数民族打仗没有一定的规矩。和他们交战，我只能让士兵和将领做到互相熟悉，各军都按照主将的意图去打仗，不能统一约束他们。”

更衣范冉，广被孟仁。

【典故】

更衣范冉：《后汉书·独行传》记载：东汉名士范冉年轻时家贫，他和尹包关系很好，但两人只有一件正装。去拜访别人时，尹包先穿着正装进去拜见。结束会面出来后，把衣服换给范冉，范冉再穿上进去。

广被孟仁：《吴录》记载：三国时期吴国大臣孟宗的母亲为他做了一

个大被子，有人问其原因。孟母说："我的儿子没有招致宾客的德行，但学者大多贫困，我为他做大尺幅的被子，希望能有学者因此接近他，让他与应该接触的人结交。"

笔床茶灶，羽扇纶巾。

【典故】

笔床茶灶：《甫里集·附录》记载：唐代文学家陆龟蒙常乘一小船，带着书、茶灶（煮茶的灶）、笔床（即笔架）、钓具，到处游玩。

羽扇纶（guān）巾：《语林》记载：诸葛亮与司马懿交战。司马懿穿了一身铠甲上阵。诸葛亮则坐在一辆小车上，头戴纶巾（古代的一种头巾，用丝带编成），手持羽扇（羽毛制成的扇子），全军都随着诸葛亮的指挥前进或后退。司马懿叹息道："诸葛君真可以算是名士了。"

位于山东临沂沂南县诸葛亮故里纪念馆中的诸葛亮像。

灌夫使酒，刘四骂人。

【典故】

灌夫使酒：《史记·魏其武安侯列传》记载：西汉武将灌夫为人刚直，不喜欢奉承，常因为喝酒闹事。一次他由于喝酒骂了丞相田蚡（fén），招致杀身之祸。　　使酒：借着喝酒惹事生非。

刘四骂人：《旧唐书·刘祎（yī）之传》记载：隋唐时人刘子翼品行很好。朋友有过错，他总是当面批评，从不背后说长道短。同时代人李百药曾对人说："刘四虽然严厉批评人，可从来没有人恨他。"　　骂人：这里指严厉地批评人。

以牛易马，改氏为民。

【典故】

以牛易马：《晋书·元帝纪》记载：预言书《玄石图》中记载“牛继马后”。三国时期魏国权臣司马懿由此担心牛氏会取代自己家族，于是毒死了大将牛金。但东晋元帝实为琅琊王司马觐的妃子夏侯氏和小吏牛某通奸所生，可见牛氏还是暗中取代了司马氏。　牛：牛姓。　马：司马姓。

改氏为民：《三国志·吴志·是仪传》记载：是仪原本姓氏，孔融对他说：“氏字的样子就像“民”没有上面的一笔，‘民无上’不好，还是改成‘是’吧。”

圹先表圣，灯候沈彬。

【典故】

圹（kuàng）先表圣：《江湖小集》记载：唐代诗人司空图（字表圣）预先为自己挖掘坟墓，还把朋友带到坟里作诗喝酒。有的朋友感到很为难，司空图就说：“这是我将来的永居之地，你怎么就想不开呢？”　圹：坟墓。

灯候沈彬：《江南野史》记载：唐末五代文人沈彬临终时，为家人指出自己未来墓地的位置。家人在那块地方挖出三盏石莲花灯，还有一座铜碑，上面刻着：“漆灯犹未灭，留待沈彬来。”

十二文

谢敷处士，宋景贤君。

【典故】

谢敷处士：《晋书·谢敷传》记载：东晋人谢敷隐居十余年，不愿出来做官。一次月亮运行到处士星的区域，占卜的人认为对隐士不利。不久谢敷就去世了。　处士：指处士星，占卜之人认为它与隐士的命运有关。

宋景贤君：《淮南子·道应训》记载：宋景公（春秋时期宋国国君）时，

火星运行到心宿（xiù）区域。古人认为心宿代表宋国，火星则是灾难的征兆。观察天象的国师子韦说："灾祸将降在国君身上，不过可以移给国相。"景公说："国相是和我一起治理国家的人。"子韦又说："可以移到民众身上。"景公说："民众死了，我是谁的君主呢？"子韦又说："可以移到收成上。"景公说："收成不好，百姓都要饿死，谁还能把我当君主？"子韦最后说："您说了三句非常有德行的话，火星一定会退出心宿的。"当晚，果然应验。

景宗险韵，刘辉奇文。

【典故】

景宗险韵：《梁书·曹景宗传》记载：南朝梁武帝设宴招待名将曹景宗。宴席上群臣作诗，曹景宗也请求参与。当时只剩下"竞""病"二字，非常难押韵，曹景宗提笔写道："去时儿女悲，归来笳鼓竞。借问行路人，何如霍去病？"得到了梁武帝的赞赏。　　险韵：难押的韵。

刘辉奇文：《梦溪笔谈》记载：宋代文人刘辉写文章喜欢用不规范的词句，文学家欧阳修对此非常不满。后来欧阳修做主考，刘辉应试，文风依旧，欧阳修用红笔在文章上大加涂抹，让他落榜。

袁安卧雪，仁杰望云。

【典故】

袁安卧雪：《后汉书·袁安传》记载：东汉大臣袁安未做官时生活贫困。天降大雪，洛阳县令上街巡视，发现袁安家已被雪封住，县令从雪中将他救了出来，问他为何不找人求助，袁安说："大雪天去打扰别人不合适。"于是县令举荐他为孝廉。

唐代宰相狄仁杰像

仁杰望云：《新唐书·狄仁杰传》记载：唐代大臣狄仁杰在并州（今山西

太原）为官，而他父母都在河南。一次，狄仁杰登上太行山，看见天边的一片白云，感叹道："我父母的房子就在它下面。"于是望云思念父母，直到云散了才离去。

貌疏宰相，腹负将军。

【典故】

貌疏宰相：《太上感应篇》记载：北宋大臣王钦若相貌丑陋，举止粗俗，钱希白很轻视他。有个术士对钱希白说："这是个贵人，怎么能轻视他呢？"钱希白说："有这样的宰相吗？"术士说："只怕就是不远的事情。"后来王钦若果然拜相。　　貌疏：相貌丑陋。

腹负将军：《夜航船·不学》记载：宋初大将党进吃饱后，拍着肚子叹道："我可没有对不起你啊。"身边的亲信说："将军不会对不起肚子，是肚子对不起您，从来就没有给您出过一点儿主意。"

梁亭窃灌，曾圃误耘。

【典故】

梁亭窃灌：《新序·杂事》记载：梁国和楚国相邻，两国的边地都种瓜。梁人勤于浇灌，瓜长得好；楚人不勤浇水，瓜长得差。楚人嫉妒梁人，把梁人的瓜都弄死了。梁人发觉后，也想照样报复。当地县令宋就不同意，反而对梁人说："你们偷偷给楚国的瓜浇水，不要让他们知道。"于是楚国的瓜长得很好。楚人得知是梁人帮着浇水的缘故，非常羞愧，送来重礼与梁人交好。　　梁亭：梁国边地的亭。亭，一种行政机构。

曾（zēng）圃误耘：《古今注》记载：孔子弟子曾参给瓜锄草时不小心斩断了瓜根，他父亲非常生气，打得曾参昏倒在地。孔子听说后告诉弟子："曾参来时不要让他进来。"曾参请教自己的错误何在。孔子说："你在父亲暴怒的时候就那样屈服，如果把你打死，是你将父亲陷于不义的境地，还有比这更不孝的吗？"

位于山东济宁嘉祥县的宗圣庙。宗圣庙又称曾子庙，是历代祭祀孔子高足曾参的专庙。曾子庙始建于周考王十五年（前426），原名“忠孝祠”。明正统九年（1444）重建后改称“宗圣庙”。

张巡军令，陈琳檄文。

【典故】

张巡军令：《旧唐书 · 张巡传》记载：唐代将领张巡部下将领雷万春被敌将令狐潮的弩箭射中脸，却一动不动。令狐潮以为射中的是木头刻成的人，后来得知是真人，令狐潮大惊，对张巡说：“不久前看到雷将军，就知道你的军令有多严格了。”

陈琳檄（xí）文：《典略》记载：东汉文学家陈琳把写好的檄文给曹操看。曹操当时正在犯头痛病，只能躺着读陈琳的作品，读着读着突然坐了起来，说：“你的文章治好了我的病。” 檄文：古代用于征召、晓谕的政府公告或声讨、揭发罪行的文书。

羊殖益上，宁越弥勤。

【典故】

羊殖益上：《说苑 · 奉使篇》记载：春秋末期晋国正卿赵简子问大夫成抟（tuán）：“我听说羊殖是贤能的人，是这样吗？”成抟回答：“我不了解他。”赵简子又问：“你们是好朋友，怎么能说不了解他呢？”成抟说：“他的为人是在变化的。15 岁的时候廉洁而不隐瞒过错；20 岁时仁厚而重义；30 岁时做中军尉，勇敢而重仁；50 岁时做边城的将领，能让远方的人亲附。我和他已经五年不见，所以不敢说了解他。”赵简子说：“真是贤能的大夫啊，每次转变，都更加上进。”

宁越弥勤：《吕氏春秋·贵应》记载：战国人宁越耕田很辛苦，他问朋友：“怎样才能不受这种苦？”朋友说：“勤学 30 年，就能免于辛苦了。”宁越说：“人家休息，我不休息；人家睡觉，我不睡觉，大概 15 年也就够了。”于是他勤学 15 年，做了周威公的老师。

蔡邕倒屣，卫瓘披云。

《熹平石经》残存拓片。汉灵帝熹平四年（175）蔡邕奏请考订儒家六经文字。诏允后，他亲自书丹于碑，命工镌刻，立于太学门外，这些碑称《鸿都石经》，亦称《熹平石经》。

【典故】

蔡邕（yōng）倒屣（xǐ）：《三国志·魏志·王粲传》记载：东汉文学家王粲（càn）去拜访蔡邕，蔡邕急于出迎，以致把鞋都穿倒了，还说：“王粲是奇才，我比不上他。我家的书籍将来全都会送给他。”

倒屣：倒穿鞋子，形容主人热情迎客。屣，一种鞋。

卫瓘（guàn）披云：《世说新语·赏誉》记载：西晋官员卫瓘评价乐（yuè）广说：“此人是人中的水镜，见到他，就像拨开云雾看见天空。”

巨山龟息，遵彦龙文。

【典故】

巨山龟息：《唐遗史》记载：唐代大臣李峤（字巨山）的兄弟大多活到 30 岁就去世了，他母亲很担心，向术士询问李峤的寿命。术士与李峤同榻睡觉，发现李峤睡着后改用耳朵呼吸，于是祝贺李峤的母亲，说：“这是龟息，一定能富贵而长寿。”后来果然应验。

遵彦龙文：《北齐书·杨愔（yīn）传》记载：北齐大臣杨愔（字遵彦）6岁读史书，11岁学《诗经》《周易》。堂兄杨昱（yù）说：“这孩子还是小马，就已经算得上我家的名驹；再过十年，肯定是一匹千里马了。” 龙文：古代骏马的名字。

十三元

傲睨昭谏，茂异简言。

【典故】

傲睨昭谏：《十国春秋》记载：唐代诗人罗隐（字昭谏）性情傲慢，不轻易称赞别人。宰相令狐绹(táo)的儿子中进士，罗隐作诗向他表示祝贺，令狐绹对儿子说：“你中进士我并不感到惊喜，惊喜的是你能让罗隐作诗祝贺。”

茂异简言：《莲堂诗话》记载：宋代文人吴简言中茂异科（官府选拔才华出众之人的一种考试）后，路过巫山神女庙，在庙中题诗道：“惆怅巫娥事不平，当时一梦是空成。只因宋玉闲辱吻，流尽长江洗不清。”当夜，他梦见神女前来道谢。

金书梦珏，纱护卜藩。

【典故】

金书梦珏（jué）：《三洞群仙录》记载：唐代大臣李珏做梦进入神仙洞府，看见石壁上用金字写着一些名字，其中有李珏。他认为自己将要成仙，旁边有两个童子说：“这是另一个李珏。”当时有个粮商李珏，为人宽厚。过了一百多年，粮商李珏果然成仙而去。

纱护卜藩：《原化记》记载：唐代大臣李藩曾经向葫芦生问卜。葫芦生说：“你是纱笼中的人啊。”原来，凡是命中注定应该做宰相的人，阴间一定会用纱笼保护他的名字，怕他被妖物知道后受到灾祸。

童恢捕虎，古冶持鼋。

【典故】

童恢捕虎：《后汉书·童恢传》记载：东汉人童恢做县令时，县民有被虎所伤的。童恢捕获两只虎，对它们说："吃了人的低头认罪，没吃人的吼叫诉冤。"一只虎低头闭眼，另一只看着童恢吼叫。于是童恢处死低头的虎，把吼叫的放掉了。

古冶持鼋（yuán）：《晏子春秋》记载：春秋时期，齐景公渡黄河时，一只大鼋把驾车的马拖下水去。勇士古冶子拔剑跳进河里，把大鼋杀死。他左手拿着鼋的头，右臂挟着被拖下水的马，从河里跳出来。看到的人都把他比作河神。　　鼋：一种大型龟鳖类动物。

何奇韩信，香化陈元。

【典故】

何奇韩信：《史记·萧相国世家》记载：西汉开国功臣萧何认为韩信有奇才，便将其推荐给汉高祖刘邦。刘邦不肯重用，韩信很失望，就趁夜逃走了。萧何听说后，立即将韩信追回，并再次向高祖刘邦推荐。刘邦最终任命韩信为军队最高统帅。

萧何追韩信处，位于汉中市留坝县马道镇北侧的凤凰山下。现存有嘉庆十年（1805）和咸丰五年（1855）两通石碑，记载着公元前206年"萧何月夜追韩信"的典故。

香化陈元：《陈留耆（qí）旧传》记载：东汉名士仇览（又名仇香）做官时，有个寡妇状告其子陈元不孝。仇览亲自到寡妇家，认真地教育陈元。陈元因而成为孝子。

徐幹《中论》，扬雄《法言》。

【典故】

徐幹《中论》：《三国志 · 王粲传》记载：东汉末期文学家徐幹对于只有形式没有内容的文章很反感，于是写了《中论》。这部书无论文辞还是内容都很雅致，博得当时人的称赞。

扬雄《法言》：《汉书·扬雄传》记载：西汉末期官员、学者扬雄仿照《论语》的形式写成《法言》一书，以此来宣讲儒家思想。

力称乌获，勇尚孟贲。

【典故】

力称乌获：《吕氏春秋 · 孟春纪》记载：战国时期秦国人乌获力大无穷，可以抓住牛尾巴把牛拉回来。

勇尚孟贲（bēn）：《吕氏春秋 · 孝行览》记载：战国时期齐国人孟贲力气很大，能把牛角拔下来。

八龙荀氏，五豸唐门。

【典故】

八龙荀氏：《高士传》记载：东汉荀淑的八个儿子都有才华。荀淑住在西豪里，县令苑康说："舜的时候高阳氏也有八个有才的儿子。"于是把西豪里改名为高阳里，称荀淑的八个儿子为八龙。

五豸（zhì）唐门：《小学绀珠》记载：宋代唐垧（jiōng）、唐肃、唐询、唐介、唐淑问相继做御史，他们同出一族，当时人称他们家是"一门五豸"。　豸：指獬（xiè）豸，古代传说中的一种独角神兽，能辨别曲直，古代用以比喻执法者。

张瞻炊臼，庄周鼓盆。

【典故】

张瞻炊臼：《酉阳杂俎》记载：王生善于占卜。唐代人张瞻梦见自己在臼中做饭，问王生这是什么兆头，王生说：“恐怕你妻子将要去世了。在臼中做饭，可见是失去了釜，‘釜’谐音就是‘妇’啊。”后来果真如此。　炊臼：在臼中做饭。臼，舂（chōng）米或捣物用的器具，中间凹下，样子与盆相似。

庄周鼓盆：《庄子·至乐》记载：战国中期思想家庄子（名周）的妻子去世了，他的好友惠子前来慰问，见庄子坐在地上伸开腿，敲着盆唱歌。惠子说：“不悲伤就罢了，唱歌有些过分了吧？”庄子说：“开始我也很悲伤，后来想想，这世上其实无生无死，我大声哭泣，这不是违逆命运吗？”

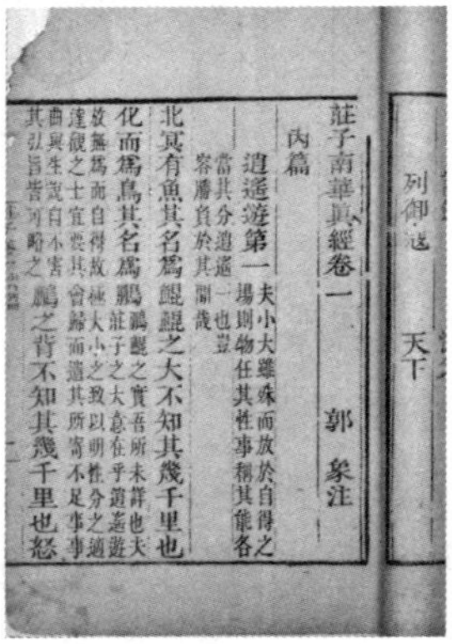
莊子南華真經卷一　郭象注
內篇
逍遙遊第一　夫小大雖殊而放於自得之場則物任其性事稱其能各當其分逍遙一也豈容勝負於其間哉
北冥有魚其名為鯤鯤之大不知其幾千里也
化而為鳥其名為鵬　鵬鯤之實吾所未詳也夫莊子之大意在乎逍遙遊放無為而自得故極小大之致以明性分之適達觀之士宜要其會歸而遺其所寄不足事事曲與生說自不害其弘旨皆可略之
鵬之背不知其幾千里也怒
列御寇　天下

《庄子》一书分内、外、杂篇，目前所传三十三篇，已经郭象整理。内篇大体可代表战国时期庄子思想核心，而外、杂篇发展则纵横百余年，参杂黄老、庄子后学形成复杂的体系。此图为《庄子》内文书影。

疏脱士简，博奥文元。

【典故】

疏脱士简：《梁书·张率传》记载：南朝梁文人张率（字士简）生性不爱计较。他命仆人运三千斛（hú）米回故乡，路上损失了一大半。仆人推托说：“这是被麻雀和老鼠偷吃的。”张率叹息道：“麻雀和老鼠太能吃了！”就不再追究了。

博奥文元：《天中记》记载：唐代文人萧颖士（谥号“文元先生”）总因为各种事情打他的仆人。有人劝仆人换个主家，仆人说：“我之所以在这里，是因为仰慕主人的博学啊。”

敏修未娶，陈峤初婚。

【典故】

敏修未娶：《尧山堂外纪》记载：南宋人陈敏修中了进士，宋高宗问他年龄。陈敏修说："我 73 岁。"高宗又问他有几个儿子，回答说："没有娶妻。"高宗于是把一个 30 岁的宫女嫁给他。

陈峤（qiáo）初婚：《南部新书》记载：唐朝人陈峤将近六十岁才中进士，有个儒者把女儿嫁给他。结婚当晚，陈峤作诗说："彭祖尚闻年八百，陈郎犹是小孩儿。"

长公思过，定国平冤。

【典故】

长公思过：《汉书·韩延寿传》记载：西汉大臣韩延寿（字长公）巡视属县，有兄弟二人因争田产告状，他非常伤心，说："身为太守，不能推广教化，导致兄弟争产，这是我的过错。"于是闭门思过。

定国平冤：《汉书·于定国传》记载：西汉大臣于定国做廷尉时，断案清明，定罪谨慎。当时人称赞说："张释之做廷尉，天下没有含冤的百姓；于定国做廷尉，被判了罪的百姓都认为不冤枉。"

陈遵投辖，魏勃扫门。

【典故】

陈遵投辖：《汉书·陈遵传》记载：西汉官员陈遵邀请客人到家里喝酒时，经常把客人的车辖（插在车轴端孔内的车键，使轮子不脱落）扔到井里，让客人即使有事也不能离开。

魏勃扫门：《史记·齐悼惠王世家》记载：魏勃年少时为见齐相曹参，每天早上都去曹参门客的家门口扫地。门客问其原因。魏勃说："我想见齐相，但没有机会，所以为您扫地，希望能借此寻求门路。"门客于是把他引荐给曹参，并成为曹参府中一名门客。

孙琏织屦，阮咸曝裈。

【典故】

孙琏（liǎn）织屦（jù）：《广事类赋》记载：宋代隐士孙琏好读书而不参加科举考试，以种田织屦（鞋子）为生，活到了一百岁。

阮咸曝裈（kūn）：《晋书·阮咸传》记载：七月七日，按照民俗是晒衣的日子，西晋名士阮咸的亲戚都很富有，挂出来的衣服锦绣耀目。阮咸穷困，把一条短裤挂在竹竿上，说："不能免俗，姑且就这样吧。" 裈：裤子。

晦堂无隐，沩山不言。

【典故】

晦堂无隐：《鹤林玉露》记载：北宋文学家黄庭坚想要诠释孔子所说的"吾无隐乎尔"，但总说不清其中的含义，于是去问高僧晦堂。当时正好是初秋，凉风满院，晦堂问黄庭坚："闻到桂花的香味了吗？"黄庭坚说："闻到了。"晦堂说："吾无隐乎尔！"黄庭坚对晦堂的解释非常佩服。

沩（wéi）山不言：《紫柏老人集》记载：香岩禅师去参见唐代高僧沩山灵祐禅师，沩山灵祐说："父母没有生你前，你是什么样子，试着说说。"香岩不明白什么意思，于是起身告辞。有一天，香岩割草时偶然扔出一块瓦片，打在竹子上发出声音，忽然彻悟，于是朝着沩山灵祐所在的方向下拜，说："禅师的大恩超越了父母，如果当初就解释了，今天我哪能彻悟呢？"

十四寒

庄生蝴蝶，吕祖邯郸。

【典故】

庄生蝴蝶：《庄子·齐物论》记载：战国中期思想家庄子梦见自己变

成蝴蝶，活泼地飞舞；等到他醒来，惊喜地发现自己是庄子。不知道是自己变成了蝴蝶，还是蝴蝶变成了自己。

黄粱梦吕仙祠是根据“黄粱一梦”的故事而建，位于河北邯郸市北，始建于宋代，明清时期进行了重修和扩建，规模宏伟。此图为祠中的卢生侧卧睡像。

吕祖邯郸：《枕中记》记载：有一卢姓书生在邯郸（在今河北）旅店遇到吕祖（即吕岩，又名吕洞宾，唐末五代时期隐士），向他说自己想求功名，于是吕祖拿出一个枕头让他枕着睡觉。在梦中，卢生考中进士，出将入相50年，富贵无比，一觉醒来，饭还没有做熟。卢生由此感到富贵如梦，便随吕祖出家而去。

谢安折屐，贡禹弹冠。

【典故】

谢安折屐（jī）：《晋书·谢安传》记载：东晋大臣谢安的侄子谢玄在淝水之战中打败前秦军队，捷报送到京城，谢安看到后并不表现出惊喜。客人忍不住询问，谢安才说：“孩子们已经打败敌人。”然而他回内宅时，由于太过高兴，在门槛上绊了一下，木屐（木头鞋）下面的齿都被撞折了。

贡禹弹冠：《汉书·王吉传》记载：西汉人王吉和贡禹是好朋友，两人志向相同，当时人都说：“王吉做了官，贡公也就可以弹去帽子上的灰尘，准备做官了。”

顗容王导，浚杀曲端。

【典故】

顗（yǐ）容王导：《世说新语·尤悔》记载：东晋权臣王敦造反，其堂弟王导到宫门外谢罪。官员周顗进宫见晋元帝，王导求他帮忙开脱，周顗不理，但见了元帝后却竭力为王导作保。出宫时，周顗从王导身边经过，仍不理他，回家又上表皇帝给王导开脱。王敦叛乱成功后，问王导周顗是否可以任用。王导不说话，周顗因而遇害。后来王导知道周顗为自己开脱，极为后悔。

浚杀曲端：《齐东野语·曲壮闵本末》记载：南宋武将曲端善战，能得到将士的拥护，但由于和上司张浚意见不一致而被流放。不久张浚想把曲端召回任用，其他大臣又反对和陷害曲端。于是张浚将曲端下狱毒死。

休那题碣，叔邵凭棺。

【典故】

休那（nuó）题碣（jié）：《桐城耆（qí）旧传》记载：明末清初文人姚康（字休那）过着隐居的生活，七十多岁时，自己在墓碑上题字道：“吊有青蝇，几见礼成徐孺子；赋无白凤，免得书称莽大夫。”表示甘心隐居而死，不在清朝做官。

叔邵凭棺：《杏花村志》记载：明代书法家方叔邵临终前，穿戴正装坐在棺木里，靠着棺木提笔写下告别诗后，安然离世。

如龙诸葛，似鬼曹瞒。

【典故】

如龙诸葛：《三国志·蜀志·诸葛亮传》记载：三国时期隐士司马徽对刘备说：“伏龙、凤雏，两个人得到一个，就可以安定天下。”伏龙指诸葛亮（三国时期蜀汉大臣），凤雏指庞统（三国时期蜀汉谋士）。

位于湖北南漳县的水镜庄，三国时期隐士水镜先生司马徽即在此隐居。庄内的荐贤堂，是水镜先生举荐“伏龙”“凤雏”的旧址，堂内塑有刘备、司马徽、书僮塑像一组，再现了当年荐贤情景。

似鬼曹瞒：《苏东坡集·孔北海赞》记载：苏轼说曹操（小名阿瞒，故称曹瞒）平生奸狡虚伪，到死才看出真性情，是像鬼一样的人。

爽欣御李，白愿识韩。

【典故】

爽欣御李：《后汉书·李膺（yīng）传》记载：东汉大臣李膺不轻易与人交往。一次名士荀爽去拜访李膺，还为他驾车，回来后高兴地说道：“我今天给李君驾车啦。”当时被李膺接待常被称作登龙门。

白愿识韩：《李太白集·与韩荆州书》记载：唐代诗人李白说：“唐玄宗时期，天下的士人都以见官员韩朝宗一面为荣。”

黔娄布被，优孟衣冠。

【典故】

黔（qián）娄布被：《列女传·贤明传》记载：战国时期鲁国隐士黔娄家里贫穷。他去世后，盖遗体的被子很短，盖头就露出脚，盖脚就露出头。孔子的弟子曾参去吊唁，说：“把被子斜盖就可以了。”黔娄的妻子说：“斜着盖而有富余，还不如正着盖而不够长。”因为按照礼法，被子没有斜盖的道理。

优孟衣冠：《史记·滑稽列传》记载：春秋时期，楚相孙叔敖去世后，其子生活穷困，滑稽演员优孟想帮助他，就仿效孙叔敖的衣着举止，去见楚王。楚王看到优孟，以为是孙叔敖复生，想用他为相。优孟借口回家与妻子商议，三天后对楚王说：“我妻子说，孙叔敖为楚国尽忠，死后儿子几乎没有活路，做楚相不如自杀。”于是楚王召来孙叔敖的儿子，给他封地。

长歌宁戚，鼾睡陈抟。

【典故】

长歌宁戚：《琴操》记载：春秋时期卫国人宁戚敲着牛角唱道：“南山矸（gān），白石烂，生不逢尧与舜禅，短布单衣适自骭（gàn），长夜漫漫何时旦？”齐桓公恰巧路过，听到后就任用他做国相。

鼾（hān）睡陈抟（tuán）：《东都事略·隐逸传》记载：五代时期道士陈抟隐居时，一旦睡下，经常一百多天不起床。

曾参务益，庞德遗安。

【典故】

曾参务益：《说苑·敬慎篇》记载：曾参（即曾子，春秋末期鲁国人，孔子的弟子）病重时，嘱咐儿子说：“我没有颜回那样的才能，没有什么可以跟你们说的，但是君子务必追求进益，只要不贪图功利，就不会招致祸患。”

庞德遗安：《高士传》记载：东汉末年，刘表劝名士庞德公出山做官，说：“您辛苦耕作，不肯做官，将来能留给子孙什么呢？”庞德公说：“别人留给子孙危险，我留给他们安全。”

穆亲杵臼，商化芝兰。

【典故】

穆亲杵（chǔ）臼：《后汉书·吴祐传》记载：东汉人公沙穆因贫困而被吴祐雇来捣米。吴祐和公沙穆交谈后，发现他很有学问，于是两人成了好朋友。后以杵臼之交比喻交朋友不计较贫富贵贱。　杵臼：捣米的用具。

商化芝兰：《说苑·杂言篇》记载：孔子说：“卜商（字子夏，孔子的弟子）喜欢和比自己强的人接触，端木赐喜欢和不如自己的人接触。与善人接触，就像进入摆放着芝兰（一种香草，古人以之比拟优秀子弟）的房间，时间长了闻不到香气，但自己也会和芝兰一样香。和不善的人接触，就像进入卖咸鱼的商铺，时间长了闻不到臭气，但自己也和咸鱼一样臭了。君子一定要慎重挑选接触的对象啊。”

葛洪负笈，高凤持竿。

【典故】

葛洪负笈（jí）：《晋书·葛洪传》记载：东晋道教学家、炼丹家葛洪

位于广东惠州罗浮山朱明洞景区麻姑峰下的冲虚观，为葛洪创建，距今已有1600多年历史。最初为葛洪修道炼丹的南庵，宋哲宗赐额改为“冲虚观”，一直流传至今。

家中遭遇火灾，藏书都被烧毁了。于是他背着书箱到处寻觅书籍，借来抄写。

高凤持竿：《后汉书·逸民传》记载：东汉学者高凤的妻子让他在家里看守麦子，不要让鸡吃了。高凤拿着赶鸡的竹竿看书。天降大雨，把麦子都冲走了，高凤却浑然不知。

释之结袜，子夏更冠。

【典故】

释之结袜：《汉书·张释之传》记载：有一次在公众场合，西汉隐士王生的袜带松了，就叫大臣张释之为他系上，张释之照做了。有人问王生：“为何这样羞辱他呢？”王生说：“我老了，又没有地位，已经不能为他做什么了。姑且委屈他为我结袜（系上袜带），以提高他的名望。”

子夏更冠：《汉书·杜钦传》记载：西汉官员杜钦和杜邺（yè）都字子夏，杜钦有一只眼睛失明，所以被称为“盲杜子夏”，以示区别。杜钦对此非常反感，就戴了一顶小帽子，于是人们改称他为“小冠杜子夏”，称杜邺为“大冠杜子夏”。

直言唐介，雅量刘宽。

【典故】

直言唐介：《宋史·唐介传》记载：北宋官员唐介刚直敢言，曾因弹劾文彦博而名重天下，后又与王安石辩论变法利弊。

雅量刘宽：《后汉书·刘宽传》记载：东汉大臣刘宽性情宽厚仁爱，

他的夫人让一个婢女送肉羹时故意把羹汁洒到他身上。刘宽毫不生气，反而问婢女："烫到你的手了吧？"

捋须何点，捉鼻谢安。

【典故】

捋(lǚ)须何点：《南史·何点传》记载：南朝梁武帝即位后想让何点做官。何点伸手去捋武帝的胡须，说："你想让我这老头做你的臣子吗？"于是就告病回家了。

捉鼻谢安：《世说新语》记载：东晋大臣谢安早年过着隐居生活，而他的弟弟谢万则身处要职，家中每天都有很多客人。看到这种状况，谢安的夫人问谢安："大丈夫不应该这样吗？"谢安掩住鼻子说："就怕免不了要这样啊。"　捉鼻：掩住鼻子，表示不屑。

张华龙鲊，闵贡猪肝。

【典故】

张华龙鲊（zhǎ）：《白孔六帖》记载：西晋大臣、文学家张华学识渊博，陆机送给他一罐鲊，张华说："这是龙肉。"他用苦酒浇在鲊上，发出了五色的光。　鲊：盐腌的鱼，后来也泛指盐腌的食品。

闵贡猪肝：《高士传》记载：东汉隐士闵贡家贫，每天买猪肝一片当肉食。安邑县令听说后，就让县吏每天给闵贡送猪肝。闵贡得知后说："怎么能因为我而给安邑带来负担呢？"于是就搬走了。

渊材五恨，郭奕三叹。

【典故】

渊材五恨：《冷斋夜话》记载：北宋文人、音律学家彭渊材自称平生有五恨：一恨鲥（fù）鱼多骨，二恨金橘带酸，三恨莼（chún）菜性冷，四恨海棠无香，五恨曾巩不会写诗。

郭奕三叹：《世说新语·赏誉》记载：西晋大臣郭奕做野王（在今河

南沁阳）令时，名士羊祜（hù）途经此地，郭奕见他后叹道："羊祜可不比我差啊。"第二次见面后又叹道："羊祜比我强多了。"羊祜离开时，郭奕相送，因为路上谈论太久，竟送出了县境，导致被罢了官。但郭奕并不在意，反而叹道："羊祜不亚于颜回（孔子的弟子）。"

弘景作相，延祖弃官。

【典故】

弘景作相：《梁书·陶弘景传》记载：南朝梁道士陶弘景隐居茅山，梁武帝即位后，征召他做官而没有成功。但每有大事，皇帝都会派人到茅山向他咨询，当时人称陶弘景为"山中宰相"。

山中宰相陶弘景像

延祖弃官：《唐语林》记载：唐代人元延祖多次弃官回家，说："人活一辈子，衣服食物能够解决饥寒就够了，种地砍柴，已经可以满足需要，再多的我也不想了。"

二疏供帐，四皓衣冠。

【典故】

二疏供帐：《汉书·疏广传》记载：西汉时期，疏广和疏受叔侄二人分别做太子太傅和太子少傅。五年后，两人上书请求退休，皇帝和太子送给他们黄金，公卿为他们举办送行宴会。　供帐：这里指举行宴会。

四皓衣冠：《史记·留侯世家》记载：汉高祖想要废太子刘盈，吕后向张良问计后，请来四皓（西汉初年的四位隐士：东园公、甪里先生、绮里季、夏黄公）辅助太子。一次宴会上，四皓随太子出席，他们须眉皓白，衣冠雄伟。高祖见此，认为太子贤能，就打消了废太子的念头。

曼卿豪饮，廉颇雄餐。

【典故】

曼卿豪饮:《文昌杂录》记载:北宋文人石延年(字曼卿)喜欢喝酒。一次,他和刘潜两人痛饮,半夜酒都喝光了,又将一斗多醋当作酒喝了。

廉颇雄餐:《史记·廉颇蔺相如列传》记载:战国时期赵国名将廉颇因与赵国国君有矛盾,出奔魏国。后来赵国派使者去请廉颇,廉颇当时已经年老,但为了表示自己还能打仗,就一顿饭吃了一斗米、十斤肉,饭后又穿上铠甲骑马给使者看。

长康三绝,元方二难。

【典故】

长康三绝:《晋书·顾恺之传》记载:东晋画家顾恺之(字长康)博学又有才气,善于画画,又迷信道术。世人说顾恺之有三绝:才绝、画绝、痴绝。

元方二难:《世说新语》记载:东汉官员、学者陈寔(shí)的长子陈纪字元方、次子陈谌字季方,都有盛名。元方和季方的儿子争论谁的父亲更有功德,没有结果,就去找祖父评理。陈寔说:"元方做哥哥不容易,季方做弟弟也不容易。"意思是两人德行相近。

曾辞温饱,城忍饥寒。

【典故】

曾(zēng)辞温饱:《王沂公笔录》记载:北宋王曾中状元后,有人跟他开玩笑说:"你考试换来的东西,一辈子也吃不完穿不完。"王曾说:"我平生志向不在于吃饱穿暖。"

城忍饥寒:《唐语林》记载:唐代隐士阳城家穷,和弟弟阳谐、阳域经常要换穿衣服出门。赶上饥荒的年月,他就把榆树皮磨碎煮粥维持生活。

买臣怀绶,逢萌挂冠。

【典故】

买臣怀绶：《汉书·朱买臣传》记载：朱买臣被汉武帝任命为太守，他故意穿着旧衣服，怀揣印绶到官署。郡吏发现后，连忙通知其他官员前来拜见。　　绶：一种丝质带子，古代用来拴在印纽上。

逄（páng）萌挂冠：《后汉书·逸民列传》记载：东汉人逄萌到长安寻求做官，正好遇到王莽杀了儿子王宇。逄萌对友人说："纲常已经被摧毁了，不走的话恐怕要有灾祸。"于是他把帽子挂在都城东门，带着家人逃走了。

循良伏湛，儒雅兒宽。

【典故】

循良伏湛：《后汉书·伏湛传》记载：东汉人伏湛任平原郡太守时，天下大乱，伏湛把自己的薪俸拿出来赈济百姓。

儒雅兒（ní）宽：《汉书·兒宽传》记载：西汉大臣兒宽研究《尚书》，有雍容儒雅之名。

欧母画荻，柳母和丸。

【典故】

欧母画荻（dí）：《东都事略·欧阳修传》记载：北宋大臣、文学家欧阳修幼时家里贫穷，他的母亲用荻（一种草本植物，俗称野苇子）在地上写画，教他认字。

柳母和（huó）丸：《家范》记载：唐代大臣柳仲郢（yǐng）的母亲教导他时，曾把苦参、黄连、熊胆研成粉，捏成药丸，让柳仲郢夜里学习时含一粒，以药的苦味刺激儿子刻苦学习。

坐落在永叔公园内的"画荻教子"雕塑。永叔公园位于江西永丰县，是为纪念北宋著名文学家、史学家、政治家欧阳修而建，以欧阳修的字"永叔"而命名。

韩屏题叶，燕姞梦兰。

【典故】

韩屏题叶：《流红记》记载：唐代宫女韩翠屏在红叶上题诗道：“流水何太急，深宫尽日闲。殷勤谢红叶，好去到人间。”她把叶子放在御沟水中让红叶流出。学士于祜（hù）正好捡到，题首诗后也放到水中，一阵风把红叶又吹到宫里，恰巧落到韩翠屏手中。后来韩翠屏出宫，正好是嫁给于祜，可谓奇缘。

燕姞（jí）梦兰：《左传·宣公三年》记载：春秋时期，郑文公的小妾燕姞梦见天神送给她兰草，说：“这就是你的孩子。”燕姞有了孩子后，给他起名为“兰”，就是日后的郑穆公。

漂母进食，浣妇分餐。

【典故】

漂（piǎo）母进食：《史记·淮阴侯列传》记载：西汉大臣韩信少年时贫苦，他在护城河边钓鱼时，有一漂母（以漂洗丝絮为业的老妇）把饭分给他吃。韩信说：“将来我一定要厚报您。”漂母生气地说：“你身为男子汉不能供养自己，我是可怜你，谁指望你的报答？”

浣（huàn）妇分餐：《六朝事迹编类》记载：春秋末期，楚国人伍子胥逃奔吴国，见一个女子在水边浣（洗）纱，便向她乞求食物。吃完饭后，伍子胥对女子说：“收拾好食器，千万不要让人发现啊。”等他走出几步回头看时，发现女子已经投水自尽，以此表示不会泄露伍子胥的行踪。

十五删

令威华表，杜宇西山。

【典故】

令威华表：《搜神后记》记载：汉代仙人丁令威变成一只仙鹤回到故乡，站在华表（古代宫廷、陵墓等大型建筑物前作装饰用的一种石柱）上说道："有鸟有鸟丁令威，去家千年今始归。城郭如故人民非，何不学仙冢累累。"

杜宇西山：《华阳国志·蜀志》记载：蜀地（今四川地区）最早称王的人名叫蚕丛，蚕丛的后代杜宇统治时期正好遇上大水，他与居民一起躲到山上。不久来了一个叫鳖灵的人，治平了洪水，杜宇就把君位让给鳖灵，自己住到了西山。

范增举玦，羊祜探环。

【典故】

范增举玦（jué）：《史记·项羽本纪》记载：鸿门宴上，项羽的谋士范增多次举起所佩的玉玦（古代玉佩的一种，形状像有缺口的环），暗示项羽诛杀刘邦，项羽都不听从。后来，范增生气地说："咱们都要做刘邦的俘虏啦。"

羊祜（hù）探环：《晋书·羊祜传》记载：西晋大臣羊祜五岁时，让乳母到邻家李氏花园里，从一树洞中拿出一个金环。李氏知道后说："这个金环是我死去的儿子丢掉的。"于是大家都说羊祜是李家儿子转世。

沈昭狂瘦，冯道痴顽。

【典故】

沈昭狂瘦：《南齐书·沈昭略传》记载：南朝齐官员沈昭略醉酒后在外闲游，遇见王约，问道："你怎么这么胖这么傻？"王约不肯示弱，说："你怎么这么瘦这么狂？"沈昭略大笑道："瘦比胖好，狂比傻好。怎么办啊，王约，你这么傻可怎么办啊。"

冯道痴顽：《旧五代史·冯道传》记载：契丹灭后晋，后晋大臣冯道朝见契丹皇帝耶律德光，耶律德光问："你是什么样的老头子？"冯道回答："我是无才无德的傻老头子。"

陈蕃下榻，郅恽拒关。

【典故】

陈蕃下榻：《后汉书·徐稚传》记载：东汉大臣陈蕃不轻易与人交往，只接见徐稚。陈蕃为徐稚准备了一张榻(狭长而较矮的床，最初是一种坐具)。徐稚离开，他就把榻挂到墙上。

郅恽（zhì yùn）拒关：《后汉书·郅恽传》记载：东汉人郅恽做守门官时，一次光武帝打猎回来晚了，郅恽不让他进城门，光武帝只好选择其他大门进入。第二天，郅恽上书劝谏光武帝要遵守制度。

雪夜擒蔡，灯夕平蛮。

【典故】

李愬雪夜袭蔡州场景画

雪夜擒蔡：《旧唐书·李愬（sù）传》记载：唐朝大将李愬在一个雪夜突袭蔡州（在今河南汝南），擒获了反叛朝廷的吴元济。

灯夕平蛮：《涑水记闻》记载：宋代大将狄青受命征讨南方少数民族首领侬（nóng）智高，侬智高据守昆仑关，一时难以攻下。狄青转到宾州，正逢上元节，狄青大张灯火，摆宴席犒劳全军。深夜，狄青自称身体不舒服而离席，他带兵奇袭昆仑关，敌军毫无防备，宋军一举夺城。　灯夕：即上元节，今称元宵节，古人在这一天夜里大规模张设花灯，故名灯夕。　蛮：我国古代南方的少数民族，后成为对南方少数民族的通称。

郭家金穴，邓氏铜山。

【典故】

郭家金穴：《后汉书·皇后纪》记载：东汉光武帝皇后郭氏的弟弟郭况从光武帝处得到很多赏赐，据说仅黄金就有数亿。当时人都说郭家是“金穴（藏金洞）”。

邓氏铜山：《汉书·佞（nìng）幸传》记载：相士给西汉文帝的宠臣邓通相面，说他将来要饿死。汉文帝听后就把铜山赐给邓通铸钱。文帝去世后，景帝继位，抄没了邓通的家产，邓通只能寄居在别人家度日，最终冻饿而死。

比干受策，杨宝掌环。

【典故】

比干受策：《三辅决录》记载：西汉人何比干做官以仁爱为本。一天，有位老妇对他说：“你的先祖有功德，你又平反了很多冤案，如今上天赐给你策书，光大你的后裔。”于是从怀中取出九十九枚策书，说：“将来你子孙做官的也会有这么多人。”　策：编连在一起的竹简，由于汉代皇帝下诏书用策，所以也代指诏书。

杨宝掌环：《后汉书·杨震传》记载：东汉人杨宝曾救了一只黄雀。有一天，黄雀变成一位黄衣童子，拿出四枚白玉环送给杨宝，说：“你收好这玉环，它能让你的子孙清廉，累世都做三公。”

晏婴能俭，苏轼为悭。

【典故】

晏婴能俭：《史记·管晏列传》记载：春秋时期，晏婴虽然在齐国为相，但生活十分节俭。别人都说他简朴到了孤陋的地步。

苏轼为悭（qiān）：《苏轼文集·与李公择书》记载：北宋文学家苏轼给李公择写信说：“我快五十岁了，才知道过日子最重要的是吝啬，说得好听一些就是节俭。”

堂开洛水，社结香山。

【典故】

堂开洛水：《容斋随笔》记载：北宋大臣文彦博召集在洛阳的老臣富弼、司马光等，办起耆（qí）英会，又修建了耆英堂。　堂：指高大的正房。　洛水：即洛河，黄河的支流，主河段位于河南洛阳。

社结香山：《事文类聚》记载：白居易晚年在洛阳居住，与张浑、刘真、郑据、卢真等九人共结香山社，经常聚会写诗，还画了一幅《香山九老图》。　社：一种民间团体。　香山：山名，在今河南洛阳南郊，以盛产香葛得名。

明代中期著名职业画家周臣所绘《香山九老图》（现藏于天津博物馆）

腊花齐放，春桂同攀。

【典故】

腊花齐放：《唐诗纪事》记载：武则天时，有一年腊月（农历十二月），朝中官员假称皇家园林开了很多花，请武后去看，想借此发动政变。武后怀疑有阴谋，于是派使者到园林宣诏让百花齐放。第二天凌晨，园林中果然开满鲜花，群臣都很惊异，认为这是天命，于是就停止了政变。

春桂同攀：《尚友录》记载：明朝蒋南金与王大用一起到庙中游玩，见到桂花盛开，于是两人各折一枝。出来时，听到小孩子唱歌谣："一布政，一知府，掇高魁，花到手。"后来两人果然都中了进士，一个做到布政使（一省的行政长官），一个做到知府（一府的行政长官）。

卷三

一　先

飞凫叶令，驾鹤缑仙。

【典故】

飞凫（fú）叶（shè）令：《后汉书·方术传》记载：东汉时期叶县（位于今河南平顶山）县令王乔每次朝见皇帝都不骑马坐车。皇帝觉得奇怪，派人暗中访查。访查的人发现，在王乔将要到来之前会有两只野鸭飞来，用网把它们扣住，野鸭就变成了两只鞋，这双鞋是皇帝赐给王乔的。　　凫：野鸭。

驾鹤缑（gōu）仙：《列仙传》记载：周灵王太子在游玩时被一道士带入嵩山修道。三十多年后，太子对一个叫桓良的人说："你去通知我家人，七月七日可以到缑氏山（在今河南偃师）顶等我。"到了那一天，太子果然乘着白鹤停在山顶，但只可远望，不能接触。

刘晨采药，茂叔观莲。

【典故】

刘晨采药：《神仙传》记载：东汉人刘晨和阮肇（zhào）到天台山采药，遇到两位仙女。仙女把他们带回家并结成夫妻。半年后，刘、阮辞别二女回家，不料人世间已经过了十代。

茂叔观莲：《濂溪集·爱莲说》记载：北宋学者周敦颐（字茂叔）喜爱莲花，认为莲花可以称为花中的君子，又称赞莲花"出淤泥而不染，濯清涟而不妖"。

位于湖南衡阳高新区柘里村的"爱莲堂"，此处一直是古代衡阳祀奉周敦颐的重要场所。抗日战争胜利后，此地便成了衡阳周敦颐后裔们的祈祖之地。

阳公麾日，武乙射天。

【典故】

阳公麾（huī）日：《淮南子·览冥训》记载：相传周武王的部下鲁阳公与韩构大战，战到天黑不分胜负，于是鲁阳公挥戈阻止日落，太阳倒退三舍（shè，古代行军三十里为一舍）。后用“日返三舍”比喻人定胜天。　　麾：同“挥”，挥动。

武乙射天：《史记·殷本纪》记载：商朝国君武乙做了一个盛满血的皮囊当作靶子，仰面拉弓射向皮囊，号称“射天”。

唐宗三鉴，刘宠一钱。

【典故】

唐宗三鉴：《新唐书·魏徵传》记载：魏徵死后，唐太宗悲伤地对大臣们说：“以铜当镜子，可以端正自己的衣帽；以历史当镜子，可以知道朝代的兴亡；以人当镜子，可以知道自己的得与失。我曾经拥有这三面镜子，现在魏徵病逝了，我就少了一面镜子。”

刘宠一钱：《后汉书·刘宠传》记载：东汉人刘宠做地方官，为政清廉。他离任时，当地五六位老者每人带了一百钱要送给他，以表谢意。刘宠不忍伤害百姓的心，就从每人手中拿了一枚。后人称他为“一钱太守”。

叔武守国，李牧备边。

【典故】

叔武守国：《左传·僖公二十八年》记载：春秋时期，晋国攻打卫国，卫成公出逃。卫国公子叔武临时守国主政。他与晋国结盟，晋国才同意送卫成公回国。就在叔武去迎接卫成公时，却被成公的先锋部队杀了。

李牧备边：《史记·廉颇蔺相如列传》记载：战国时期赵国名将李牧长期守卫赵国边境，使匈奴十几年不敢侵犯。

少翁致鬼，栾大求仙。

【典故】

少翁致鬼：《史记·封禅书》记载：西汉武帝非常想念去世的王夫人。术士少翁自称能把夫人的灵魂请来，他在夜间作法，武帝在帷幕中看到了王夫人。

栾大求仙：《史记·封禅书》记载：西汉术士栾大对汉武帝说："我曾经到海上仙山见过神仙，他们有制造黄金、配制不死药的法术。"武帝非常信服，就派他去找所谓的仙人。

彧臣曹操，猛相苻坚。

【典故】

彧（yù）臣曹操：《三国志·荀彧传》记载：东汉末期官员荀彧听说曹操有雄才，就去投奔。曹操把他当作张良（汉高祖刘邦的大臣）一样的谋臣，军中事务都和他商议。

猛相苻坚：《晋书·苻坚载记》记载：王猛经人推荐，做了前秦君王苻坚的大臣。苻坚说："我得到王猛，就像刘备遇到诸葛亮一样。"不久，便任命王猛为宰相。

汉家三杰，晋室七贤。

【典故】

汉家三杰：《史记·高祖本纪》记载：汉高祖打败项羽后说："出谋划策我不如张良，镇抚百姓我不如萧何，用兵作战我不如韩信，这三位都是人杰，而我能重用他们，这就是我取胜的原因。"

清中后期画家任伯年所绘《竹林七贤》团扇镜片

晋室七贤：《魏氏春秋》记载：魏晋时期，嵇康、阮籍、山涛、向秀、阮咸、王戎、刘伶交情很好，他们时常同游于竹林，当时称为“七贤”。

居易识字，童乌预玄。

【典故】

居易识字：《与元九书》记载：唐代诗人白居易六七个月时，虽不能说话，但已经认识“之”“无”两个字了。

童乌预玄：《法言·问神》记载：西汉学者扬雄的儿子童乌，九岁时就能参与讨论父亲所著的《太玄》一书。

黄琬对日，秦宓论天。

【典故】

黄琬（wǎn）对日：《汉书·黄琬传》记载：东汉末期，黄琼任魏郡太守时发生了日食，魏郡能看到，京师却看不到。朝廷要求黄琼报告日食的进度，黄琼很为难，他七岁的孙子黄琬说：“为何不说日食剩下的部分就和新月一样呢？”

秦宓（mì）论天：《三国志·蜀志·秦宓传》记载：三国时期，蜀汉大臣诸葛亮率百官设宴款待吴国使者张温。学者秦宓迟到了，张温想难为他，于是就问了一连串与“天”有关的问题。秦宓闻声即答，毫不迟疑，张温不得不表示佩服。

元龙湖海，司马山川。

【典故】

元龙湖海：《三国志·魏志·陈登传》记载：东汉名士许汜（sì）评论官员陈登（字元龙）为“湖海之士，豪气未除”，并举当初见陈登时，陈登占据大床只给自己小床的事实为证。

司马山川：《史记·太史公自序》记载：西汉史学家司马迁为收集资料，撰写《史记》，曾到处游历，尽览山川。

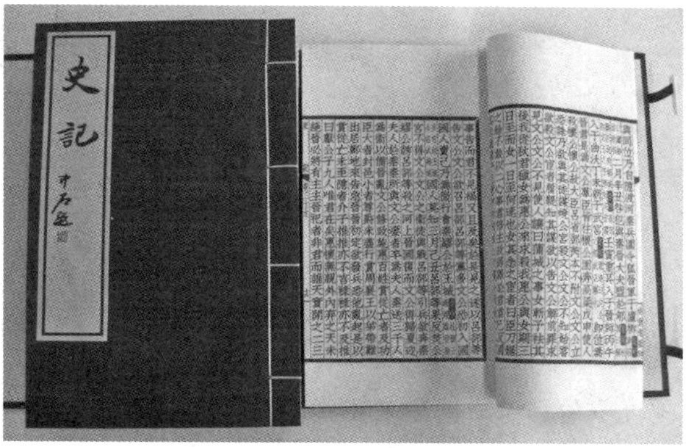

司马迁撰《史记》书影

操诛吕布，膑杀庞涓。

【典故】

操诛吕布：《三国志·魏志·吕布传》记载：东汉末期军阀吕布据守下邳（pī），曹操久攻不下。后来他听取谋士的计策掘开泗水和沂水灌城。结果吕布被活捉，后被曹操所杀。

膑杀庞涓：《史记·孙子吴起列传》记载：战国时期军事家孙膑被魏国将领庞涓所害，逃至齐国。庞涓率魏军攻打赵国，赵国向齐国求援，孙膑设计伏击魏军，庞涓被逼自杀。

羽救巨鹿，准策澶渊。

【典故】

羽救巨鹿：《史记·项羽本纪》记载：秦朝末期，秦军围攻赵国起义军于巨鹿（今河北邢台平乡县）。项羽率楚军渡过黄河，与秦军拼死决战，大获全胜，解了巨鹿之围。

准策澶（chán）渊：《涑水记闻》记载：宋真宗时，辽国入侵北宋，大臣寇准要求皇帝亲征。到澶州（在今河南濮阳）后，宋军士气大振，射杀了辽国大将。最终双方订立澶渊之盟。此后百年间，宋与辽国基本能保持和平。

应融丸药，阎敞还钱。

【典故】

应融丸药：《风俗通·穷通》记载：东汉人祝恬入京途中得了病，县令应融亲自接他到驿站，并为他捏制药丸。最终祝恬得以康复。

阎敞还钱：《汝南先贤传》记载：东汉时期，太守第五尝（“第五”为复姓）离任时，把所积攒的俸禄一百三十万寄放在官员阎敞处。第五尝死后，他九岁的孙子向阎敞来要钱，阎敞把一百三十万钱给他。第五尝的孙子说：“祖父只跟我说有三十万钱，没说是一百三十万。”阎敞说：“肯定是你祖父病重时说错了，你不要怀疑。”

范居让水，吴饮贪泉。

【典故】

位于广东广州西郊石门的贪泉碑，此碑为明万历二十四年（1596）右布政使李凤等为纪念吴隐之而立。

范居让水：《南史·范柏年传》记载：南朝宋明帝谈到广州的贪泉，说喝了贪泉的水就会贪得无厌，然后问大臣范柏年：“你故乡有没有这样的泉水啊？”范柏年回答：“我故乡只有文川、武乡、廉泉、让水（河名）。”宋明帝又问：“那你住在哪里？”范柏年回答：“我住在廉、让之间。”宋明帝对他的回答非常满意，于是大加提拔。

吴饮贪泉：《世说新语·德行》记载：东晋官员吴隐之到广州上任时，路过贪泉（泉名），据说喝了此泉水的人会贪得无厌。吴隐之不信，喝了一口，并作诗道：“古人云此水，一歃（shà）怀千金。试使夷齐饮，终当不易心。”此后他为官果然清廉。

薛逢羸马，刘胜寒蝉。

【典故】

薛逢羸（léi）马：《唐摭言》记载：唐代官员薛逢晚年骑着一匹瘦马上朝。正巧遇到新科进士出游，前导的官员驱赶薛逢说："回避新进士！" 薛逢说："你不要以貌取人，我老太婆在十几岁的时候，也曾经涂脂抹粉（意思是说我年轻的时候也中过进士！）。"

刘胜寒蝉：《后汉书·杜密传》记载：东汉名臣杜密回乡后，每次见地方官，都推荐可用的人；而刘胜与杜密身份相近，却从来不干预地方用人。地方官想委婉地劝诫杜密，就对他说："刘胜真是一位节操很高的人啊。" 杜密回答："刘胜见到好的人不推荐，听到不好的事不说话，只顾保全自己，把自己变得跟寒蝉（秋天的蝉，已经不会叫了。后常用来比喻遇事不敢讲话）一样，他是罪人啊。"

捉刀曹操，拂矢贾坚。

【典故】

捉刀曹操：《世说新语·容止》记载：曹操让崔琰（yǎn）去接见匈奴使者，自己则提着刀站在崔琰身边充当侍卫。接见结束后，曹操派人向使者探问："你觉得魏王怎么样？" 使者说："魏王仪表美好，不过站在他身边提刀那人才是英雄啊。"　捉刀：原指执刀的护卫，后用来比喻替别人代笔作文或顶替人做事。

拂矢贾坚：《燕书》记载：十六国时期，前燕皇帝慕容儁（jùn）将一头牛放在距武将贾坚百步的地方。贾坚对着牛射箭，一箭贴着背飞过，一箭贴着肚子飞过，都紧贴皮肤，射落牛毛。观看的人说："能射中吗？" 贾坚说："了不起就在于射不中，射中有什么难的？"　拂矢：让箭从目标旁边擦过，形容射术精良。

晦肯负国，质愿亲贤。

【典故】

晦肯负国：《旧唐书·徐晦传》记载：唐代官员徐晦与杨凭是好朋友，杨凭被贬官那一天只有徐晦为他送行。不久，大臣李夷简推荐徐晦做御史。徐晦问他："我从来跟您没有交情，您为什么推荐我呢？"李夷简回答："你能不辜负杨凭，难道还会对不起国家吗？"

质愿亲贤：《宋史·王佑传附王质》记载：北宋大臣范仲淹被贬官，朝臣没有人敢去送行，唯有王质抱病在城门外设宴为他送别。有大臣责备他说："你怎么把自己归到范仲淹一党中去了呢？"王质回答："范公是贤人，能够和他一党，那是件荣幸的事啊。"

罗友逢鬼，潘谷称仙。

【典故】

罗友逢鬼：《晋阳秋》记载：东晋大将桓温召集僚属为即将出任太守的朋友饯行，罗友迟到了。桓温问其原因。罗友说："我半路碰见鬼取笑我说：'只见你送别人做太守，不见别人送你做太守。'"于是桓温推荐罗友出任襄阳太守。

潘谷称仙：《扪虱新话》记载：北宋文学家苏东坡赠给制墨名家潘谷的诗中有"一朝人海寻李白，空看人间画墨仙"的句子，这是称赞潘谷制墨的技艺高超，于是有人说潘谷是墨仙。

茂弘练服，子敬青毡。

【典故】

茂弘练（shū）服：《晋书·王导传》记载：东晋经过几场大的战乱，国库中只剩下几千匹练布（一种织得很稀疏的布），价值低廉，又卖不出去。于是大臣王导（字茂弘）率群臣每人做了一件练布单衣。当时士人纷纷效仿，练布迅速涨价。

子敬青毡（zhān）：《语林》记载：东晋书法家王献之（字子敬）家夜晚遇贼，王献之察觉后仍躺在床上不说话。等贼去拿青毡（用兽毛制成的片状物）时，王献之才说："青毡是我家的旧物，就留下吧。"

王奇雁字，韩浦鸾笺。

【典故】

王奇雁字：《舆地纪胜》记载：宋代人王奇做县吏时，县令在屏风上题雁字诗道："只只衔芦背晓霜，昼随鸳鹭入寒塘。"王奇续写道："晚来渔棹惊飞去，书破遥天字一行。"　雁字：大雁飞行时往往排成"一"字形或"人"字形。

韩浦鸾笺：《杨文公谈苑》记载：宋代文人韩浦与弟弟韩洎（jì）都擅长写文章，但是韩洎看不起兄长，曾说："我哥哥写文章就像盖草屋，只能遮风挡雨；我写文章，就像造五凤楼。"韩浦听说后，就将别人送的笺纸寄给弟弟，说道："十样鸾笺（印有鸾凤花纹的纸）出益州，新来寄至浣溪头。老兄得此全无用，助尔添修五凤楼。"

安之画地，德裕筹边。

【典故】

安之画地：《开天传信记》记载：唐玄宗到五凤楼上与百姓同乐，现场秩序混乱。官员严安之用手在地上画了一条线，说："敢过线的人一律处死。"结果三天内百姓都指着线互相告诫，没有敢过线的。

德裕筹边：《筹边楼记》记载：唐代大臣李德裕出任西川节度使，他在成都府西建筹边楼，并在楼的左墙画上通向南方少数民族的地图，右墙画上通向吐蕃（bō）地区的地图，凡是山川险要，都在地图上标出。

平原十日，苏章二天。

【典故】

平原十日：《史记·范睢蔡泽列传》记载：战国时期，秦相范睢的仇人魏齐藏在赵国公子平原君家中，秦王写信给平原君说："我听说您品德高尚，希望和您做朋友。请您到秦国来，我想和您痛饮十天。"平原君因害怕，不得不前往。秦王招待平原君数日后，就向他索要魏齐。魏齐不得已逃回魏国，最终自杀。

苏章二天：《后汉书·苏章传》记载：东汉人苏章做刺史时，他的一位做太守的朋友犯法。苏章请这位太守赴宴，酒席上谈及两人间的友谊，太守自以为能免罪，高兴地说："人都只有一个天，我有两个天。"苏章说："今天苏章和老朋友喝酒，是私恩；明天刺史处理罪案，是公法。"第二天他果然按法律判了太守的罪。

徐勉风月，弃疾云烟。

坐落于山东济南遥墙镇辛弃疾故里的辛弃疾像

【典故】

徐勉风月：《梁书·徐勉传》记载：南朝梁重臣徐勉做吏部尚书时，曾和门客饮宴，有个叫虞暠的想借此机会为自己求官，徐勉说："今天晚上只可谈风月（指闲适之事），不要提及公事。"

弃疾云烟：南宋词人辛弃疾致仕后，作了一首《西江月》表达自己的想法："万事云烟已过，一身蒲柳先衰。而今何事最相宜？宜醉宜游宜睡。"　云烟：比喻容易消失的事物。

舜钦斗酒，法主蒲鞯。

【典故】

舜钦斗酒：《中吴纪闻》记载：一天晚上，北宋诗人苏舜钦正在读《汉书》，他的岳父前来窥视，只见苏舜钦读到张良刺杀秦始皇时，拍着桌案说："可惜没打中！"于是喝了一大杯酒；再读到张良自述与刘邦相识的过程，又拍着桌案说："君臣相遇就是这样难！"又喝了一大杯。他岳父笑道："有

《汉书》这样好的下酒菜，喝一斗酒也不算多啊。”

法主蒲鞯（jiān）：《旧唐书·李密传》记载：隋末瓦岗军首领李密（字法主）年轻时骑黄牛出行，牛背上铺一张蒲草编的垫子，牛角上挂一卷《汉书》，李密一手提缰绳，一手翻书。越国公杨素路遇李密，很吃惊，回家后对自己的儿子说：“你们都不如他啊。” 鞯：坐骑背上的垫子。

绕朝赠策，苻卤投鞭。

【典故】

绕朝赠策：《左传·文公十三年》记载：春秋时期晋国大夫士会出奔秦国，晋人怕秦国重用他，便实施离间计。士会离开秦国时，秦国大夫绕朝送给他一条马鞭，说：“你不要以为秦国没有聪明人，不过是我的建议没有人采纳罢了。”

苻卤投鞭：《晋书·苻坚载记》记载：前秦君主苻坚要南征东晋，他说：“都说东晋凭借的是长江天险，我有百万大军，每人把马鞭扔到江中，足以让江水断流。”由于苻坚的骄傲自大，前秦军以惨败告终。 苻卤：指苻坚率领的前秦军队。卤，通“虏”，是古代中原地区对少数民族的蔑称。

豫让吞炭，苏武餐毡。

【典故】

豫让吞炭：《史记·刺客列传》记载：春秋时期，赵襄子杀了晋国执政大臣智伯，智伯的家臣豫让将漆涂在身上以烧坏皮肤，吞下烧热的炭以破坏声带，并在闹市中以行乞为生，目的是找机会刺杀赵襄子。行刺失败后，豫让请求赵襄子脱下外衣放在地上，他拔剑砍了外衣三下后自杀而死。

苏武餐毡（zhān）：《汉书·苏武传》记载：西汉官员苏武奉命出使匈奴被扣押，他坚决不投降，于是被囚禁起来。苏武渴了吃雪，饿了吃毛毡（用兽毛制成的片状物，可做防寒用品），勉强维持生命。十九年后才得以回国。

金台招士，玉署贮贤。

【典故】

金台招士：《史记·燕世家》记载：战国时期，燕昭王筑黄金台招贤纳士，此后乐毅、邹衍、剧辛等贤才纷纷来到燕国为昭王效力。

玉署贮贤：《铁围山丛谈》记载：北宋苏易简做翰林学士承旨时，宋太宗用飞白体亲自书写“玉堂之署”四字赐给他，说：“这是赞美你做清要的官职。”　玉署：即玉堂之署，翰林院的别称。

宋臣宗泽，汉使张骞。

【典故】

汉张骞封侯处碑，坐落在河南方城县博望镇的张骞祠中。张骞出使西域有功，被封为博望侯。

宋臣宗泽：《宋史·宗泽传》记载：北宋末南宋初名将宗泽与金兵交战取得胜利后，金人畏惧他，称其为“宗爷爷”。但宗泽被南宋朝臣所排斥，他临死前大呼三声“过河”。

汉使张骞：《汉书·张骞传》记载：汉武帝时，张骞奉命出使西域，此举为汉朝开通了到中亚的道路，为打击匈奴、加强汉与西域地区的联系作出了巨大贡献。

胡姬人种，名妓书仙。

【典故】

胡姬人种：《世说新语·任诞》记载：西晋名士阮咸不拘小节，他与姑姑家的一个鲜卑族婢女有私情。居丧时，他姑姑要搬到远方去，阮咸借了驴，穿着丧服去追婢女，说：“人种（孕育的子嗣）不能丢掉。”

名妓书仙：《青琐高议·书仙传》记载：唐代妓女曹文姬的书法为关中第一，号称“书仙（书法绝妙，如同神仙之笔）”。

二　萧

滕王蛱蝶，摩诘芭蕉。

【典故】

滕王蛱（jiá）蝶：《南部新书》记载：唐代宫词中有“内中数日无呼唤，传得滕王蛱蝶图”的句子，可见滕王（即唐高祖的儿子李元婴，唐代画家）画蝶技艺之高超。

摩诘（jié）芭蕉：《梦溪笔谈》记载：唐代诗人王维（字摩诘）作画往往不考虑季节，他曾作《袁安卧雪图》，在雪地背景中画了一棵芭蕉。有人认为这种不顾季节的画法是王维忽略表象、独得神髓的表现。

却衣师道，投笔班超。

【典故】

却衣师道：《朱子语类》记载：某年冬天，北宋大臣陈师道随皇帝祭天，天极冷，而陈师道家只有一件皮袄，于是他的妻子就向姐夫赵挺之家借了一件。陈师道和赵挺之理念不合，得知皮袄的来历后，陈师道对妻子说：“你难道不知道我不穿他家的衣服吗？”当晚只穿了自家的皮袄。

投笔班超：《汉书·班超传》记载：东汉著名军事家、外交家班超年轻时靠给官府抄写文书供养母亲。班超很不喜欢这样的生活，就把笔扔在地上，叹息道：“大丈夫即使没有其他的才能，也应该在异国他乡立功，怎么能总在笔砚之间度日呢？”后来他果然在西域立下大功，被封为定远侯。

冯官五代，季相三朝。

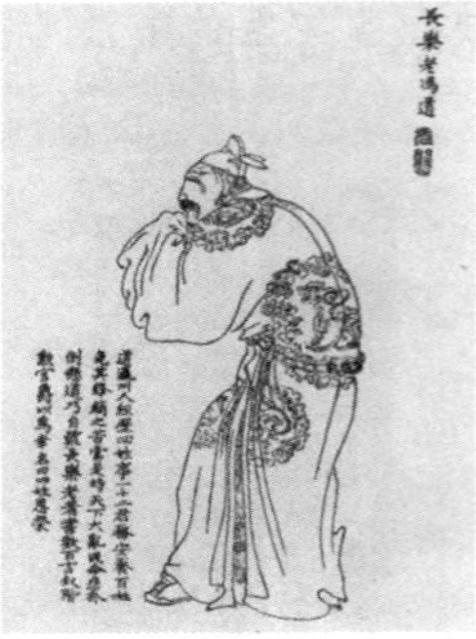

有官场“不倒翁”之称的冯道像

【典故】

冯官五代：《旧五代史·冯道传》记载：冯道先后在后唐、后晋、契丹、后汉、后周五朝为官。他晚年写了一篇《长乐老自叙》来记述自己的从政经历。

季相三朝：《左传·成公十六年》记载：春秋时期，季孙行父曾任鲁国宣公、成公、襄公三位国君的相，很有政绩。

刘蕡下第，卢肇夺标。

【典故】

刘蕡（fén）下第：《旧唐书·刘蕡传》记载：唐文宗时，刘蕡在考试策论中攻击当时掌控大权的宦官，考官都敬佩他的勇气，但不敢录取他。　　下第：在科举考试中榜上无名。

卢肇（zhào）夺标：《唐诗纪事》记载：唐代人卢肇与黄颇一起去参加科举，但地方官只为黄颇饯行。第二年，卢肇中了状元，回到家乡，地方官请他看龙舟比赛，卢肇现场作诗说：“向道是龙人不信，果然夺得锦标归。”

陵甘降虏，蠋耻臣昭。

【典故】

陵甘降虏：《史记·李将军列传》记载：西汉将领李陵率军与匈奴交战，后因兵力和物资匮乏，又没有后援，被匈奴大军包围。李陵战斗到最后，不得已投降了匈奴。　　虏：古代中原地区对少数民族的蔑称，此处指匈奴。

蠋（zhú）耻臣昭：《史记·田单列传》记载：战国时期，燕昭王让将军乐毅讨伐齐国，乐毅听说齐国画邑（在今山东临淄）人王蠋贤能，便派使者请他到燕国做官。使者说：“如果你不肯，我们就要屠杀画邑的百姓。”王蠋说：“国家都要灭亡了，我还活着干什么。”于是就自杀了。

隆贫晒腹，潜懒折腰。

【典故】

隆贫晒腹：《世说新语·排调》记载：晋朝时，每年七月七日都是晒衣服的日子。这一天，官员郝隆却掀起衣服躺在太阳底下。别人问他原因，郝隆说："我在晒我腹中的书。"

潜懒折腰：《宋书·隐逸传》记载：东晋诗人陶潜（即陶渊明，后改名陶潜）做县令时，上级派人来巡察，按照规定，县令应该穿官服去迎接。陶潜说："我不能因为一点点俸禄就向乡间的小孩子弯腰！"于是就辞官了。

韦绶蜀锦，元载鲛绡。

【典故】

韦绶蜀锦：《唐语林》记载：唐代人韦绶做翰林学士时，唐德宗带着韦妃去看他。当时韦绶正在睡觉，加之天气很冷，德宗就把韦妃的锦袍盖在他身上。

元载鲛绡（jiāo xiāo）：《杜阳杂编》记载：唐代大臣元载有一顶从南海来的紫绡帐，有人说是鲛绡（传说中鲛人所织的一种独特衣服，可以不被水打湿），极其轻薄，冬天风吹不进来，夏天又产生凉意。

捧檄毛义，绝裾温峤。

【典故】

捧檄（xí）毛义：《后汉书·刘赵淳于江刘周赵传序》记载：名士张奉去拜访毛义，恰巧有人给毛义送来文书，是任命他做县令的。毛义捧着文书，一副欣喜的样子。张奉认为毛义喜好功名利禄，有些轻视他。毛义母亲去世后，他离职守孝，从此再也不肯出来做官了。张奉才明白原来当初毛义那么高兴，是因为做官可以有俸禄来养母亲。

绝裾（jū）温峤（qiáo）：《世说新语·尤悔》记载：东晋大臣温峤奉命到外地为官，他母亲拉住其衣襟不让走，温峤扯断衣襟而去。直到母亲去世，温峤都没能回家奔丧，他一生以此为憾。

郑虔贮柿，怀素种蕉。

【典故】

郑虔（qián）贮柿：《尚书故实》记载：唐代诗人、书画家郑虔家里很穷，他喜欢书法却买不起纸，于是把慈恩寺前柿子树的落叶扫到一起，每天用这些叶子当纸练字。

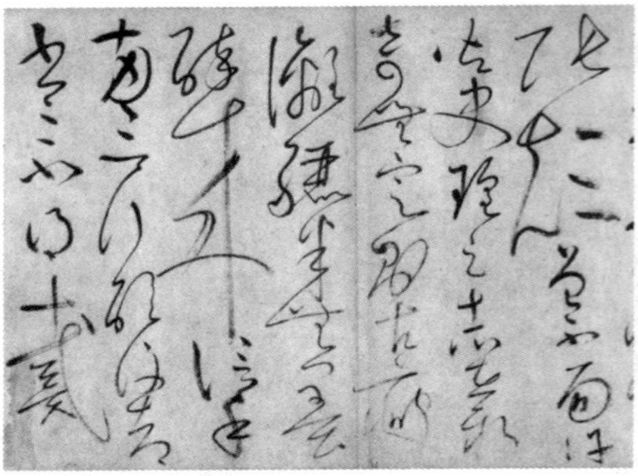

怀素草书《自叙帖》（局部）

怀素种蕉：《僧怀素传》记载：唐代僧人、书法家怀素因为贫穷而买不起纸，就在所住的地方种了很多芭蕉树，用芭蕉叶当纸练字。

延祖鹤立，茂弘龙超。

【典故】

延祖鹤立：《世说新语·容止》记载：有人曾说：西晋大臣嵇绍（字延祖）器宇轩昂，就像野鹤站在鸡群里一样。

茂弘龙超：《世说新语·企羡》记载：东晋名士桓彝（yí）在路边见到王导（字茂弘），感叹说："大家都说阿龙（王导的小名）出众，经此一见，阿龙确实出众啊。"

悬鱼羊续，留犊时苗。

【典故】

悬鱼羊续：《后汉书·羊续传》记载：东汉人羊续为官清廉。下属送给他一条鱼，羊续不好推辞，就收下了，但他没有吃，而是把鱼挂了起来。后来下属又送鱼给他，羊续就把前一条鱼拿出来，以此谢绝送礼。

留犊时苗：《三国志·常林传》注引《魏略·清介传》记载：东汉人时苗做县令时用一头母牛驾车，不久，母牛生了一头小牛。离任时，时苗对主簿说："我来时没有带这头小牛，就把它留在本地吧。"部下说："家畜不认识自己的父亲，应该让它跟着母亲走。"时苗最终还是把小牛留下了。

贵妃捧砚，弄玉吹箫。

【典故】

贵妃捧砚：《摭遗》记载：唐玄宗命李白写诗，让杨贵妃为李白捧砚。李白提笔写成了《清平调》三章，言辞美妙。

弄玉吹箫：《列仙传》记载：春秋时期，秦穆公为女儿弄玉找了一位叫萧史的丈夫，萧史教弄玉吹箫。后来弄玉跨凤，萧史乘龙，两人一起升天而去。

三　肴

栾巴救火，许逊除蛟。

【典故】

栾巴救火：《神仙传》记载：东汉桓帝设宴赐酒，术士栾巴将酒向西边喷出，并对皇帝说："我的家乡成都发生火灾，我喷酒是为了救火。"几天后，成都地方官上报说当地着火，被一场突如其来的大雨浇灭，只是雨后满地的酒气。

许逊除蛟：《十二真君传》记载：晋代道士许逊担心豫章（郡名，辖区相当于今江西省）成为蛟龙的住所而变成湖泊，于是他在城南井里铸了一根铁柱，下面用八根铁索锁住地脉，从而解除了民患。

《诗》穷五际，《易》布三爻。

【典故】

《诗》穷五际：《韩诗内传》记载：五际交会的时候，天下就会有比较大的变故。　五际：指地支是卯、酉、午、戌、亥的年份。际，交界、交会。

《易》布三爻（yáo）：《虞翻别传》记载：三国时期吴国的虞翻写成《易注》，还说："郡吏陈桃梦见我与道士相遇，道士布下六爻，并烧掉其中三爻冲水给我喝，说：'《易》的大道在天，你喝掉三爻足够了。'由此看来我的命就是通晓《易经》啊！"　爻：《周易》中表示卦象的符号，"—"表示阳爻，"– –"表示阴爻。

清时安石，奇计居鄛。

【典故】

清时安石：《晋书·谢安传》记载：东晋大臣谢安（字安石）隐居时，经常与友人一起游山玩水。后来他虽然做了高官，但始终怀念隐居生活。

奇计居鄛（cháo）：《史记·项羽本纪》记载：范增很有计谋，他曾劝项梁立楚王后裔为楚怀王，后又担任项羽的谋臣，被尊为"亚父"。　居鄛：古县名，今安徽巢湖，此处借指秦末居鄛人范增。

明代画家沈周的《临戴进谢安东山图》，此图表现的是谢安东山携伎外出郊游的情景。

湖循莺脰，泉访虎跑。

【典故】

湖循莺脰（dòu）：《广德湖记》记载：苏州太湖西南有莺脰湖，以其形似莺脰（脖子）而得名。

泉访虎跑（páo）：《咸淳临安志》记载：唐代高僧性空住在杭州大慈山，由于没有水，他准备搬往别处。有神人对他说：“自从您来到这里，我们都受到您的恩惠。南岳衡山有童子泉，明天让两只老虎搬过来就行。”第二天，有两只老虎在大慈山上刨地，泉水涌出，于是称其为虎跑泉（在今浙江杭州西南大慈山白鹤峰下慧禅寺侧院内）。

近游束皙，诡术尸佼。

【典故】

近游束皙（xī）：《晋书・束皙传》记载：西晋文人束皙本名疏皙，因躲避战乱，改疏为束。他写过一篇《近游赋》，主要内容是描写淳朴田园生活的。

诡术尸佼（jiǎo）：唐代文学家韩愈在《送孟东野序》中评价说：战国的诸子中，孟子、荀子，是以道成名的人；邹衍、尸佼（战国时期学者，鲁国人，商鞅的老师）、孙武、张仪、苏秦之类，都是以术成名的。

翱狂晞发，嵇懒转胞。

【典故】

翱狂晞（xī）发：《福宁州志》记载：南宋末，元兵南下，文天祥在福建召集义军，诗人谢翱全力参与。后来文天祥被俘，谢翱出家做了道士，自号晞发子，他的诗结集为《晞发集》。　晞发：晒干头发。常指高洁脱俗的行为。

嵇（jī）懒转胞：三国时期魏国文学家嵇康在《与山巨源绝交书》中说自己是个懒人，经常是想小便了忍着不起身，非要让尿在膀胱里转上很久，忍不住了，才起身上厕所。　胞：指膀胱。

西溪晏咏，北陇孔嘲。

【典故】

西溪晏咏：《渑水燕谈录》记载：北宋大臣晏殊在西溪（在今江苏秦

州东北，宋朝在此设有盐场）做官时亲手种了一棵牡丹，还写了诗刻在石碑上。后来范仲淹到此地也写了首诗。因为两位名人都曾在这里写诗，所以后人到此处题诗的特别多，而牡丹花也被人所珍惜，开得更加艳丽。

北陇孔嘲：南朝人周颙（yóng）曾在钟山（位于今江苏南京东北郊）隐居，后来做了县令。南朝齐骈文家孔稚珪写了《北山移文》，借着山神之口嘲笑周颙不能坚持隐居，其中有“南岳献嘲，北陇腾笑”的句子。北山即钟山。

民皆字郑，羌愿姓包。

【典故】

民皆字郑：《三国志·魏书·郑浑传》记载：三国时期魏国郑浑做地方官时，督促发展农业，百姓渐渐得到利益。很多人都把所生的孩子起名叫“郑”。　　字郑：以郑为名。

羌愿姓包：《太平治迹统类》记载：西羌人俞龙珂归降宋朝后说：“我早就听说包拯是朝廷的忠臣。我既然归附了朝廷，希望能赐我姓包。”皇帝答应了他的请求。　　羌：中国古代居住在西北地区的少数民族。

骑鹏沈晦，射鸭孟郊。

唐代诗人孟郊像

【典故】

骑鹏沈晦：《春渚纪闻》记载：宋代官员沈晦梦见自己骑着大鹏（传说中的大鸟），乘风飞上天空，醒来后写了一篇《大鹏赋》。

射鸭孟郊：《建康志》记载：唐代诗人孟郊做县尉（位在县令之下，主管治安的地方官）时建射鸭堂。他的诗中有“不如竹枝弓，射鸭无是非”“射鸭复射鸭，鸭惊菰蒲（gū pú）头”的句子。大概他做县尉时经常以射鸭为乐。

戴颙鼓吹，贾岛推敲。

【典故】

戴颙（yóng）鼓吹：《云仙杂记》记载：每到春天，南朝宋隐士戴颙常会带着两个柑子和一斗酒出门。有人问他去做什么。他说："我去听黄鹂叫。这种声音能够让俗人清醒，为作诗的人助兴。" 鼓吹：中国古代的一种器乐合奏，后泛指音乐。

贾岛推敲：《隋唐嘉话》记载：唐代诗人贾岛骑驴外出，忽然想起自己的一句诗"僧敲月下门"，他想把"敲"字改成"推"字，就自己比划推和敲的动作，不知不觉闯入京兆尹韩愈的仪仗队里。韩愈问明缘由，说："还是敲字好。"从此"推敲"就成了"斟酌"的代名词。

四 豪

禹承虞舜，说相殷高。

【典故】

禹承虞舜：《史记·夏本纪》记载：舜帝命大禹治水，他三次路过自己家都不肯进。治水成功以后，舜认为禹有功绩，就把自己的帝位让给了他。

说（yuè）相殷高：《史记·殷本纪》记载：商王武丁在位时，梦见上帝赐给自己贤臣，醒来后就去寻找，最终找到了正在做苦役的傅说。武丁发现他很有才能，就任命他做宰相。 殷高：即商王武丁，他死后的庙号是高宗，因此称为殷高。庙号是中国古代帝王死后在太庙里奉祀时追尊的名号。

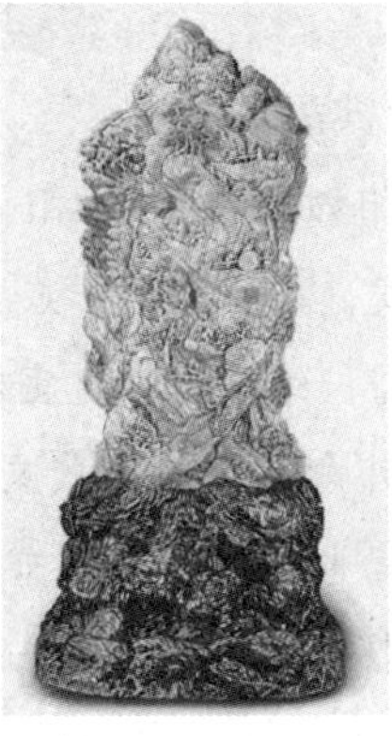

清乾隆时期"大禹治水图玉山"（现藏北京故宫博物院）。它是世界上最大的玉雕作品，由新疆和田青玉制成。玉上雕有峻岭、瀑布、古木苍松，在山崖峭壁上，成群结队的劳动者在开山治水。

韩侯敝袴，张禄绨袍。

【典故】

韩侯敝袴（kù）：《韩非子·内储说上》记载：战国时期韩国国君韩昭侯吩咐侍从将自己一条穿破了的裤子收藏起来。侍从说："赐给身边的人算了。"韩昭侯说："明君对皱一下眉头或者笑一下都很谨慎，这条裤子难道不比皱眉或者笑更珍贵吗？一定要等身边的人有功了再赏赐。"　袴：同"裤"，裤子。

张禄绨（tí）袍：《史记·范雎蔡泽列传》记载：范雎在魏国做门客，因主人须贾的无端怀疑，几乎被打死。范雎逃脱后改名张禄，入秦为相。须贾出使秦国，范雎穿着破衣服去见他，须贾惊讶地问："你怎么贫寒到这个地步？"于是送给他一件绨袍。后来须贾才知道范雎是秦相，连忙为以前的事情谢罪，范雎说："我饶过你，你送给我绨袍时，多少表现出一些对老朋友的感情。"　绨：光滑厚实的丝织品，后以绨袍喻眷念故旧。

相如题柱，韩愈焚膏。

【典故】

相如题柱：《华阳国志·蜀志》记载：西汉文学家司马相如从故乡成都出发，准备东游。成都城北有升仙桥，相如在桥柱上题字说："不乘贵人的车马，绝不再过这座桥。"后来他以中郎将的身份回到故乡。

韩愈焚膏：唐代文学家韩愈曾写《进学解》，说自己自幼好学，即使做了官也总想多看些书，白天读不够，晚上就点起灯来继续看。　膏：这里指灯油。

捐生纪信，争死孔褒。

【典故】

捐生纪（jǐ）信：《史记·高祖本纪》记载：项羽将刘邦包围后，刘邦的部将纪信献计，由自己乘刘邦的车出城投降，蒙骗楚军，以便让刘邦趁机逃走。最终纪信被项羽处死。　　捐生：舍弃生命。

争死孔褒：《续汉书》记载：东汉名士张俭被宦官侯览怨恨，要逮捕他。张俭逃到孔褒家，孔褒不在，其弟孔融把他藏了起来。事发之后，孔褒兄弟都被逮捕。审讯中，孔褒说张俭是来投奔自己的，孔融说是自己收留了张俭，二人争着揽下死罪。最终孔褒被处死。

孔璋文伯，梦得诗豪。

【典故】

孔璋文伯：《三国志·吴书·张纮传》注引《吴书》记载：三国时期吴国谋士张纮（hóng）写信称赞文学家陈琳（字孔璋）所写的《武库赋》《应机论》。陈琳回答：“以前我在河北，当地缺乏写文章的高手，所以我成了文坛宗师，获得了过分的美名。现在王朗在中原，你和张昭在江东，我比起你们来就远远不如了。”　　文伯：文章宗师，是对著名作家的敬称。

梦得诗豪：唐代诗人白居易在《刘白唱和集》中说：“诗人刘禹锡（字梦得）是当世诗豪（诗坛的豪杰），他才华出众，少有人敢与他较量。”

“山不在高，有仙则名。水不在深，有龙则灵。斯是陋室，唯吾德馨。”唐朝诗人刘禹锡因其这首《陋室铭》一举成名。此图为刘禹锡任和州（今安徽和县）刺史时的住所，即所谓的“陋室”。

马援矍铄，巢父清高。

【典故】

马援矍铄（jué shuò）：《后汉书·马援传》记载：东汉初，南方叛乱，62 岁的将军马援请求出征。光武帝觉得他已经年老。马援披甲上马，表示自己还能打仗。光武帝笑道：“老将军的精神真旺盛啊。”于是就派他出征。

巢父（fǔ）清高：《高士传》记载：尧帝想把帝位让给高士巢父（因筑巢而居，故称），巢父坚决不接受，并隐居起来，以放牧为生。

伯伦鸡肋，超宗凤毛。

【典故】

伯伦鸡肋：《竹林七贤论》记载：西晋名士刘伶（字伯伦）曾和人发生冲突，对方非常愤怒，想要殴打他。刘伶和蔼地说："我这几根像鸡一样细的肋骨，可禁不住阁下的拳头啊。"对方被逗乐了，才没打他。　鸡肋：鸡的肋骨，比喻瘦弱的身体。

超宗凤毛：《南齐书·谢超宗传》记载：文人谢超宗善于写文章。南朝宋孝武帝说："超宗很有才华，恐怕又要出一个谢灵运（著名文学家，谢超宗是其孙）了。"　凤毛：凤凰的毛，比喻珍奇的事物，又借以夸奖人的才华。

服虔赁作，车胤重劳。

【典故】

服虔（qián）赁（lìn）作：《世说新语·文学》记载：东汉经学家服虔要注解《春秋》，他听说崔烈在给学生讲《春秋左氏传》，便匿名到崔烈门下去做饭，以便偷听他讲课。后来，崔烈得知这个做饭的就是服虔，两人随即成了朋友。　赁作：受雇为人劳作。

车胤（yìn）重劳：《世说新语·言语》记载：东晋大臣谢安、谢万兄弟召集一些官员私下讲习《孝经》。车胤有一些问题，又不好提出，便对友人说："不问就怕不懂的地方有遗漏，问了又怕谢安兄弟太辛苦。"友人说："不用担心，你什么时候见过镜子因为别人总去照而觉得烦呢？"

张仪折竹，任末燃蒿。

【典故】

张仪折竹：《拾遗记》记载：战国时期著名政治家张仪曾经靠给人抄

书维持生活，遇到有价值的话，就抄在手掌里或者大腿内侧，晚上回到住处，再砍下竹子做成竹简抄录下来。

任末燃蒿：《拾遗记》记载：东汉学者任末少年时很勤学，他用荆条削成笔，夜里靠月色星光学习，光线昏暗就点起蒿草来照亮。

贺循冰玉，公瑾醇醪。

【典故】

贺循冰玉：《晋书·贺循传》记载：东晋大臣贺循清廉而博学。晋元帝曾评价他："贺循就像冰和玉一样清洁，身为大臣，其住宅只勉强够遮风挡雨。"

公瑾醇醪（chún láo）：《三国志·吴书·周瑜传》记载：程普自负年长有功，经常欺负周瑜（字公瑾，东汉末孙权的部将）。而周瑜为人宽厚，从不和程普计较。后来程普对人说："和周公瑾交往，就像喝醇醪（没有用水稀释的美酒）一样，不知不觉就醉了。"

庞公休畅，刘子高操。

【典故】

庞公休畅：《襄阳记》记载：东汉末名士庞德公和司马德操家隔着一条汉水居住。两家交情很深，到对方家中就如同自己家中一样高兴畅快。

刘子高操：《南史·刘讦（xū）传》记载：南朝齐隐士刘讦、刘歊（xiāo）兄弟与名士阮孝绪都有清高的操守，他们并称为"三隐"。长辈刘孝标曾写信给刘讦说："刘讦超凡绝俗，如同半空中的彩霞；刘歊器宇不凡，如同云中飞翔的白鹤。"

季札挂剑，吕虔赠刀。

【典故】

季札挂剑：《新序·节士》记载：春秋时期吴国公子季札出使鲁国，途经徐国。徐国国君喜欢季札的佩剑，但不好出口索要。季札心里明白，

坐落于江苏常州人民公园里的季子亭。常州古称延陵，是季札的封地。

但作为使者不能没有佩剑，所以就没有把剑送给徐国国君。他出使回来，路经徐国，徐国国君已经去世，季札把佩剑挂在他墓旁的树上。随从问："徐国国君都去世了，留下剑还有什么意义呢？"季札回答："从前我在心里已经答应把剑送给他了，怎么能因为他去世就背叛自己的心呢？"

吕虔（qián）赠刀：《晋书·王祥传》记载：三国时期魏国将领吕虔有一口佩刀，很多人都说必须是官至三公的人才能佩戴。吕虔对属下王祥说："如果不是合适的人，佩戴这口刀反而可能带来灾祸。你有做三公的器量，这口刀就送给你吧。"后来王祥果然官至三公。

来护卓荦，梁竦矜高。

【典故】

来护卓荦（luò）：《隋书·来护儿传》记载：隋代将领来护儿读《诗经》读到"敲鼓声音响镗镗，鼓舞士兵上战场""穿上羔羊皮袄和袖子用豹皮做装饰的衣服，勇武而有力量"时，放下书叹息说："大丈夫就应该这样！应该为国灭贼来博取功名，怎么能一辈子都种地呢！"

梁竦矜（jīn）高：《后汉书·梁竦传》记载：东汉文学家梁竦登高远望，叹息道："大丈夫处世，活着应该封侯，死了应该在宗庙中被祭祀。如果做不到，隐居可以养志，读书足以自娱。做官只是给自己添麻烦罢了。"

壮心处仲，操行陈陶。

【典故】

壮心处仲：《世说新语·豪爽》记载：东晋大臣王敦（字处仲）每当喝醉酒，就用铁如意敲着壶打拍子，唱曹操的《短歌行》："老骥伏枥（lì），志在千里；烈士暮年，壮心不已。"

操行陈陶：《唐诗纪事》记载：唐代诗人陈陶过着隐居生活，操行高洁。刺史严宇派一妓女陪伴他，陈陶笑而不顾。严宇听说后，更加尊重陈陶了。

子荆爽迈，孝伯清操。

【典故】

子荆爽迈：《晋书·孙楚传》记载：西晋文学家孙楚（字子荆）有才而高傲。朝廷任命他为石苞的参军，按当时规定，参军见主帅时应该叩拜，可孙楚却只作揖，还说："天子让我来参议你的军事。"完全没有下属的意识。

孝伯清操：《晋书·王恭传》记载：东晋官员王恭（字孝伯）清操过人，他从会（kuài）稽太守任上回京，带回一张竹席，堂叔王忱很喜欢，王恭就送给了他，从此便坐在草垫上。王忱知道后对王恭说："我以为席子是会稽土产，你一定带回来不少，不想只有一张。"王恭说："您还是不了解我啊，我身边从来就没有多余的东西。"

李订六逸，石与三豪。

【典故】

李订六逸：《旧唐书·文苑传下》记载：唐代诗人李白与孔巢父、陶沔、韩准、裴政、张叔明一起住在徂徕（cú lái）山（位于今山东泰安）中，被称为"竹溪六逸"。

清代画家金廷标所绘《竹溪六逸图》

石与三豪：《苕溪渔隐丛话》记载：北宋大臣、文学家石延年擅长写诗。宋朝诗人石介作《三豪诗》，称欧阳修是文豪、石延年是诗豪、杜默是歌豪。

郑弘还箭，元性成刀。

【典故】

郑弘还箭：《搜神记》记载：东汉大臣郑弘穷困时在山里打柴，捡到一支箭，不久有神人来寻，郑弘把箭还给了他。神人问郑弘想要什么，郑弘回答："用船运柴太难了，希望早上刮南风，晚上刮北风，方便运输。"从此这一带刮的都是这样的风，民间称为"郑公风"。

元性成刀：《蒲元别传》记载：三国时期蜀汉官员蒲元为诸葛亮铸刀三千口，派人去蜀江取水，为刀淬（cuì）火。淬火后，蒲元在竹筒里装满铁珠，举刀砍下，能够斩断竹筒，当时称这些刀为"神刀"。　元性：即蒲元，系因文中"元性有巧思"一句而误认其名为"元性"。

刘殷七业，何点三高。

【典故】

刘殷七业：《晋书·刘殷传》记载：西晋、十六国时期大臣刘殷有七个儿子，他让其中五个分别学习《诗经》《尚书》《易经》《仪礼》《春秋》，一个学习《史记》，一个学习《汉书》。当时人称赞他家"一门之内，七业俱兴"。

何点三高：《南史·何胤（yìn）传》记载：南北朝时期隐士何点和哥哥何求、弟弟何胤，都隐居不做官，世人称他们为"何氏三高"。

五　歌

二使入蜀，五老游河。

【典故】

二使入蜀：《后汉书·方术传》记载：汉和帝派遣两名使者到蜀地考察当地风俗。当时驿站的小吏问使者："您从京城来，可知道使者什么时候出发吗？"两位使者很惊讶，问道："你怎么知道有使者要来呢？"小吏回答："有两颗代表使者的星运行到益州区域，我是通过天象得知的。"

五老游河：《论语谶（chèn）》记载：孔子说："我听说尧帝带着舜等人出游，看到有五位老人正在河滨游玩。过了一会儿，五老就变成了流星飞向天空。"

孙登坐啸，谭峭行歌。

【典故】

孙登坐啸：《神仙传》记载：魏晋时期士人孙登隐居时，阮籍去见他，孙登不肯说话。阮籍对着他长啸（一种能发出悠长清亮声音的口技），孙登还是没有回应。阮籍很失望，就回去了。走到半路，他听到有像鸾凤鸣叫一样的声音，震荡山谷，原来是孙登发出的啸声。

谭峭（qiào）行歌：《续仙传》记载：唐末五代时期道士谭峭经常边走边吟唱，后来得道成仙。

汉王封齿，齐主烹阿。

【典故】

汉王封齿：《史记·留侯世家》记载：刘邦（曾被项羽封为汉王）称帝后，大封亲戚为诸侯，引起了功臣将领的不满。后来刘邦听取张良的计策，封了他最恨的人雍齿为侯。于是大家就都安心了。

齐主烹阿（ē）：《列女传·辩通传》记载：战国时期齐国国君齐威王经常听到有人说即墨（今山东即墨）长官的坏话，说阿地（今山东东阿）长官的好话。但经过调查，即墨长官治理得很好，阿地长官则治理得很差。于是齐威王赐给即墨长官封邑，并把阿地长官和夸奖他的人当场烹杀了。

丁兰刻木，王质烂柯。

【典故】

明代“王质烂柯”图铜手炉

丁兰刻木：《逸士传》记载：东汉人丁兰的母亲去世后，他用木头雕刻出母亲的形象，并像母亲活着时一样侍奉。

王质烂柯：《述异记》记载：晋代樵夫王质到山中伐木，走进一处石室，见两个孩子在下围棋，王质放下斧子观看。等看完棋，斧子的柄已经烂了，回家一看，已经过了几百年。后来王质又回到山中，得道成仙。这座山被叫做烂柯山。　柯：木制的斧柄。

霍光忠厚，黄霸宽和。

【典故】

霍光忠厚：《汉书·霍光传》记载：西汉武帝晚年，担心太子年岁太小，就选择忠厚谨慎的霍光来辅佐幼主。

黄霸宽和：《汉书·黄霸传》记载：西汉大臣黄霸温和善良，又多才智，无论在中央还是地方做官，都以宽和为本。

桓谭非谶，王商止讹。

【典故】

桓谭非谶（chèn）：《后汉书·桓谭传》记载：汉光武帝刘秀靠谶语（古人针对政治形势编造出来的一种预言）起家，后来他想用谶语决定天下事。哲学家、经学家桓谭坚决反对。刘秀大怒，将桓谭贬职。

王商止讹：《汉书·王商传》记载：西汉成帝时，京师传言要有洪水冲向京城，官民都很紧张。官员王商说：“这一定是谣言，不应该给百姓制造恐慌。”过了一段时间，确实没有洪水到来。

隐翁龚胜，刺客荆轲。

【典故】

隐翁龚胜：《汉书·龚胜传》记载：西汉大臣龚胜晚年辞官归隐，王莽篡位后想请他出来做官，龚胜说：“我受汉家的厚恩，又是快要死的人了，怎么能侍奉两姓的皇帝，那样的话，我死后如何见旧主呢？”于是绝食而死。

刺客荆轲：《史记·刺客列传》记载：战国时期刺客荆轲受燕国太子丹之托刺杀秦王政（即后来的秦始皇）。太子丹及门客都穿着丧服去送他。荆轲的行刺以失败告终，他自己也死在秦人手中。

荆轲刺秦王画像石

老人结草，饿夫倒戈。

【典故】

老人结草：《左传·宣公十五年》记载：晋国大夫魏武子有一个爱妾，武子晚年得病时对儿子魏颗说：“我死后，你让她嫁出去吧。”等到病情加重时，又说：“让她殉葬。”武子去世后，魏颗认为父亲立前一遗嘱时头脑清醒，后一个则是糊涂话，就把这个妾嫁了出去。后来魏颗和秦国交战，见一个老人把草打成结，绊倒了秦军主帅，使魏颗大胜。当夜，魏颗梦见老人说：“我是你嫁出去那个女子的父亲，现在来报答你。”

饿夫倒戈：《左传·宣公二年》记载：春秋时期晋国大夫赵盾打猎休息时，遇到饿得倒在地的灵辄。赵盾给他食物，救了他。后来灵辄做了晋灵公的武士，灵公要杀赵盾，灵辄反而同灵公派来的武士交战，保护赵盾出逃。　　倒戈：掉转兵器，相与对立。比喻帮助敌人攻打自己。

弈宽李讷，碑赚孙何。

【典故】

弈宽李讷（nè）：《南部新书》记载：唐朝官员李讷性急，只有在下棋时才变得宽缓。所以，他一发怒，家人就会把棋具放到他面前。李讷开始研究棋局，就把生气的事情抛到脑后了。

碑赚孙何：《涑水记闻》记载：北宋官员孙何性情急躁且苛刻，地方官都很怕他。后来人们知道孙何喜欢古文字，就故意找一些字迹模糊的碑刻拓本给他。孙何的心思全放在读碑辨识文字上，就不再细究地方事务了。　　赚：哄骗。

子猷啸咏，斯立吟哦。

【典故】

子猷（yóu）啸咏：《世说新语·任诞》记载：东晋名士王徽之（字子猷）临时居住在一所空宅里，并让仆人种上竹子。有人问："暂时住一下而已，何必这样麻烦？"王徽之歌咏，并指着竹子说："我一天也离不开它啊。"

斯立吟哦（é）：《韩昌黎集·蓝田县丞厅壁记》记载：唐代官员崔立之（字斯立）在官署的院子里种了两棵松树，加上原有的槐树和竹子，风景非常优美。他每天在松树间吟诗，并称这是在办公事。

奕世貂珥，闾里鸣珂。

【典故】

奕世貂珥（ěr）：《汉书·金日磾（mì dī）传》记载：金日磾以俘虏身份来到汉朝，受到汉武帝重视，拜侍中、车骑将军，与霍光同受遗诏辅政。其子孙七代都做侍中，家族显赫。　　奕世：连续几代。　　貂珥：指代侍中，侍中是正规官职外的加官，因为可以侍从皇帝左右，所以是亲信贵重之职。汉代侍中帽子上插貂尾作为装饰。珥，插戴。

闾（lǘ）里鸣珂：《新唐书·张嘉贞传》记载：唐玄宗时，张嘉贞及其弟张嘉佑均任高官。每到上朝时，仪仗和随从就挤满了他们的住处附近，当时人把他们所住的坊称为"鸣珂里"。　闾里：乡里。　鸣珂：显贵的人所乘的马以玉为装饰，行走时会发出响声，因此而得名。

昙辍丝竹，裒废《蓼莪》。

【典故】

昙（tán）辍丝竹：《晋书·谢安传》记载：东晋大臣谢安去世后，他的外甥、名士羊昙很多年不听音乐，也不肯再路过谢安曾经任职的官署。　　丝竹：代指音乐。

裒（póu）废《蓼莪（lù é）》：《晋书·孝友传》记载：西晋学者王裒的父亲被晋文帝司马昭杀害，每当他读《诗经·小雅·蓼莪》篇“哀哀父母，生我劬（qú）劳”（可怜我的父母亲，抚养我长大太辛劳）一句时，总是流泪不止。门人怕触及他的哀思，都略过这首诗不读。

箕陈五福，华祝三多。

【典故】

箕陈五福：《尚书·洪范》记载：武王灭商后，向箕子（商朝贵族，商纣王的叔父）请教治国之道。箕子提出作为君主的九项规范，其中有“飨用五福，威用六极”，即以五福作为享受，使人向善；以六极作为威胁，使人不敢作恶。所谓的五福，一是长寿，二是富有，三是健康安宁，四是仁善宽厚，五是善终。

华祝三多：《庄子·天地》记载：帝尧到华地去，地方官祝福他说：“希望您多福、多寿、多生男孩。”

位于山东菏泽曹县的箕子墓，孔子称箕子、比干、微子为殷商“三仁”。

六　麻

万石秦氏，三戟崔家。

【典故】

万石（shí）秦氏：《后汉书·循吏传》记载：西汉大臣秦袭与堂兄弟及子侄辈五人都做到二千石的高官。当时人称秦家为万石秦氏。　石：重量单位，秦汉时期官员俸禄也以此计算。

三戟（jǐ）崔家：《旧唐书·崔神庆传》记载：崔琳在唐玄宗时任太子少保，他的两个弟弟，崔珪做太子詹事，崔瑶任光禄大夫，他们三家门前都摆有棨（qǐ）戟（古时作为仪仗的一种木戟，只有高官才有资格在门前摆设），当时人称三戟崔家。

退之驱鳄，叔敖埋蛇。

【典故】

退之驱鳄：《旧唐书·韩愈传》记载：唐代文学家韩愈（字退之）被贬到潮州（今广东潮州）做官，他听说当地溪水里有鳄鱼，经常吃民间的牲畜，于是专门写了一篇祭文，勒令鳄鱼离开，否则就要组织人捕杀。据说当晚风雨大作，鳄鱼纷纷逃走，当地百姓得以安宁。

叔敖埋蛇：《新书·春秋》记载：春秋时期楚国令尹孙叔敖小时候遇见两个头的蛇，就把它打死埋了起来。回家后他哭着对母亲说："我听说看到两头蛇就会死，恐怕没法侍奉您了。"母亲说："有德的人一定会有回报。你怕其他人再看到它，把它埋了，这是阴德，所以你不会死的。"后来孙叔敖果然活得很健康。

虞诩易服，道济量沙。

【典故】

虞诩（xǔ）易服：《后汉书·虞诩传》记载：东汉军事家虞诩任武都太守，

遇到羌人造反，围困武都，城中兵力不满三千，情况十分危急。虞诩命令士兵从城东出去，再从城西进来，每次都换衣服，以防羌人认出。往返几次后，羌人以为城里有几万士兵，就撤退了。

道济量沙：《宋书·檀道济传》记载：南朝宋名将檀道济率军与北魏交战，因粮食不足而撤退。有叛徒把缺粮的事告诉北魏军，于是北魏派兵追击。檀道济将粮食铺在沙土上，连同沙子一起称量，如此进行了一夜。北魏军认为檀道济还有很多粮食，不敢再追击，檀道济才得以安全撤回。

伋辞馈肉，琼却饷瓜。

【典故】

伋（jí）辞馈肉：《孟子·万章》记载：战国初期，鲁穆公总是给孔伋（孔子嫡孙，著名思想家）送肉。孔伋认为国君这样做是不合礼法的，于是恭敬地下拜拒绝。

琼却饷瓜：《北齐书·循吏传》记载：北齐人苏琼为官清廉，从不接受礼物。一位退休官员亲自送给他一对瓜。苏琼接受后，把瓜放在房梁上，没有切开吃。百姓听说苏琼接受了瓜，纷纷带着水果来送礼，但看到房梁上的瓜后，又都回去了。

孔子嫡孙孔伋像。孔伋在元朝文宗时被追封为“述圣公”，后人由此而尊他为“述圣”。

祭遵俎豆，柴绍琵琶。

【典故】

祭（zhài）遵俎（zǔ）豆：《后汉书·祭遵传》记载：东晋大将祭遵带兵打仗，虽然在军中，却不忘祭祀之礼。　　俎豆：最初是厨具，后来演变成祭神用的礼器。引申为祭祀、崇奉之意。

柴绍琵琶：《旧唐书·柴绍传》记载：唐代大将柴绍抵御吐谷（yù）浑的入侵，敌军放箭乱射唐军。柴绍在箭雨中安坐如故，命两个女子跳舞，让人弹琵琶伴奏。敌军渐渐把精力集中到歌舞上，停止了射箭。柴绍立即命令精锐部队从敌军背后发起袭击，一举将其击溃。

法常评酒，鸿渐论茶。

位于浙江湖州的陆羽墓，墓碑题“唐翁陆羽之墓”。

【典故】

法常评酒：《清异录》记载：唐末僧人释法常喜爱喝酒，他对人说：“酒天虚无，酒地绵邈，酒国安恬，没有君臣贵贱的拘礼，没有钱财利益可图，没有刑罚需要逃避，是一个充满乐趣的世界。”

鸿渐论茶：《唐逸史》记载：唐朝人陆羽（字鸿渐）一生嗜茶，著有世界上第一部茶叶专著《茶经》，书中论述了关于茶的各方面知识，他也由此被称为“茶圣”。

陶怡松菊，田乐烟霞。

【典故】

陶怡松菊：东晋文学家陶渊明写有《归去来兮辞》一文，其中有“三径就荒，松菊犹存”的句子，表示以松树和菊花自我怡悦的志向。

田乐烟霞：《旧唐书·隐逸传》记载：唐代人田游岩过着隐居的生活。唐高宗亲自去其住处看他，并问：“先生最近还好吗？”田游岩回答：“我酷爱烟霞（泛指山林），幸而在圣朝生活，可以自在逍遥。”

孟邺九穗，郑珏一麻。

【典故】

孟邺（yè）九穗：《北齐书·循吏传》记载：北齐人孟邺做东郡太守，以宽厚著称。郡内的麦子有一根秆上长九个穗的，当时人认为这是孟邺治绩出色，感动上天的结果。

郑珏（jué）一麻：《洛中记异录》记载：五代时期官员郑珏的阁楼下长出一棵麻。等到下霜时，麻被染白了。当时拜相的诏书被称为“白麻”。果然不久郑珏就被任命为宰相。

颜回练马，乐广杯蛇。

【典故】

颜回练马：《论衡·书虚》记载：孔子与弟子颜回一起登泰山，遥望吴国的阊门。孔子问颜回：“你看到阊门了吗？”颜回说：“看见了。”孔子又问：“门外有什么？”颜回说：“有一匹练。”孔子说：“唉，那是白马啊。”

乐（yuè）广杯蛇：《晋书·乐广传》记载：西晋官员乐广曾和朋友喝酒，回去后朋友就病了。乐广去看他，朋友说：“和你喝酒时，看到杯子中有蛇的影子。”乐广回家发现原来厅壁上挂着一张弓，弓影映在水里，像蛇一样。于是他又把朋友请来，让他看弓影映在酒杯里的样子，朋友的病立刻就好了。

罗珦持节，王播笼纱。

【典故】

罗珦（xiàng）持节：《鉴戒录》记载：唐代官员罗珦年轻时很穷，曾在故乡福泉寺中同和尚一起吃饭。二十年后，他做了官，持节出任故乡的长官，并在曾经住过的僧房题了诗。　　持节：中国古代使臣奉命出行，必执符节作为凭证。节，又叫符节，以竹为竿，上缀以牦牛尾，是使者所持的信物。

王播笼纱：《唐摭言》记载：唐代大臣王播未做官时在扬州木兰寺寄居，寺里的和尚嫌弃他，就吃完饭后再打开饭钟，王播去吃饭时已经什么都没有了。多年后，王播到扬州做官，重游木兰寺，发现自己早年在墙上题的诗已经用碧纱保护起来了。

能言李泌，敢谏香车。

【典故】

能言李泌（bì）：《邺侯外传》记载：唐代大臣李泌向唐肃宗请求辞官隐居，唐肃宗问："是因为我没有按照你的计策北伐吗？"李泌说："不是，是因为陛下杀了有功的儿子建宁王。我不是责怪您之前做的事情，是希望您将来做事一定要谨慎。您已经杀了建宁王，希望您的其他儿子不要再发生悲剧。"唐肃宗惊讶地说："我一定牢牢记住你的话。" 能言：敢于说话。

敢谏香车（jū）：《新序·刺奢》记载：战国时期齐国国君齐宣王盖一座宫殿，三年都没盖好，群臣不敢劝谏。大夫香车（又作香居）问齐宣王："楚王废弃先王的礼乐，用淫乐代替，请问楚国这算是有君主吗？"齐王回答："不算有君主。""这算有大臣吗？""算不上有大臣。"香车又问："您建宫殿三年不成，没有臣子敢劝谏，这算有大臣吗？"齐王说："不算有大臣。"香车说："我请求辞职。"就跑出了朝堂。齐王连忙说："香先生留下！怎么这么晚才劝谏我呢？"于是就下令停止工程。

韩愈辟佛，傅奕除邪。

【典故】

韩愈辟（pì）佛：《旧唐书·韩愈传》记载：唐宪宗信佛，要迎法门寺的佛骨到京城供养，韩愈上表认为佛不值得供奉，应该把佛骨交给相关部门扔到水火之中销毁，永绝后患。 辟佛：排斥佛教。

傅奕除邪：《刘宾客嘉话录》记载：唐太宗时，一位少数民族僧人称

法门寺位于陕西宝鸡扶风县城北十公里的法门镇，被誉为"皇家寺庙"，因安置释迦牟尼佛指骨舍利而成为佛教圣地。

自己能念咒让人死和活。学者傅奕说："这是邪术，让他咒我，一定无效。"后果然如此。

春藏足垢，邕嗜疮痂。

【典故】

春藏足垢：《南史·阴子春传》记载：南朝梁将领阴子春非常不讲卫生，他经常不洗脚，自称每次洗脚都会发生不利的事情。

邕（yōng）嗜疮痂：《宋书·刘邕传》记载：南朝宋官员刘邕喜欢吃伤口上结的痂。他曾经去探望孟灵休，孟灵休身上长了疮，有些痂脱落了，掉在席子上，刘邕就捡起来吃掉。孟灵休大惊，于是把身上没有脱落的疮痂也揭下来给刘邕吃，弄得自己遍体流血。

薛笺成彩，江笔生花。

【典故】

薛笺（jiān）成彩：《资暇录》记载：唐代名妓薛涛家住在成都浣花溪旁，她以溪水造十色彩笺，称作薛涛笺。

江笔生花：《太平广记·江淹》记载：南朝文学家江淹年少时梦见有人送他一支五色笔，此后他的文章越写越好。后来，他又梦见有人对他说："我有笔放在你这里多年，现在可以还给我了。"此后江淹再无佳句。　生花：形容杰出的写作才能。

班昭汉史，蔡琰胡笳。

【典故】

班昭汉史：《后汉书·列女传》记载：东汉史学家班固没有完成《汉书》就去世了。汉和帝让他的妹妹班昭继续写。今天所见《汉书》中的《表》，多是班昭的手笔。

蔡琰胡笳（jiā）：《后汉书·列女传》记载：蔡琰（即蔡文姬，东汉文学家蔡邕之女，中国历史上著名才女）被匈奴人掳走，流落塞外20年。曹

南宋画家陈居中所绘《文姬归汉图》。图中左贤王与蔡文姬端坐于氈毯上，汉使相向而坐，双方的随从侍于周围，车马都已准备完毕，等待踏上返回中原的征程。

操痛惜蔡邕没有后人，于是派人去匈奴将蔡琰赎回。蔡琰作《胡笳十八拍》，叙述自己在塞外20年间的经历和心情。　胡笳：古代北方少数民族的乐器。

凤凰律吕，鹦鹉琵琶。

【典故】

凤凰律吕：《吕氏春秋·仲夏纪》记载：黄帝让伶伦采来竹子，通过吹管定出标准音，然后根据凤凰的叫声定出律吕，雄鸟的叫声是六律，雌鸟的叫声是六吕。　律吕：中国古代音乐的十二个音调，按照数字排列，奇数的六个称为“律”，偶数的六个称为“吕”。后用律吕作为音律的统称。

鹦鹉琵琶：《苕溪渔隐丛话》记载：宋代大臣蔡确家中有一只非常聪明的鹦鹉，每次他敲击响板，鹦鹉就喊家中一位侍女的名字——琵琶。后来琵琶去世了，有一天蔡确不小心碰到响板，鹦鹉大叫“琵琶”，蔡确非常伤感。

渡传桃叶，村名杏花。

【典故】

渡传桃叶：《乐府诗集·清商曲辞二·桃叶歌》郭茂倩题解引《古今乐录》

记载：东晋书法家王献之的小妾名叫桃叶。据说她渡秦淮河时，王献之作歌相送，此后这个渡口就改称桃叶渡。

村名杏花：《广舆记·池州府》记载：杏花村在池州府（今属安徽）城秀山门外，杜牧“借问酒家何处有，牧童遥指杏花村”之句即指此地。

七　阳

君起盘古，人始亚当。

【典故】

君起盘古：《皇王大纪》记载：盘古开天辟地，是世间的第一个君王。日月、星辰、山川、田地、草木、金石，都是他死后身体各部分变成的。

人始亚当：《旧约·创世记》记载：上帝用泥土造成了男人，又用男人的一根肋骨造成女人，男的名叫亚当，女子名叫夏娃。二人在大地上繁衍生息。

明皇花萼，灵运池塘。

【典故】

明皇花萼（è）：《旧唐书·睿宗诸子》记载：唐明皇（即唐玄宗）与兄弟感情非常好，他在皇宫附近为兄弟们建造宅邸。如果听见兄弟们在家中奏乐，玄宗就把他们召进宫来一起饮宴。　花萼：在花瓣下部的一圈叶状绿色小片，由于萼片相连，古人多用以形容兄弟友爱。

唐玄宗李隆基像

灵运池塘：《谢氏家录》记载：东晋末期文学家谢灵运很欣赏弟弟谢惠连，说：“写诗作文的时候，如果惠连在我面前，我就能想出好的句子。”有一次他构思一天也没有想出佳句，睡觉时梦见了谢惠连，醒来就写出了“池塘生春草”这样的名句。谢灵运说：“这是神在帮助我。”

神威翼德，义勇云长。

【典故】

神威翼德：《三国志·蜀书·张飞传》记载：刘备在荆州被曹操打败，张飞（字益德，后人往往误为“翼德”）横矛断后，对着曹军大叫：“我就是张飞，可来决一死战！”曹军见状不敢逼近。

义勇云长：《三国志·蜀书·关羽传》记载：名将关羽（字云长）被曹操所擒，曹操对他极其厚待。后来，关羽得知刘备在袁绍军中，就把曹操所赐予的财物都封起来，并写信向曹操告辞，重投刘备。

羿雄射日，衍愤飞霜。

【典故】

羿雄射日：《淮南子·本经训》记载：尧帝时，天上有十个太阳，导致天下大旱。尧命神箭手羿一连射下九个，百姓才得以生存。

衍愤飞霜：《淮南子》记载：战国时期齐国人邹衍投奔燕昭王后，受到很高的待遇。昭王去世后，继位的惠王听信谗言，把邹衍关入牢中。邹衍仰天痛哭，当时正值夏季五月，天上居然下了霜。

王祥求鲤，叔向埋羊。

【典故】

王祥求鲤：《搜神记》记载：三国时期魏国大臣王祥侍奉继母极其恭敬。一年冬天，继母想吃鱼，王祥就脱去衣服，准备趴在冰上用自己的体温将冰融化，以便捞鱼。此时冰忽然裂开，有两条鲤鱼跳出水面，掉到王祥面前。

叔向埋羊：《列女传·仁智传》记载：有人偷了一只羊，把羊头送给叔向（即春秋时期晋国大夫羊舌肸，字叔向）的父亲，叔向父亲不接受，但叔向的母亲说：“如果不接受，岂不是要和人结仇吗？”于是就接受了，但是没有吃，而是埋了起来。三年后案发，官府派人来查问，从地里挖出来完整的羊头骨，而且舌头还在，证明叔向家确实没有吃羊头，算不上共犯。从原文看，这个故事与叔向无关，是一个关于叔向父亲的故事。

亮方管乐，勒比高光。

【典故】

亮方管乐：《三国志·蜀书·诸葛亮传》记载：三国时期蜀汉大臣诸葛亮隐居时，自比管仲（春秋时期齐国著名政治家、军事家，辅佐齐桓公称霸）和乐毅（战国后期杰出的军事家，辅佐燕昭王振兴燕国）。当时人都不认为他有这样的才华。后刘备三顾茅庐，拜诸葛亮为军师，开创了蜀汉基业。

位于湖北襄阳隆中山畔诸葛亮草庐前的三顾堂，是刘备三顾茅庐、诸葛亮作隆中对策时的纪念堂。三顾堂的命名体现了人们对刘备礼贤下士精神的赞扬和对诸葛亮聪明才智的崇敬。

勒比高光：《晋书·石勒载记》记载：十六国时期后赵政权的建立者石勒问部下自己可以和哪位帝王相比，部下认为他超过汉高祖刘邦，石勒说："你说得太过了。如果遇到汉高祖，我一定做他的臣子；但如果遇到汉光武帝刘秀，我就要和他在中原并驾齐驱，不知最后谁能夺取天下。"

世南书监，晁错智囊。

【典故】

世南书监：《旧唐书·虞世南传》记载：唐初功臣虞世南曾任秘书监（负责管理国家藏书）一职。有一次唐太宗出行，侍从问是否要带些书，太宗说："有虞世南在，就是会走路的宫廷藏书了，何必要再带书呢？"

晁错智囊：《史记·晁错袁盎列传》记载：西汉文帝让晁错做太子的老师。

由于晁错善辩多谋，很快便得到太子的信任，称其为“智囊（装智谋的袋子，用来形容聪明智慧之人）”。

昌囚羑里，收遁首阳。

【典故】

昌囚羑（yǒu）里：《史记·周本纪》记载：商朝末年，姬昌因对纣王的统治不满，被囚禁在羑里（在今河南汤阴县北）。

收遁首阳：《旧唐书·薛收传》记载：隋末，薛收隐居首阳山（位于河北迁安市南）中。后来，他做了秦王李世民的主簿，负责起草文书。

轼攻正叔，浚沮李纲。

【典故】

轼攻正叔：《闻见后录》记载：北宋理学家程颐（字正叔）与苏轼政见不和，互相攻击，朝中与两人有交往的官员也卷入其中。

浚沮（jǔ）李纲：《建炎以来系年要录》记载：南宋大臣张浚以妄杀大臣、杜绝言路、独揽朝政、招兵买马等罪名弹劾大臣李纲。于是宋高宗罢免了李纲，当时人为之不平。

降金刘豫，顺虏邦昌。

【典故】

降金刘豫：《宋史·叛臣传》记载：北宋末，金人南侵，刘豫弃官逃走。南宋初，朝廷派刘豫去当济南知府。不久金军两次攻打济南，刘豫背叛了南宋，投降金人。

顺虏邦昌：《宋史·叛臣传》记载：金人将宋徽宗父子掳到北方，并立北宋大臣张邦昌为“楚帝”。南宋建立后，张邦昌归附宋朝。但由于他曾被金人利用，最终被处死。

瑜烧赤壁，轼谪黄冈。

【典故】

瑜烧赤壁：《三国志·吴书·周瑜传》记载：曹操南征，孙吴政权中很多人都主张投降，只有名将周瑜坚决抵抗。他率精兵三万人，与刘备合力在赤壁（在今湖北赤壁）打败曹军。

位于湖北赤壁市的三国赤壁古战场。唐代诗人李白在游览赤壁时曾写下著名诗句：二龙争战决雌雄，赤壁楼船扫地空。烈火张天照云海，周瑜于此破曹公。

轼谪（zhé）黄冈：《诗林广记·乌台诗案》记载：御史从北宋文学家苏轼所作的诗中找出了所谓“诽谤皇帝”的词句，苏轼被捕下狱。由于太后说情，苏轼被贬到黄冈（即北宋的黄州，今湖北黄冈）做官。

马融绛帐，李贺锦囊。

【典故】

马融绛帐：《后汉书·马融传》记载：东汉学者马融喜欢音乐，教学时堂上挂着绛纱帐，帐后安排乐师和歌女表演。

李贺锦囊：《李贺小传》记载：唐代诗人李贺每天出门都有一个仆人背着锦囊跟在后面，他一想到好句子就写下来扔到锦囊里。晚上回家，母亲看到锦囊里的草稿，总是发怒说：“这个孩子，非要累得吐出心来才算完！”

昙迁营葬，脂习临丧。

【典故】

昙（tán）迁营葬：《高僧传》记载：南朝宋、齐时期僧人昙迁和大臣范晔关系非常好。范晔因谋反被杀，累及亲友，一家之中同时有十二场丧事。昙迁知道后就卖掉自己的衣物，把所有的钱都用来给范晔办丧事。

脂习临丧：《三国志·王修传》注引《魏略·纯固传》记载：三国时

期魏国官员脂习和孔融关系很好，孔融被曹操处死后，没人敢替他收尸，只有脂习到刑场对着孔融的尸体哭道："文举（孔融字文举）！你扔下我死了，我还能和谁说话呢？"

仁裕诗窖，刘式墨庄。

【典故】

仁裕诗窖：《后史补》记载：唐末五代时期文人王仁裕一生写了一万多首诗，被称为"诗窖子"。　　诗窖：藏诗的地窖，比喻满腹诗才、作诗很多的人。

刘式墨庄：《贤惠录》记载：北宋官员刘式去世后，留下数千卷藏书。他的妻子把书指给儿子们看，说："这是你们父亲积累下的墨庄（墨做的庄田，代指藏书丰富），现在供你们学习。"

刘琨啸月，伯奇履霜。

【典故】

刘琨啸月：《白氏六帖》记载：西晋人刘琨做并（bīng）州（今山西太原）刺史时，被匈奴人包围在晋阳城中。刘琨乘着月色登上城楼长啸，敌军听到后都感到凄凉。他半夜又演奏胡笳，敌军听到后都想起了家乡。第二天早上，匈奴就从晋阳撤兵了。

伯奇履霜：《琴操》记载：伯奇（西周大臣尹吉甫之子）的继母经常在伯奇的父亲面前说他的坏话，于是伯奇的父亲就把伯奇赶出了家门。伯奇伤感于自己没有罪过却被驱逐，就作了一曲《履霜操》，希望父亲听到后能够有所感悟。

塞翁失马，臧谷亡羊。

【典故】

塞翁失马：《淮南子·人间训》记载：边塞有一户人家的马丢了，邻居都来慰问，这家老人说："这未必不是好事。"过几个月，丢失的马带着另一匹骏马回来了，大家都来道喜，老人说："这可能是件坏事。"一天，老人的儿子骑马，把胳膊摔断了，邻居又来慰问，老人说："这未必不是好事。"后来边疆打仗，居民中的青壮年大多都参战牺牲了，老人的儿子却因为摔断了胳膊没去参战，保全了性命。

臧谷亡羊：《庄子·骈拇篇》记载：臧与谷两位牧童一起去牧羊，结果羊丢了。有人问臧当时在做什么，臧说在读书；又问谷在做什么，谷说在玩赌博游戏。两个人做的事情不一样，但丢了羊这事是一样的。

寇公枯竹，召伯甘棠。

【典故】

寇公枯竹：《宋大事记讲义》记载：北宋大臣寇准被贬途中，剪下一枝竹子插在神祠前，祷告说："我如果没有对不起朝廷的地方，就让这枯竹重生吧。"后来这枝竹子长得非常繁茂。

召（shào）伯甘棠：《诗序》记载：召公巡行时，遇到一棵棠树，就坐在树荫下审理案件，得到了当地人的拥护。召公去世后，民众作了一首名为《甘棠》的诗，对那棵棠树也不忍砍伐。　　召伯：即召公，西周大臣，周文王之子，周武王的弟弟。因其封地在召（今陕西岐山西南），故称召公。

匡衡凿壁，孙敬悬梁。

【典故】

匡衡凿壁：《汉书·匡衡传》记载：西汉大臣匡衡年少时家贫，他在和邻家相接的墙壁上凿了一个洞，借着从洞中透过来的光读书。

孙敬悬梁：《楚国先贤传》记载：汉代学者孙敬晚上读书时怕自己睡着，就把头发用绳子拴在房梁上。一旦睡着，头低下来，就会被绳子拉住头发而惊醒，然后继续读书。

衣芦闵损，扇枕黄香。

【典故】

衣（yì）芦闵损：《孝子传》记载：孔子弟子闵损的继母只喜欢自己的两个孩子，而对闵损很不好，她给闵损的冬装里絮上芦花（芦花看起来像丝绵絮，实际不能保暖）。父亲发现后，要赶走后妻，闵损替继母求情说："母亲在家里，最多是我一个人受寒；母亲被赶走，三个孩子都要挨冻。"听了这话，继母大受感动，变得慈爱起来。

扇枕黄香：《后汉书·文苑传》记载：东汉官员黄香九岁丧母，他侍奉父亲极为孝顺。夏天他用扇子把父亲的枕席扇凉，冬天他先钻到父亲的被子里将被子温热。

婴扶赵武，籍杀怀王。

【典故】

婴扶赵武：《史记·赵世家》记载：春秋时期，晋国赵氏家族受奸臣屠岸贾谗言陷害，惨遭灭门。晋国执政大臣赵朔的门客程婴用计救出了赵氏遗孤赵武，并将其养育成人。最终赵武攻杀屠岸贾，为家族报了仇。

籍杀怀王：《史记·项羽本纪》记载：项梁起兵反秦后，在民间找到楚怀王的孙子，拥立为怀王（即楚怀王。历史上有两个楚怀王，前者是战国时楚国的国君，后者是前者的孙子，项梁、项羽反秦时立他为王，这里指后者）。秦朝灭亡后，项羽（名籍）暗中派人杀死了怀王。

魏徵妩媚，阮籍猖狂。

【典故】

魏徵妩媚：《新唐书·魏徵传》记载：唐太宗时期的大臣魏徵以敢于进谏著称。唐太宗曾说："都说魏徵傲慢，我却觉得他很合我心意。"　妩媚：本意是美好，这里指能称人心意。

阮籍猖狂：《魏氏春秋》记载：三国时期魏国诗人阮籍做事率意而不拘束，有时他驾一辆车，到处乱走，走到不能走的地方，就痛哭一场后回家。　猖狂：随心所欲，不受束缚。

位于河北晋州市区西南的魏徵公园，是晋州人民为纪念祖籍晋州庞表村的大唐贞观名相，被后人誉为“千秋金鉴”的魏徵兴建的。

《雕龙》刘勰，《愍骥》应玚。

【典故】

《雕龙》刘勰：《梁书·刘勰传》记载：南北朝时期文学家刘勰撰《文心雕龙》五十篇，谈论古今文体，是我国第一部文学理论专著。

《愍骥（jì）》应玚（yáng）：《三国志·魏志·应玚传》记载：东汉末期文学家应玚长期不得志，于是写了一篇《愍骥赋》，表面上看是感叹良马没有好的境遇，实际是悲叹自己的遭遇。　　骥：好马，比喻有才能之人。

御车泰豆，习射纪昌。

【典故】

御车泰豆：《列子·汤问》记载：造父向驾车能手泰豆学习驾车技术。泰豆在路上栽满木桩，木桩之间的空隙只能插进一只脚。泰豆示范如何在木桩之间熟练穿行后，让造父练习，造父三天就学会了。

习射纪昌：《列子·汤问》记载：纪昌向飞卫学习射箭，飞卫说：“你要先学不眨眼。”于是纪昌躺在妻子的织机下，眼睛盯着一点看，三年后，即使是锥子扎到眼角了都不会眨一下。飞卫又说：“什么时候你看小的东西跟看大的东西一样，再来跟我说。”于是纪昌捉来虱子，用牛毛拴在窗户上天天看，三年后他看虱子像车轮一样大。这时纪昌再射箭，能够射中虱子的心，还不会弄断牛毛。

异人彦博，男子天祥。

【典故】

南宋民族英雄文天祥像

异人彦博：《苏文忠公文集·德威堂集》记载：北宋时，契丹派使者到宋朝，苏轼负责接待。使者路遇大臣文彦博，不禁倒退几步说："这就是潞国公吗？听说他年龄很大了，怎么还这样健壮？"苏轼说："潞国公无论是处理事务还是谈论古今，都是年轻人比不上的。"使者拱手说："真是当世的异人啊。"

男子天祥：南宋大臣文天祥被元朝俘虏后，坚决不肯投降而被杀。元世祖忽必烈感叹道："文丞相真是男子汉，本朝的将相都比不上他，杀了他确实可惜啊。"

忠贞古弼，奇节任棠。

【典故】

忠贞古弼：《魏书·古弼传》记载：北魏人古弼为官忠诚正直，他曾向皇帝进谏请求减少皇家园林的建造，皇帝正在下棋，顾不上和他说话。古弼忍不住了，就把和皇帝下棋的人拉下床来，说："朝廷政事得不到处理，都是你的错！"皇帝惊讶地说："不听奏事是我的错，跟他无关。"于是听取了古弼的进言。

奇节任棠：《高士传》记载：东汉隐士任棠以教书为生。太守庞参去见他，任棠准备了一大棵薤（xiè，一种植物，可食用）和一盂水放在门口处，自己抱着孙儿跪在门前。庞参思考一番后，说："水，是要我清廉。薤，是要我打击豪强。抱着孙子跪在门口，是要我抚恤孤儿。"

何晏谈《易》，郭象注《庄》。

【典故】

何晏谈《易》：《管辂（lù）别传》记载：三国时期魏国玄学家何晏对《易经》非常精通，但有九点不明白。有一天他请管辂为自己剖析《易》理，把这九点说透了。

郭象注《庄》：《世说新语·文学》记载：西晋学者向秀注释《庄子》，还差《秋水》《至乐》二篇没有完成就去世了。西晋大臣、玄学家郭象把此书据为己有，自己注了向秀没完成的两篇，又重注了《马蹄》篇，其余不过是更改一些字句而已。

卧游宗子，坐隐王郎。

【典故】

卧游宗子：《宋书·隐逸传》记载：南朝宋隐士宗炳晚年得病后，不能再出外游历，于是就把所去过的地方都画在家里的墙上，自称是“卧以观之”。

坐隐王郎：《世说新语·巧艺》记载：东晋大臣王坦之（因其做过北中郎将一职，故称王郎）称下围棋为坐隐。所谓坐隐，指下棋时专心致志，不会思考外界的俗事，好像隐居了一样。

盗酒毕卓，割肉东方。

【典故】

盗酒毕卓：《晋书·毕卓传》记载：东晋名士毕卓喜好喝酒。他做官时，曾半夜到隔壁同事家中偷酒，被主人抓住后绑了起来。第二天才知道这偷酒的原来是毕卓。

割肉东方：《汉书·东方朔传》记载：汉武帝赐给大臣祭祀的肉，东方朔拔剑割下一块带走了。汉武帝得知后，命东方朔检讨。东方朔说：“受赐而不等诏书来，真是无礼啊！拔剑自己上去割肉，真是勇敢啊！割得不多，真是廉洁啊！回去送给妻子，是多么仁爱啊！”汉武帝笑着说：“让你自责，你倒夸奖起自己来了。”于是又赐给他酒肉。

李膺破柱，卫瓘抚床。

李膺像

【典故】

李膺（yīng）破柱：《后汉书·李膺传》记载：东汉内侍张让的弟弟张朔贪婪残忍，他害怕大臣李膺追查，就逃回京师，躲在张让家的空心柱子里。李膺带着属下劈开柱子，把张朔抓出来，按律定罪处死。

卫瓘（guàn）抚床：《金楼子》记载：晋武帝的太子愚蠢。大臣卫瓘陪晋武帝喝酒时，跪在皇帝坐的御床前，说：“这个座位可惜了啊。”晋武帝明白他的意思，但不愿谈论这个话题，便说：“您真喝醉了吧？”

营军细柳，校猎长杨。

【典故】

营军细柳：《史记·绛侯周勃世家》记载：汉文帝时，匈奴入侵，朝廷派周亚夫驻守细柳（在今陕西咸阳西南），另外两名将领分别驻守霸上（在今陕西西安东）和棘门（在今陕西咸阳东北）。汉文帝到三处军营视察，发现只有驻守细柳的军队纪律严明。

校（xiào）猎长杨：《汉书·扬雄传》记载：汉成帝要求百姓捕捉野兽并送到长杨（在今陕西周至东南，是汉代皇帝狩猎的地方，又称射熊馆）以满足他打猎的需求，民众因而来不及收割庄稼。扬雄随成帝去射熊馆后写了一篇《长杨赋》，透露出对皇帝的劝谏和讥讽。

忠武具奠，德玉居丧。

【典故】

忠武具奠(diàn):《宋史·岳飞传》记载:南宋抗金名将岳飞(谥号忠武)少年时向周同学习射箭。周同去世后,每月的初一、十五,岳飞都会置办酒肉,到周同的坟上祭奠,再用周同送给他的弓射三箭,然后回家。

德玉居丧:《辍耕录》记载:元朝人顾德玉把老师俞观光的遗体运回家装敛,并按丧礼祭奠。有人问顾德玉:"在家装敛异姓人的遗体,合乎礼法吗?"顾德玉说:"老师活着时我受他的教诲,老师去世后我把他扔在野外,这不是仁者应做的事。"第二年,顾德玉把俞观光葬在自家祖坟旁边,年年按时祭祀。

敖曹雄异,元发疏狂。

【典故】

敖曹雄异:《北齐书·高昂传》记载:东魏名将高昂(字敖曹)长得雄伟奇异,鼻子高耸,头像豹子。他从小不喜欢读书,一心骑马练武,他的父亲曾说:"这孩子如果不能光大我家的门户,就一定会给我家招来灭门之祸。"

元发疏狂:《宋史·滕元发传》记载:北宋官员滕元发(又名滕甫)年轻时在范仲淹家寄居。他不拘小节,经常到外面喝酒享乐,范仲淹对此很不满,就到他的房间里看书,想等他回来加以教育。夜里,滕元发喝得大醉回来,进门看到范仲淹在读书,就作了一个长揖问:"您在读什么书?"范仲淹说:"在读《汉书》。"滕元发问:"不知汉高祖是什么样的人?"范仲淹听后没有说话,因为汉高祖刘邦年轻时的生活与滕元发一样。

寇却例簿,吕置夹囊。

【典故】

寇却例簿:《东都事略·寇准传》记载:北宋大臣寇准做宰相后,用人往往不按资格次序,其他大臣有意见,就让小吏把例簿(记录事件的册子)给寇准看。寇准说:"宰相要能够推荐贤才,罢免不称职的人,如果都按先例做事，不过是循规蹈矩的小吏而已。”

吕置夹囊：《黄氏日钞·本朝名臣言行录》记载：北宋大臣吕蒙正出任宰相，每当接见各地方官，都要问他们是否听说过什么人才，如果来客说出人才的名字、能力，吕蒙正就从夹囊（身上的小袋子，也称夹袋）中拿出册子记下来，并进行分类。

彦升白简，元曾青箱。

【典故】

彦升白简：《文选·奏弹曹景宗》记载：南朝梁人任昉（fǎng，字彦升）任御史中丞，他每次上疏弹劾官员都会说：“臣谨奉白简（弹劾官员的奏章）以闻。”

元曾青箱：《宋书·王淮之传》记载：南朝宋官员王淮之（字元曾）家自曾祖起就博学多识，熟悉江东旧事，他们把这些旧事都写出来收藏在青色箱子中，子孙累世传习，人称“王氏青箱学”。

孔融了了，黄宪汪汪。

【典故】

孔融了了：《世说新语·言语》记载：东汉文学家孔融小时候去见大臣李膺（yīng），他对守门人说：“我和李府君有累世的交情。”进门后，李膺问孔融：“您的父亲或者祖父和我是老朋友吗？”孔融回答：“我的先祖孔子和您的先祖老子是半师半友的关系，所以说是累世的交情。”官员陈韪（wěi）听说后评论道：“小时候聪明，长大以后未必出色。”孔融说：“想必您小时候一定很聪明。”陈韪非常尴尬。　了了：聪明，机灵。

坐落于上海大宁灵石公园中的孔融让梨塑像。孔融小时候不仅才思敏捷，并且很懂得礼节。

黄宪汪汪：《后汉书·黄

宪传》记载：东汉末学者郭泰评价名士黄宪说："黄宪的器量如同千顷的水面，怎么静置也不会很清澈，怎么搅也不会浑浊，实在不能量度。" 汪汪：形容水面一望无际。

僧岩不测，赵壹非常。

【典故】

僧岩不测：《南史·隐逸传》记载：南朝人赵僧岩为人深不可测，他隐居在山谷中，身边带着一个壶。有一天，赵僧岩对弟子说："我今天要死了。壶里有大钱一千，用来给我办丧事；蜡烛一根，用来守灵照明。"到晚上他果然去世了。

赵壹非常：《后汉书·文苑传》记载：东汉官员、辞赋家赵壹恃才倨傲，但羊陟通过其言谈举止知道此人不同寻常，于是向朝廷举荐了他。 非常：不同寻常。

沈思好客，颜驷为郎。

【典故】

沈思好客：《苕溪渔隐丛话》记载：北宋人沈思酿的酒名为"十八仙"。一天，有个自称"回道人"的道士来喝酒，从中午一直喝到晚上也没有醉意。后人说，"回"是两"口"相叠，"回道人"其实是吕洞宾。

颜驷为郎：《汉武故事》记载：西汉人颜驷满头白发还在做地位不高的郎官，汉武帝很奇怪，就问："你怎么这样大的年纪还做郎官呢？"颜驷回答："文帝喜欢文士，我喜欢武事；景帝喜欢长得漂亮的，而我相貌丑陋；您喜欢用年轻人，我已经老了。所以历经三代都得不到提拔。"

申屠松屋，魏野草堂。

【典故】

申屠松屋：《高士传》记载：东汉末年名士申屠蟠（pán）见国家已无可挽救，便拒绝朝廷的征召，用松树建起一间屋子，做起了隐士。

魏野草堂：《遗史记闻》记载：北宋真宗登山望见树林中有房屋，便问大臣那是什么地方。回答说是隐士魏野所住的草堂。宋真宗立即派使者召他前来。魏野听说后，立刻抱着琴逃跑了。

戴渊西洛，祖逖南塘。

【典故】

戴渊西洛：《世说新语·自新》记载：东晋文学家陆机回洛阳的路上遭遇戴渊打劫。陆机看戴渊不像寻常强盗，就问他："你有这样的才能，也来当强盗吗？"戴渊听后扔下剑，痛哭流涕，表示愿意悔过自新。于是二人成了朋友。

祖逖（tì）南塘：《世说新语·任诞》记载：东晋政权刚建立时，大臣王导等人一同去看望大将祖逖，见他家堆满各种珍宝，大家都十分惊讶。祖逖说道："昨晚又到南塘（在今江苏南京附近）去了一趟。"原来祖逖经常让部下在外劫掠，大臣们都容忍他，不加追究。

倾城妲己，嫁虏王嫱。

【典故】

元末明初画家王行所绘《昭君出塞图》

倾城妲（dá）己：《国语·晋语》记载：商纣王得到美女妲己后，便整日沉迷酒色，不理国政，最终导致亡国。倾城：形容女子美貌，也指倾覆国家。

嫁虏王嫱（qiáng）：《西京杂记》记载：汉元帝让画工为后宫女子画像，并根据图画的美丽程度召见宠幸。宫女纷纷向画工行贿，只有王嫱（即王昭君，中国历史上四大美女之一）不肯，因此画工将她画得很丑。匈奴单（chán）于入朝，请求与汉和亲，元帝下令在后宫中选拔自愿前往的，王嫱主动要求前往。辞别的那一天，王嫱光彩照人。元帝非常后悔，只得把画工处死来泄愤。　　嫁虏：嫁到少数民族地区去。

贵妃桃髻，公主梅妆。

【典故】

贵妃桃髻：《开元天宝遗事》记载：唐朝皇家园林中有千叶桃花，唐玄宗亲自折下一枝插在杨贵妃的发髻上，说："这种花能够把你映衬得更美丽。"

公主梅妆：《杂五行书》记载：南朝宋武帝的女儿寿阳公主躺在宫殿屋檐下，有梅花飘落，粘在她的额头上，使她看起来显得更加美丽。于是后人纷纷效仿，称为"寿阳妆"。

吉了思汉，供奉忠唐。

【典故】

吉了思汉：《邵氏闻见录》记载：北宋一位养秦吉了（鸟名）的人，因家里穷，想把鸟卖掉。有个少数民族的贵人出重金想买，秦吉了说："我是汉地的鸟，不愿到夷地去。"于是绝食而死。

供奉忠唐：《幕府燕闲录》记载：唐昭宗时，宫中有一耍猴人，能够指挥猴子跟着朝臣跪拜行礼，昭宗赐给猴子官员穿的红袍，称为孙供奉。后来朱温篡唐称帝，让耍猴人指挥猴子向他行礼，猴子看到上面坐着的是朱温，就扑上去抓他。朱温下令将猴子杀死。　　供奉：唐朝称在宫中献艺的艺人为供奉。

卷四

八　庚

萧收图籍，孔惜繁缨。

【典故】

萧收图籍：《史记·萧相国世家》记载：刘邦灭秦后，其部将在咸阳争着搜罗财物，只有功臣萧何把图籍（官府的文书、地图）收藏起来。通过这些图籍，刘邦了解了天下的山川险要和百姓的生活疾苦。

西汉开国功臣萧何像

孔惜繁缨：《左传·成公二年》记载：春秋时期，齐卫交战，卫军战败。仲叔于奚救出了卫国上卿孙桓子，卫国要赏给仲叔于奚封地，仲叔于奚请求改赐繁缨（古代天子、诸侯所用辂马的带饰），卫国答应了。孔子听说后叹息道："繁缨是分别等级的东西，不能随便给人的。"

卞庄刺虎，李白骑鲸。

【典故】

卞庄刺虎：《史记·张仪列传》记载：春秋时期鲁国勇士卞庄子要去刺杀山上的两只老虎，有人对他说："两只虎正在吃一头牛，最后肯定要争斗起来，结果必然是大的老虎受伤，小的被咬死。这时你再刺杀大的，可以一举得到两只老虎。"卞庄子照着去做了，果然得到刺杀两虎的名声。

李白骑鲸：唐代诗人杜甫《送孔巢父谢病归游江东兼呈李白》一诗中有"南寻禹穴见李白，道甫问讯今何如"的句子，"南寻"一句又作"若逢李白骑鲸鱼"，后人由此附会李白最终骑鲸升仙。　　骑鲸：出自扬雄《羽猎赋》："乘巨鳞，骑京鱼。"后用以比喻隐遁或游仙。

王戎支骨，李密陈情。

【典故】

王戎支骨：《世说新语·德行》记载：西晋名士王戎与和峤（qiáo）家中都有丧事。和峤虽然按照礼仪哭泣，但不伤元气；而王戎虽然不按礼节哭泣，却已经瘦得只剩皮包骨头了。　　支骨：即“鸡骨支床”的省称，形容消瘦憔悴的样子。

李密陈情：《华阳国志·后贤志》记载：西晋官员、文学家李密父亲早亡，母亲改嫁，他由祖母抚养成人。晋武帝征召他做官，李密上表陈情（陈述自己的想法），请求允许自己侍奉祖母终身。晋武帝读过《陈情表》后感叹：“李密不是空有虚名啊！”

相如完璧，廉颇负荆。

【典故】

相如完璧：《史记·廉颇蔺相如列传》记载：战国时期，赵王获得珍贵的和氏璧，秦王得知后，提出要用十五座城池来换。赵国上卿蔺（lìn）相如带着璧出使秦国，发现秦国没有履行诺言之意，就暗中把璧送回赵国，并以严正的态度折服了秦王。

廉颇负荆：《史记·廉颇蔺相如列传》记载：廉颇、蔺相如同在赵国做官。大将廉颇以军功自傲，对蔺相如官位比自己高很不满。为了维护团结，蔺相如多次避让廉颇。廉颇得知后，亲自背着荆杖拜访蔺相如，以示谢罪。两人由此成为好友。

描绘“负荆请罪”的泥塑。单膝下跪的是廉颇，弯腰准备去搀扶的是蔺相如。

从龙介子，飞雁苏卿。

【典故】

从龙介子：《琴操》记载：春秋时期，重（chóng）耳返回晋国当上国君（即晋文公），他在赏赐曾一起流亡的部下时，漏掉了介子推。于是，介子推带着母亲到绵山隐居。晋文公放火烧山逼他出来，介子推始终不肯，最终被烧死在山中。　　从龙：指随从帝王或领袖创业。

飞雁苏卿：《汉书·苏武传》记载：汉武帝时，大臣苏武（字子卿，故又称苏卿）等人奉命出使匈奴被扣留，汉朝索要，匈奴称没有此事。汉昭帝时，汉朝使者到匈奴，诈称皇帝射雁时获得苏武等人系在雁腿上的帛书，里面提到苏武的情况。匈奴无法抵赖，只得放苏武等人回汉朝。

忠臣洪皓，义士田横。

【典故】

忠臣洪皓：《盘洲集·先君述》记载：宋代官员洪皓奉命出使金朝，金人逼迫他投降伪齐政权的刘豫，洪皓说："只恨不能杀死刘豫，怎么能做他的臣子呢？请把我杀了吧。"一位金朝贵族感叹："洪皓真是忠臣啊。"

义士田横：《史记·田儋列传》记载：汉高祖刘邦即位后，田横逃到海岛上，高祖下诏说："田横如果来，可以封王封侯；如果不来，我将发兵讨伐。"田横带着两个门客前去，走到离洛阳城三十里的地方因羞愤而自杀。追随田横的人听到这个消息，也纷纷自杀了。

李平鳞甲，苟变干城。

【典故】

李平鳞甲：《三国志·蜀书·李严传》记载：三国时期蜀汉大臣诸葛亮率军攻打魏国，大臣李平（即李严）负责运送粮草。由于运输不力，李平派人通知诸葛亮撤军，随后又不断推卸责任。诸葛亮将其废为庶民，还说："陈震以前告诉我，李平肚子里有鳞甲（形容人狡诈多变），我以为对于有鳞甲的人，只要不去触碰就可以了，不想他还会狡辩。”

苟变干城：《孔丛子·居卫》记载：孔子的孙子孔伋向卫侯推荐苟变说：“这个人有统领大军的能力。”卫侯说：“我知道他能带兵，不过他曾经在收税时吃了百姓两个鸡蛋。”孔伋说：“圣人选用人才，就像木匠选用木头，取其长去其短。您现在需要能打仗的勇将，因为两个鸡蛋就放弃军事人才，这可不能让邻国知道。”卫侯听后说：“一定遵从您的教诲。” 干城：形容武将有能力，如同盾牌和城池一样坚固。干，盾牌。

景文饮鸩，茅焦伏烹。

【典故】

景文饮鸩（zhèn）：《宋书·王景文传》记载：南朝宋明帝担心大臣王彧（yù，字景文）名望太高，不能辅佐幼主，于是下诏将其赐死。诏书送到时，王彧正在下棋，他看完诏书，不动声色。等棋下完，王彧对客人说：“有诏书赐我死。”说完便饮下毒酒而死。 鸩：传说中的一种毒鸟，把它的羽毛放在酒里，可以毒杀人，后泛指毒药。

茅焦伏烹：《说苑·正谏》记载：秦王政的母亲与人通奸，事发后秦始皇把太后迁到雍地。因劝谏而被处死的有27人之多。茅焦进谏说：“您的志向是统一全国，可是您车裂了假父（吕不韦），将两个弟弟打死，把太后迁到雍地，又杀了进谏的人。恐怕以后不会有人再向着秦国了。”说完就等着被杀。秦王政听后，亲自把茅焦扶起，封为上卿。

许丞耳重，丁掾目盲。

【典故】

许丞耳重（zhòng）：《汉书·黄霸传》记载：西汉人黄霸做太守时，手下有一位叫许丞的人年老耳聋，有人请求把他罢免。黄霸说：“这个人廉洁，虽然老了，还能守规矩，只是耳朵不好，不是大问题。大家多帮助他，不要委屈了贤人。” 耳重：听觉迟钝。

丁掾（yuàn）目盲：《三国志·魏书·任城陈萧王传》注引《魏略》记载：

曹操想把女儿嫁给丁仪（因其曾任曹操的掾属，故称丁掾，后成为三国时期魏国大臣），其子曹丕说：“丁仪瞎了一只眼，恐怕妹妹不愿意吧。”曹操没有再坚持。后来曹操和丁仪交谈几次后，责备曹丕说：“丁仪哪怕两只眼都瞎了，也应该把女儿嫁给他，你让我作出了错误的决定啊。”

佣书德润，卖卜君平。

【典故】

佣书德润：《三国志·吴书·阚（kàn）泽传》记载：三国时期吴国大臣、学者阚泽年青时家贫，但喜好读书，于是就去替人抄书。他认为抄一遍就等于把书通读了一遍。

卖卜君平：《汉书·王贡两龚鲍传序》记载：西汉隐士严遵（字君平）在成都以占卜为生，他每天只给几人占卜，赚的钱够每日生活就行，回到家便研究《老子》《周易》，始终隐居不肯做官。

马当王勃，牛渚袁宏。

【典故】

马当王勃：《类说》记载：唐代诗人王勃去探望父亲，路过马当山（在今江西彭泽县东北，北临长江，因形状似马而得名），梦见水神对他说：“助你顺风一帆。”于是刮了一夜大风，王勃的船乘风而行。

牛渚袁宏：《世说新语·文学》记载：东晋文学家袁宏年轻时家贫，靠替人运货来维持生活。一天半夜，船走到牛渚（在今安徽马鞍山采石镇），袁宏吟诵自己写的诗，被名士谢尚听到，就邀袁宏到自己的船上闲谈。从此，袁宏的名声越来越大。

唐代诗人王勃像

谈天邹衍，稽古桓荣。

【典故】

谈天邹衍：《史记·孟子荀卿列传》记载：战国末期齐国人邹衍的学术广博而且善辩，因此被称为“谈天衍”。　谈天：指以天人感应来解释自然与人事的关系，也指能言善辩。

稽古桓荣：《后汉书·桓荣传》记载：汉光武帝让学者桓荣为太子讲说《尚书》，后来又任命他为太子的老师。桓荣召集儒生聚会，陈列出受赐的车马以及官印，说：“今天所蒙受的恩遇，都是借助《尚书》的力量，各位一定要努力啊。”　稽古：考察古事。又《尚书》各篇常用“曰若稽古”开头，因此也代指《尚书》。

岐曾贩饼，平得分羹。

【典故】

岐曾贩饼：《三辅决录》记载：东汉学者赵岐因得罪高官而隐姓埋名，以卖饼为生。名士孙嵩认为赵岐非比寻常之人，就问他：“饼是你自己做的吗？”赵岐回答：“饼是我买来的。”孙嵩又问：“买的时候多少钱？又卖多少钱？”赵岐回答：“买时三十钱一个，卖也是三十钱一个。”于是孙嵩就用车带赵岐回到自己家中。

平得分羹：《明皇杂录》记载：唐玄宗时，宰相李林甫的女婿郑平须发斑白，李林甫对他说：“明天皇帝会赐给我甘露羹，你如果吃了，就算头发全白了，也能变黑。”第二天，果然有使者到李林甫家赏赐食物，李林甫把甘露羹给女婿吃，一晚上的工夫，斑白的须发果然都变黑了。

卧床逸少，升座延明。

【典故】

卧床逸少：《世说新语·雅量》记载：东晋大臣郗鉴派门生到丞相王导家求女婿。王导说：“你自己选一个合心意的吧。”门生回去向郗鉴报告说：

“王家的年轻人听说我是来选女婿的，都很严肃。只有一个人躺在东边的床上，露出肚子吃芝麻饼。”郗鉴说：“这个人正合适做我的女婿。”此人就是王羲之（字逸少）。

升座延明：《魏书·刘昞传》记载：北魏人刘昞（bǐng，字延明）跟随郭瑀（yǔ）学习。郭瑀想从自己门生中选一位做女婿，于是特别设置了一个席位，对弟子们说：“我想挑一个好女婿，谁坐到这里，我就把女儿嫁给他。”刘昞听后抢先入座，说：“刘延明就是您要选的人。”郭瑀本来就很喜欢刘昞，于是把女儿嫁给了他。

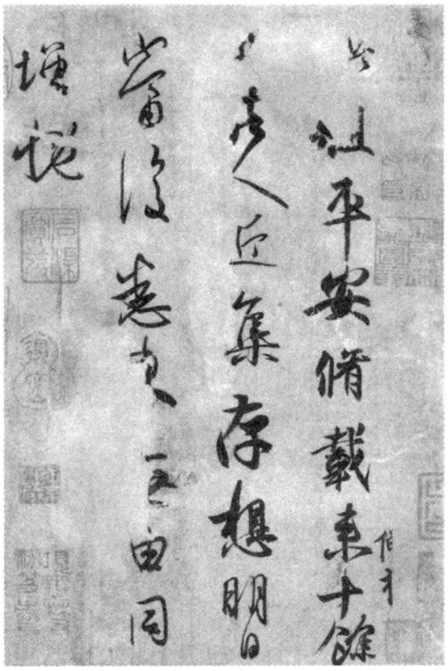

行书《平安帖》为东晋王羲之书写的尺牍作品。今存墨迹本为唐代双钩摹拓，藏于台北故宫博物院。

王勃心织，贾逵舌耕。

【典故】

王勃心织：《翰林志》记载：唐代诗人王勃所到之处，很多人都请他写文章，送来的金银布帛堆积如山。有人形容王勃是“心织笔耕”，即通过写文章来挣钱。　　心织：比喻靠卖文生活。

贾逵（kuí）舌耕：《拾遗记》记载：东汉学者贾逵以教书为业，作为学费的粟米堆满了仓库。有人说：“贾逵家的米不是通过耕田获取的，而是靠教书得来的，这是舌耕（比喻以教书为生）。”

悬河郭子，缓颊郦生。

【典故】

悬河郭子：《世说新语·赏誉》记载：西晋著名玄学家郭象擅长清谈。王衍说：“听郭象说话，就好像悬河泻水，讲了很久也不停顿。”　　悬河：

形容说话快且内容多。

缓颊郦生：《史记·魏豹彭越列传》记载：刘邦听说魏豹造反，便对大臣郦食其（yì jī）说："你去劝解他，如果能让他归附，我给你万户封邑。"郦食其去劝说，魏豹仍不愿投降。于是刘邦派韩信攻打并擒获了魏豹。　缓颊：婉言劝解。

书成凤尾，画点龙睛。

【典故】

书成凤尾：《南齐书·高帝诸子传》记载：萧锋五岁时，其父齐高帝萧道成让他学凤尾诺（南朝时期的一种字体。古代帝王批示奏章，如果表示认可，则签"诺"字，因字尾形如凤尾而得名）。他很快就学会了。萧道成非常高兴，赐给儿子玉麒麟，说："麒麟赏凤尾。"

画点龙睛：《宣和画谱》记载：南朝梁时画家张僧繇（yáo）曾在一寺庙墙上画了两条龙，但没画眼睛。有人问为什么。他回答："画上眼睛龙就要飞走了。"人们不信，于是张僧繇在一条龙上画了眼睛。不久，雷电击中墙壁，龙飞腾而去。

功臣图阁，学士登瀛。

【典故】

功臣图阁：《大唐新语》记载：贞观十七年（643），唐太宗命画家阎立本为开国功臣画像，存放在皇宫里的凌烟阁中，包括长孙无忌、李孝恭、杜如晦、魏徵、房玄龄、高士廉、尉迟恭、李靖、萧瑀、段志宁、刘弘基、屈突通、殷开山、柴绍、长孙顺德、张亮、侯君集、张公瑾、程知节、虞世南、刘政会、唐俭、李勣、秦叔宝，共24人。

学士登瀛：《旧唐书·褚亮传》记载：唐太宗做秦王时，选拔杜如晦、房玄龄、虞世南、褚亮、姚思廉、李玄道、蔡允恭、薛元敬、颜相时、苏勖、于志宁、苏世长、薛收、李守素、陆德明、孔颖达、盖文达、许敬宗等十八人为文学馆学士，当时称为"十八学士登瀛洲"。　登瀛：登上瀛州，比喻士人得到荣耀。瀛洲，传说中的仙山。

卢携貌丑，卫玠神清。

【典故】

卢携貌丑：《北梦琐言》记载：唐代大臣卢携曾送文章给当时的大族韦家，希望得到推荐，韦家子弟因其相貌丑陋而看不起他，只有韦宙说："卢携虽然长相难看，但他的文章脉络清晰，将来一定能显达。"后来果然应验。

卫玠（jiè）神清：《江左名士传》记载：东晋名士刘惔（dàn）评论西晋学者卫玠说："叔宝（卫玠字叔宝）心神清朗。"

非熊再世，圆泽三生。

【典故】

非熊再世：《酉阳杂俎》记载：相传唐代诗人、画家顾况晚年遭遇幼子夭折之痛。阎王很同情这对父子，就让儿子再次脱胎生在顾家，这就是顾非熊。据说顾非熊两岁时能叙述自己在阴间得知父亲哀伤，请求重生的事情。

圆泽三生：《甘泽谣》记载：唐代诗人圆泽和李源一起出游，见一孕妇在提水。圆泽说："这个妇女已经怀孕三年，就等我去投胎。婴儿出生三天后你去看，他会对你笑一下，证明确实是我。十三年后的中秋，我们在杭州天竺寺相见。"后果如圆泽所言。

安期东渡，潘岳《西征》。

【典故】

安期东渡：《晋书·王承传》记载：晋代官员王承（字安期）辞官后东渡长江，当时的道路经常被战火阻断，大家都很害怕，唯独王承非常镇静。但当后边的路基本安全的时候，王承却说："大家一路上都说愁，我到现在才开始感觉到愁。"其实这是他在悲叹国运。

潘岳《西征》：西晋士人潘岳从家到做官的地方是往西走，所以他写了一篇《西征赋》。赋中叙述了他一路上所见的古迹，并结合史实进行评论，含有劝诫的意味。

志和耽钓，宗仪辍耕。

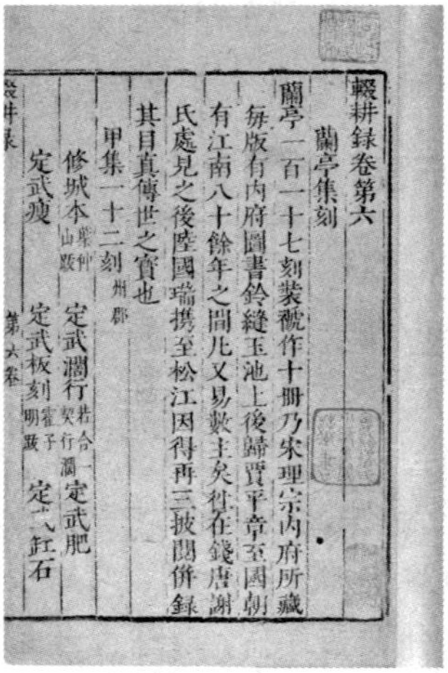

輟耕録卷第六

蘭亭集刻

蘭亭一百一十七刻裝褫作十册乃宋理宗內府所藏每版有內府圖書鈐縫玉池上後歸賈平章至國朝有江南八十餘年之間凡又易數主矣今在錢唐謝氏處見之後陸國瑞携至松江因得再三披閱併録其目真傳世之寶也

甲集一十二刻 州郡

修城本 定武濶行 定武肥

定武瘦 定武板刻 定武釘石

陶宗仪《南村辍耕录》内文书影

【典故】

志和耽钓：《颜鲁公文集·浪迹先生玄真子张志和碑铭》记载：唐代人张志和自父母去世后就不再做官，而是往来于江湖之中，自称“烟波钓徒”。他钓鱼不设鱼饵，目的就是为陶冶性情。

宗仪辍耕：《广舆记》记载：元代文学家、史学家陶宗仪非常喜欢写作。他耕地的时候带着笔砚，并在田边的树下放一个瓮，想起什么就写下来扔进瓮里。瓮里的字纸堆满了，他就取出来整理成书，起名为《南村辍耕录》。

卫鞅行诈，羊祜推诚。

【典故】

卫鞅行诈：《史记·商君列传》记载：秦国大臣商鞅（战国时期卫国人，故又称卫鞅）带兵攻打魏国，魏国将军公子卬（áng）率军抵御。商鞅给公子卬写信说：“你我是老朋友，希望咱们可以在宴饮后就停战，使两国得到安宁。”公子卬信以为真。不料在宴席上他被商鞅俘虏。魏军最终大败而归。

羊祜（hù）推诚：《晋书·羊祜传》记载：西晋大臣羊祜与吴国大将陆抗对峙，两人互派使者，不搞偷袭。羊祜的兵割了吴国人的谷子，会照价赔偿；捕猎时如果抓到已经被吴国人打伤的野兽，都送还给吴国。由于羊祜能够以诚待人，所以赢得了吴国人的尊重。

林宗倾粥，文季争羹。

【典故】

林宗倾粥：《郭林宗传》记载：东汉人魏昭主动要求服侍学者郭泰（字林宗）。郭泰半夜让魏昭做粥，做好后又挑毛病，让其重做，魏昭毫无怨言。郭泰说："以前只是看到你的脸，今天算是了解你的心了。"

文季争羹：《南史·崔祖思传》记载：南朝齐高帝与大臣饮宴，其中有羹脍（kuài）这道菜。崔祖思说："这道菜是南方北方都喜欢的。"沈文季说："羹脍可是南方吴地的食物。"崔祖思又说："《诗经》中有'炰（páo）鳖脍鲤'的句子，但这不是吴地的诗。"沈文季驳斥道："陆机说吴地美食有'千里莼（chún）羹'，可见这道菜和北方毫无关系。"齐高帝听他们辩论，非常高兴，说："莼羹还是应该还给沈文季。"

茂贞苛税，阳城缓征。

【典故】

茂贞苛税：《新五代史·李茂贞传》记载：唐末，李茂贞做凤翔节度使时，向民间征收灯油钱，并下令不许把松柴拿到城里去卖，怕百姓用松柴点火，影响征收灯油税。当时有滑稽演员在表演时讽刺说："我请求连月光也一起禁掉。"

阳城缓征：《旧唐书·阳城传》记载：唐代人阳城做刺史时，爱民如子，允许百姓暂缓交税。他还在自己的考核文书上写道："抚育百姓劳心费力，催逼赋税缺乏才能，考核成绩极差。"

北山学士，南郭先生。

【典故】

北山学士：《八闽通志》记载：宋朝徐大正在北山之下建造房屋，起名为闲轩，秦观为它写记，苏轼为它题诗。当时人称徐大正为北山学士。

南郭先生：《舆地纪胜·滁（chú）州》记载：宋朝雍存隐居滁州（位

于今安徽）城南，以读诗文为乐，号称南郭先生。

文人鹏举，名士道衡。

【典故】

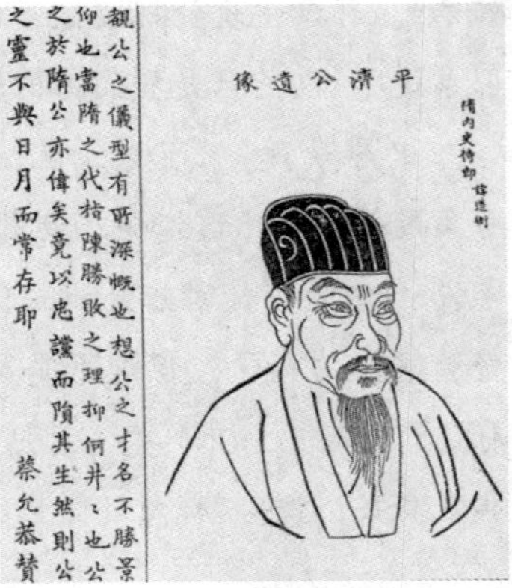
隋朝诗人薛道衡像

文人鹏举：《魏书·温子升传》记载：北魏文学家温子升（字鹏举）的文章清婉，济阴王元晖业称赞他说："江南的文人，刘宋有颜延之、谢灵运，梁朝有沈约、任昉，我朝的温子升足以超越这些人。"

名士道衡：《隋唐嘉话》记载：隋代诗人薛道衡作《人日》诗，头两句是："入春才七日，离家已二年。"有人嘲笑他说："这是什么话！谁说这个北方人会作诗？"等到薛道衡写完后两句"人归落雁后，思发在花前"，嘲笑他的人都说："这人的确不是浪得虚名。"

灌园陈定，为圃苏卿。

【典故】

灌园陈定：《列女传·仁智传》记载：战国时期，楚王以厚礼聘请陈定（即陈仲子）为相，陈定对妻子说："做了宰相，就能有很多车马和美食。"妻子说："有很多车马，你坐的地方也不过就那一小块；有很多美食，真正觉得美味的也不过一道肉菜。为这些东西去替楚国担忧，恐怕会伤害自己。"于是夫妻二人从住处逃走，以帮人灌园维持生活。

为圃苏卿：《游宦纪闻》记载：南宋人苏云卿隐居时，开垦了一片菜园，靠卖菜维持生活。如果有多余的钱，他就用来帮助别人。

融赋沧海，祖咏彭城。

【典故】

融赋沧海：《南齐书·张融传》记载：南朝齐文人张融作《海赋》一篇，拿给徐凯之看。徐凯之说："你这篇赋写得确实非常好，可惜没有提到盐。"张融当场增写了四句："漉沙构白，熬波出素。积雪中春，飞霜暑路。"

祖咏彭城：《魏书·祖莹传》记载：南北朝时期北魏大臣王肃在官署吟咏《悲平城》诗道："悲平城，驱马入云中。阴山常晦雪，荒松多朔风。"彭城王元勰听后让王肃再吟诵一遍，不小心把"平城"说成"彭城"，王肃大笑，元勰很惭愧。在座的文人祖莹为元勰打圆场，说："《悲彭城》也是有的，只是你们没见过罢了。"王肃要求祖莹吟诵，祖莹应声吟道："悲彭城，楚歌四面起。尸积石梁亭，血流淮水里。"

温公万卷，沈约四声。

【典故】

温公万卷：《梁溪漫志》记载：北宋大臣、史学家司马光（死后追封为温国公，故又称司马温公）家中藏书万卷。他非常爱惜，虽然天天读，但书还像新的一样。

司马光故居位于河南光山县城，是北宋著名政治家、史学家、文学家司马光的出生地。

沈约四声：《梁书·沈约传》记载：南朝史学家、文学家沈约撰《四声谱》，认为自己发现了以往词人未曾总结出的要义。梁武帝问周舍："什么是四声？"周舍说："'天子圣哲'，这四个字就分别合乎四声。"　　四声：汉语的四个语调，即平声、上（shǎng）声、去声、入声。

许询胜具，谢客游情。

【典故】

许询胜具：《世说新语·栖逸》记载：东晋隐士许询喜欢游山玩水，而且身体条件很好。当时人说："许询不仅有高妙的情趣，而且有能够实现它的条件。" 胜具：即济胜之具，游赏名胜的才情和能力。

谢客游情：《宋书·谢灵运传》记载：南朝宋诗人谢灵运（小名客儿，故称谢客）喜欢爬山，而且一定要把山中的景致走遍。

不齐宰单，子推相荆。

【典故】

不齐宰单（shàn）：《吕氏春秋·开春论》记载：春秋时期鲁国人宓（fú）不齐做单父（今山东菏泽单县）的地方官，当地有五位贤能的人，宓不齐按照他们的建议去办事，自己每天弹着琴，就能把政务处理好。

子推相荆：《说苑·尊贤》记载：春秋时期，介子推（与晋文公时期隐居绵山的介子推不是一人）做楚国的宰相时才 15 岁，孔子听说后，就派人去观察他，回报说："相府之中，廊下有 25 个年轻的英才，堂上有 25 个老人。"孔子说："把 25 个人的智力加起来，比商汤、周武王都会出色；把 25 个人的力量加起来，比彭祖的力量都大。以此来治理国家，没有不成功的。" 荆：楚国的别称。

仲淹复姓，潘阆藏名。

位于河南洛阳伊川县的范仲淹墓

【典故】

仲淹复姓：《耆（qí）旧续闻》记载：北宋大臣、文学家范仲淹两岁时丧父，随着母亲嫁到朱家，于是改姓朱。中进士后，范仲淹获朝廷批准，又改回范姓。

潘阆（làng）藏名：《中山诗话》记载：北宋初年士人潘阆因被列为卢多逊一党而获罪，他躲到山谷寺中，并在钟楼上题诗道：

"顽童趁暖贪春睡，忘却登楼打晓钟。"地方官看到题诗，说："这是潘阆啊。"于是让寺里的僧人叫他来，却发现潘阆已经逃跑了。

烹茶秀实，漉酒渊明。

【典故】

烹茶秀实：《提要录》记载：五代至宋初官员陶谷（字秀实）买了大将党进家的奴婢。冬天陶谷让奴婢收集雪来煮茶，并问她："党家有这样的风味吗？"奴婢回答："他是一个粗人，不过是找一群女子唱歌，自己喝酒而已。"

漉（lù）酒渊明：《宋书·隐逸传》记载：东晋文人陶渊明到邻居家中喝酒。酒中有渣滓，陶渊明把头巾解下来过滤掉后，戴上头巾继续喝酒。　　漉：过滤。

善酿白堕，纵饮公荣。

【典故】

善酿白堕：《洛阳伽（qié）蓝记》记载：北魏人刘白堕酿造一种美酒，喝醉了一个月都醒不过来。朝廷显贵以这种酒互相赠送。

纵饮公荣：《世说新语·任诞》记载：三国时期魏国到晋朝初年官员刘昶（chǎng，字公荣）与各种地位的人都能在一起饮酒，于是惹来很多非议，刘昶解释道："比我强的人，不能不和他喝酒；不如我的人，也不能不和他喝酒；跟我差不多的人，又不能不和他喝酒。"

仪狄造酒，德裕调羹。

【典故】

仪狄造酒：《战国策·魏策》记载：上古时期，仪狄造酒进献给大禹，大禹喝了以后说："后世一定有因为它而亡国的。"于是就疏远了仪狄，从此不再饮酒。

德裕调羹：《独异志》记载：唐代大臣李德裕讲究饮食，他所吃菜肴中有一种羹，用珠宝、贝壳、美玉、雄黄、朱砂合起来煎成汁，这一道羹的费用大致是三万钱。

印屏王氏，前席贾生。

贾谊故居位于湖南长沙市解放西路与太平街口交汇处。公元前 177 年至公元前 174 年，时任长沙王太傅的贾谊就住在这里。

【典故】

印屏王氏：《开天传信记》记载：唐玄宗的宠妃王氏多次梦见有人召她去饮酒，唐玄宗说："这一定是术士的法术，你再去时记得做个标记。"当夜，王氏又梦见被召去，于是用手蘸墨在屏风上按了一个手印。玄宗下令搜查，在东明观的屏风上找到了手印，作法的道士已逃跑了。

前席贾生：《史记·屈原贾生列传》记载：西汉政论家、文学家贾谊为文帝详细陈述鬼神的来龙去脉。文帝听得兴致勃勃，不自觉地向前移动席子。

九　青

经传御史，偈赠提刑。

【典故】

经传御史：《龙文鞭影》注记载：注者从同乡熊氏处看到《三字经》的刻版，有明代梁应生画的图，御史傅光宅作的序，由此确认《三字经》是明代人所作，但终究不能确定具体作者是谁。　　经：指《三字经》。

偈（jì）赠提刑：《五灯会元·白云端禅师法嗣》记载：郭祥正去拜访白云端禅师，禅师作偈送给他。　　偈：佛经中的唱词，后来很多僧人都以这种形式宣讲佛教思想。　　提刑：官名，主管地方案件，这里指北宋大臣、诗人郭祥正。

士安正字，次仲谈经。

【典故】

士安正字：《明皇杂录》记载：唐代经济改革家刘晏（字士安）八岁时受唐玄宗赏识，被授予太子正字（掌管校勘典籍之事）之官。一天，玄宗跟他开玩笑说："你做了正字，不知道纠正了几个字？"刘晏说："天下的字都纠正了，只有朋字没有纠正。"暗示朝中朋党充斥。

次仲谈经：《后汉书·儒林传》记载：汉光武帝时的一次朝会上，皇帝让群臣讲经，互相问问题，若答不上来，就要把自己的坐席交给驳倒他的人。那一天，经学家戴凭（字次仲）的坐席累加到五十多层。

咸遵祖腊，宽识天星。

【典故】

咸遵祖腊：《后汉书·陈宠传》记载：王莽篡位后，更改了腊日，但官员陈咸仍用西汉时的腊日祭祀。有人问他原因。陈咸回答："我的祖先怎么能知道王氏规定的腊日（旧时的年终祭祀，祭包括祖先在内的各种神灵）呢！"

宽识天星：《益部耆（qí）旧传》记载：汉武帝去甘泉宫祭祀，路上见到一女子在渭水中洗浴，乳长七尺。武帝很奇怪，就派人去问。女子回答："皇帝后面第七辆车上那位官员知道我的来历。"当时第七辆车坐的是大臣张宽，他回答说："这是主管祭祀的天星，如果斋戒不严，女人星就会出现。"

景焕垂戒，班固勒铭。

【典故】

景焕（huàn）垂戒：《容斋续笔》记载：北宋官员景焕所著《野人闲话》中记载了后蜀孟昶（chǎng）的告官吏文。宋太宗摘录其中四句："尔俸尔禄，民脂民膏；下民易虐，上苍难欺。"改名为《戒石铭》，并立戒石碑以告诫地方官。

班固勒铭：《后汉书·窦宪传》记载：东汉将领窦宪击败北匈奴后，让文学家班固在燕然山刻石纪功。

能诗杜甫，嗜酒刘伶。

【典故】

杜甫草堂（今成都杜甫草堂博物馆）位于四川成都，是当年杜甫流寓成都时的居所。

能诗杜甫：《旧唐书·文苑传下》记载：唐代杜甫善于作诗，元稹认为他的诗能综合古今各家之长。

嗜酒刘伶：《世说新语·任诞》记载：魏晋时期人刘伶因饮酒生病。妻子劝他戒酒，刘伶说："你准备好酒肉，我向神发誓戒酒。"妻子按他的要求做了。刘伶跪下祷告说："天生刘伶，以酒为名。一饮一石，五斗解酲（chéng，喝醉了神志不清）。妇人之言，慎不可听。"于是继续喝酒吃肉，又大醉一场。

张绰剪蝶，车胤囊萤。

【典故】

张绰剪蝶：《桂苑丛谈》记载：唐代人张绰有道术。有人请他吃饭，席间，张绰剪出纸蝴蝶二三十枚，吹一口气，只见蝴蝶成队地飞舞。

车胤（yìn）囊萤：《续晋阳秋》记载：东晋大臣车胤自幼好学，因家境贫寒买不起灯油，每到夏天晚上他就捕萤火虫放进口袋里用来照明。

鹳鸽学语，鹦鹉诵经。

【典故】

鸜鹆（qú yù）学语：《幽明录》记载：东晋将领桓豁属下养的一只鸜鹆（即八哥）会说话。桓豁大会宾客时，让这只八哥仿效来宾说话，都非常像。其中有个人说话瓮声瓮气，八哥就把头伸到瓮里，模仿得惟妙惟肖。

鹦鹉诵经：《法苑珠林》记载：有人将一只鹦鹉送给一位僧人。僧人教它诵经。有时它站在架子上既不叫也不动，有人问它在干什么，鹦鹉回答："身心俱不动，为求无上道。"

十　蒸

公远玩月，法喜观灯。

【典故】

公远玩月：《唐逸史》记载：唐代仙人罗公远于中秋夜陪唐玄宗赏月，他把手杖扔出去，化作银色的桥。罗公远和玄宗上桥，见到了月宫，还听到了《霓裳（cháng）羽衣曲》。

法喜观灯：《幽怪录》记载：一年元宵节，唐玄宗问仙人叶法喜（又称叶法善）："今天哪里最可观？"回答说："广陵。"于是叶法喜幻化出一道彩虹桥，玄宗带着随从登上桥，不久就到了广陵。他们从桥上俯瞰当地，灯火之盛尽收眼底。

燕投张说，凤集徐陵。

【典故】

燕投张说：《开元天宝遗事》记载：唐代大臣张说的母亲曾梦见一只玉燕投入怀中，于是怀孕生下张说。

凤集徐陵：《陈书》记载：南朝梁、陈间诗人、文学家徐陵的母亲梦见五色云化为凤凰，停在自己的左肩上，不久就生下了徐陵。

献之书练，夏竦题绫。

【典故】

献之书练：《宋书·羊欣传》记载：羊欣12岁时，东晋书法家王献之看到他穿着新做的练（白绢）裙午睡，于是在裙上写了几幅字。羊欣本就擅长书法，又有王献之的字作为模仿对象，于是有了更大长进。

东晋王献之行书作品《地黄汤帖》，现存墨迹是唐人摹本。“地黄汤”是一种中药名，这是一篇谈及此药的尺牍。

夏竦（sǒng）题绫：《青箱杂记》记载：北宋诗人杨徽之对大臣夏竦说：“我不懂别的，就喜欢吟诗。想向你求一首诗，为你预卜将来的发展，可以吗？”夏竦高兴地在绫（一种很薄的丝织品）上写道：“殿上衮衣明日月，研中旌影动龙蛇。纵横礼乐三千字，独对丹墀日未斜。”杨徽之看后非常佩服，说：“真是做将相之才啊！”

安石执拗，味道模棱。

【典故】

安石执拗（niù）：《东都事略·司马光传》记载：北宋神宗与大臣司马光谈论王安石时，司马光说：“外人说他奸邪，批评得太过分了，他不过是不明晓事理而且执拗（坚持己见，固执任性）罢了。”

味道模棱：《旧唐书·苏味道传》记载：唐代宰相苏味道没有自己的意见，他曾对人说：“我对事务不愿下太清晰的判断，如果出错会给自己带来祸患，态度模糊一些就够了。”当时人称他为“模棱手”。

韩仇良复，汉纪备存。

【典故】

韩仇良复：《史记·留侯世家》记载：西汉开国功臣张良祖上五代人都是韩国的相国。秦灭韩后，张良寻求刺客刺杀秦始皇，但没有成功。后来张良归附刘邦，为他出谋划策，灭了秦朝。后人说张良始终是抱着为韩国复仇的志向在活动。

蜀汉昭烈帝刘备像

汉纪备存：《三国志·蜀书·先主传》记载：三国时期蜀汉皇帝刘备自称是汉景帝之子中山靖王刘胜的后人。后来刘备称帝，国号仍用汉，史称蜀汉。在讲究“正统”的儒家学者眼中，刘备称帝是继承了汉室的正统。

存鲁端木，救赵信陵。

【典故】

存鲁端木：《史记·仲尼弟子列传》记载：齐国攻打鲁国，孔子派弟子端木赐去游说。端木赐劝齐卿田常攻吴、劝吴救鲁伐齐、劝越暂时追随吴国、挑动晋国与吴国争霸。四国在短时间内展开激烈争斗，最终使鲁国免于被齐所灭。

救赵信陵：《史记·魏公子列传》记载：战国时期，秦国围困赵国都城邯郸，赵国向魏国求援。魏国公子信陵君魏无忌用计，让魏王的妃子偷出兵符，自己率军解了邯郸之围。

邵雍识乱，陵母知兴。

【典故】

邵雍识乱：《三朝名臣言行录》记载：北宋哲学家邵雍与朋友在洛阳桥上散步时听到杜鹃叫，他悲伤地说：“洛阳从来没有杜鹃，现在有了，是国家将要用南方人做宰相的征兆，天下从此要多事了。”后来宋神宗果然任用南方人王安石为相，王安石的改革措施引发了朝廷内部的剧烈争端。

陵母知兴：《史记·陈丞相世家》记载：楚汉战争时，王陵归附汉王刘邦，项羽把王陵母亲抓起来，以此胁迫他归降。王陵派使者到项羽军中，王陵的母亲对他说：“告诉王陵好好侍奉汉王。不要因为我而有二心。”于是就自杀了。

十一尤

琴高赤鲤，李耳青牛。

坐落河南鹿邑老子故里景区中的“老子骑牛西去”塑像

【典故】

琴高赤鲤：《列仙传》记载：相传仙人琴高进入涿水取龙子，不久就骑着一条红色鲤鱼从水中出来了。

李耳青牛：《列仙传》记载：李耳（即老子，春秋时期思想家，道家学派的创始人）看到周朝已无法挽救，就骑着青牛西出函谷关，不知到什么地方去了。

明皇羯鼓，炀帝龙舟。

【典故】

明皇羯（jié）鼓：《羯鼓录》记载：唐明皇（即唐玄宗）好羯鼓（一种少数民族的乐器）。有人为他弹琴，还没弹完，唐明皇就把那人赶走了，说：“赶紧取羯鼓来敲打一番，清除掉刚才让人难受的琴声。”

炀帝龙舟：《隋书·炀帝纪》记载：隋炀帝杨广乘龙舟到江南巡幸，随行的船接起来长达二百里。

羲叔正夏，宋玉悲秋。

【典故】

羲叔正夏：《尚书·尧典》记载：帝尧派历法制定者羲叔住到南方交趾之地（位于今越南），让他掌管夏令。

宋玉悲秋：战国时期，楚国大夫屈原被流放后，楚国文学家宋玉写了《九辩》表示对屈原遭遇的悲愤，其首句是："悲哉秋之为气也！"

才压元白，气吞曹刘。

【典故】

才压元白：《唐摭言》记载：唐代大臣杨嗣复大宴宾客，宴席上宾客纷纷作诗。杨汝士作的诗，大诗人元稹和白居易听后都自叹不如。散席后，杨汝士回到家对弟子说："我今日压倒了元白。"

气吞曹刘：《旧唐书·文苑传下》记载：唐代诗人元稹评价杜甫说："杜甫的诗上薄风骚，下该屈宋（屈原和宋玉，均为战国时期诗人），志夺苏李（苏味道和李峤，均为唐代文学家），气吞曹刘（曹植和刘桢，均为东汉末期诗人）。"

信擒梦泽，翻徙交州。

【典故】

信擒梦泽：《史记·淮阴侯列传》记载：汉高祖刘邦灭项羽后，封韩信为楚王。后有人告韩信谋反，刘邦用陈平的计策，假称到云梦（即云梦泽，江汉平原上的一个湖泊群，后消亡）游玩，韩信去迎接，刘邦当场将其擒获。

翻徙（xǐ）交州：《三国志·吴书·虞翻传》记载：三国时期吴国官员虞翻由于直率，触怒了统治者孙权，被流放到交州（地域大致相当于今天越南中部、北部以及我国广西的一部分）。后来孙权决策失误，感叹道："如果虞翻在朝，我就不会犯这样的错误了。"

曹参辅汉，周勃安刘。

汉丞相曹参像

【典故】

曹参辅汉：《史记·曹相国世家》记载：西汉功臣曹参接替萧何为相，对萧何时定下的规章毫无改变。当时的民歌称："萧何订立规矩，曹参谨慎遵从，清静为治，百姓安宁。"

周勃安刘：《史记·绛侯周勃世家》记载：刘邦去世前与吕后谈论大臣的德行和能力时说："周勃忠厚、没有文采，但将来安定刘氏的一定是他。"后来掌握大权的吕氏宗族谋反，周勃率军平定，刘氏的汉朝江山得以转危为安。

太初日月，季野春秋。

【典故】

太初日月：《世说新语·容止》记载：有人评价三国时期魏国大臣、玄学家夏侯玄（字太初）说："夏侯太初光彩照人，好像怀中揣着日月一样。"

季野春秋：《世说新语·赏誉》记载：有人说："褚季野皮（即褚裒，字季野，东晋大臣）里阳秋。"皮里，指内心。阳秋：实为"春秋"，为避讳而改为"阳"，指《春秋》。《春秋》相传是孔子编订的鲁国历史，它对历史人物和事件往往寓有褒贬而不直言，这种写法称为"春秋笔法"。皮里阳秋意思是说褚季野对人对事态度深藏不露，表面不指手画脚品评好坏，实际上内心有褒有贬，观察十分清楚。

公超成市，长孺为楼。

【典故】

公超成市：《后汉书·张楷传》记载：东汉学者张楷（字公超）精通经学，很多人前来向他求教，车马挤满了街道。张楷几次搬家到偏僻处躲避，学者们依然前去，以至于他所住的地方很快就成为热闹的市集。

长（zhǎng）孺为楼：《苏魏公集·太子少傅致仕赠太子太保孙公墓志铭》记载：唐代人孙长孺世代好学，他收集了很多书籍，还建了藏书楼，时人称为“书楼孙氏”。

楚丘始壮，田豫乞休。

【典故】

楚丘始壮：《韩诗外传》记载：战国时期鲁国人楚丘先生求见齐国孟尝君，孟尝君说：“您很老了，有什么可以教导我的吗？”楚丘先生说：“如果从体力上说，我确实已经老了；如果让我出谋划策，我才刚刚到壮年啊！”

田豫乞休：《三国志·魏书·田豫传》记载：三国时期魏国官员田豫请求退休，司马懿认为他身体很好，不答应。田豫写信说：“年过七十还当官，就像很晚了还在路上走，这是犯罪啊。”于是就离职了。

向长损益，韩愈斗牛。

【典故】

向长损益：《高士传》记载：两汉交替之际的隐士向长读《易经》读到“损”“益”两卦，叹息道：“我已经知道富不如贫、贵不如贱，但还不知道死比起生来怎么样。”于是他将儿女的婚事处理完毕，就和朋友出游名山，最后不知所终。

韩愈斗（dǒu）牛：唐代文学家韩愈出生时，月亮在斗宿（xiù，星座名）的位置，斗宿之前是牛宿，之后是箕（jī）宿。他曾作《三星行》，写道：“我生之初，日宿南斗，牛奋其角，箕张其口。”就是从星相学角度来说的。

琎除酿部，玄拜隐侯。

【典故】

琎（jìn）除酿部：《云仙杂记》记载：唐玄宗的侄子、汝阳王李琎喜爱喝酒，曾自称“酿王兼曲部尚书”，曲即酿酒的酒曲。

玄拜隐侯：《侯山记》记载：汉代人王玄隐居山中，汉景帝请他出来做官，他不肯。景帝就以这座山封他为侯，从此这座山改名为侯山。

公孙东阁，庞统南州。

【典故】

公孙东阁：《史记·平津侯主父列传》记载：西汉人公孙弘做丞相时，将丞相府的东阁用于接待贤者。

庞统南州：《三国志·蜀书·庞统传》记载：三国时期蜀汉皇帝刘备的谋士庞统被司马徽称为“南州（相当于今江西省）士之冠冕”，即南州人士中的头面人物。

袁耽掷帽，仁杰携裘。

【典故】

袁耽掷帽：《世说新语·任诞》记载：东晋大将桓温欠了很多赌债，想求官员袁耽替自己去赌，挽回一些损失。当时袁耽正在服丧，听说后立刻换掉丧服，把丧服的帽子塞在怀里，随桓温去赌场。不久，袁耽就赢回了上百万，他得意地从怀中取出帽子扔在地上，说：“你今天认识袁耽了吗？”

仁杰携裘：《集异记》记载：武则天赐给宠臣张昌宗一件集翠裘，并让宰相狄仁杰和张昌宗赌博。张昌宗以集翠裘为赌注，狄仁杰指着自己的紫袍说：“我赌这件袍子。”武则天说：“两者价值恐怕不相当啊。”狄仁杰说：“这是大臣朝见皇帝时的着装，怎么不相当？”于是两人开始赌博。张昌宗连赌连败，狄仁杰带着赢来的集翠裘出宫去了。

子将月旦，安国阳秋。

【典故】

子将月旦：《后汉书·许劭传》记载：东汉末期名士许劭（字子将）和堂兄许靖都喜欢评论同乡的人物，每月都会重新作一次评价，所以他们的家乡有"月旦评"的习俗。后来,"月旦"就成为评论人物的代名词。　　月旦:每月的第一天。

安国阳秋:《晋书·孙盛传》记载:东晋史学家孙盛(字安国)著有《晋阳秋》一书,其中记载了大将桓温北伐打败仗的事情。桓温看到后非常生气,对孙盛的儿子说:"那次确实是打了败仗,但何至于像你父亲说的那样呢?如果这部书在世上通行,你们家将有灭顶之灾。"孙盛的儿子为了安全,便私下修改了。

德舆西掖,庾亮南楼。

【典故】

德舆西掖:《旧唐书·权德舆传》记载:唐代大臣权德舆于德宗朝在西掖(唐朝中书省在宫城的西面,因此称中书省为西掖。中书省是唐代的决策机构)任职八年。

庾亮南楼:《世说新语·容止》记载:东晋大臣庾亮的下属殷浩等人秋夜登上南楼(在今武昌)吟诗,庾亮带着随从步行前来。殷浩等人想起身避开,庾亮说:"诸位再留一会儿吧,我今天很有兴致。"于是便与殷浩等人闲谈歌咏,一直到第二天早晨。

梁吟傀儡,庄梦髑髅。

【典故】

梁吟傀儡:唐代人梁锽(huáng)写过一首《傀儡吟》,内容是:"刻木牵丝作老翁,鸡皮鹤发与真同。须臾弄罢寂无事,还似人生一梦中。"

庄梦髑髅(dú lóu):《庄子·至乐》记载:战国中期思想家庄子在路上见到一个髑髅(指死人的头骨),庄子问它:"你是为了生计落到这一步的呢?还是因为亡国或者犯罪变成这样的?"说完,就把髑髅当枕头睡着了。后来,庄子梦见髑髅对他说:"你说的都是活人受累的事情,死了以后没有君臣,没有四时,即使是王者的乐趣也不能相比。"

孟称清发，殷号风流。

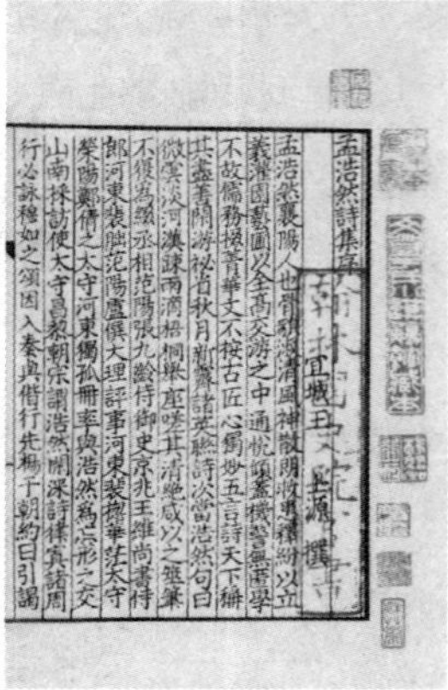

《孟浩然诗集》内文书影

【典故】

孟称清发：《唐诗纪事》记载：唐代诗人孟浩然的诗清新雅致，为人也非常清高。王士源说："孟浩然清明焕发，和他的名字完全相符。"

殷号风流：《晋书·殷浩传》记载：东晋大臣殷浩见识高远。他去世后，大臣顾悦之说："殷浩风采过人，名声高出当世。"

见讥子敬，犯忌杨修。

【典故】

见讥子敬：《世说新语·方正》记载：东晋书法家、诗人王献之（字子敬）小时候看见父亲的几个门生赌博。王献之说："要输。"一个门生讥笑他说："这孩子看事情，就像通过一根管子看豹子，只能看到豹皮上的一个斑点罢了。"王献之非常生气，转身就走了。

犯忌杨修：《后汉书·杨修传》记载：东汉人杨修有事外出，他预计上司曹操会询问某些事情，就预先准备好回答的文章交给守门人。不久，曹操果然派人来询问问题。这样的事情发生几次后，曹操感到很奇怪，便派人查问。得知真相后，曹操便开始疑忌杨修，最终找个理由把他杀了。

荀息累卵，王基载舟。

【典故】

荀息累（lěi）卵：《说苑》记载：春秋时期，晋灵公造九层台，三年没完工，国力损耗很大。大夫荀息进谏说："我能重叠起十二颗棋子，再在上面加九个鸡蛋。”灵公说："太危险了！”荀息说："这算不上危险。您造九层台，三年不成，男子不能耕地，女子不能织布，哪有比这个更危险的？”晋灵公听后立即下令停工。

王基载舟：《三国志·魏书·王基传》记载：三国时期，魏文帝曹丕经常大兴土木，官员王基上疏说："古人用水比喻百姓，说：'水可以承载船，也可以弄翻船。'现在人民太苦，夫妻不能团聚，希望陛下认真思考水舟之喻。”

沙鸥可狎，蕉鹿难求。

【典故】

沙鸥可狎（xiá）：《列子·黄帝》记载：有一个住在海滨的人，每天早上都到海上与海鸥一起玩。他的父亲说："我听说海鸥都和你一起玩，你也抓一只回来给我玩吧。”第二天，此人再到海上去，海鸥都只在他的头顶飞，不肯落下来了。　狎：亲近而不庄重。

蕉鹿难求：《列子·周穆王》记载：郑国一个砍柴人，在野外打死一头鹿，怕被人看到，就把鹿藏到壕沟里，上面盖上柴草，但不久就忘记藏哪儿了，以为是自己做梦。有人听说这件事后，就去寻找，果然找到了鹿。于是藏鹿的人拉着找到鹿的人去打官司，法官判决两人平分这头鹿。　蕉鹿：柴草下盖着的鹿。蕉，通“樵”。

黄联池上，杨咏楼头。

【典故】

黄联池上：《李康靖闻见录》记载：北宋官员、学者黄鉴七岁时还不会说话。一次，他的祖父带他到水池旁去玩，说道："水马池中走。”黄鉴突然对道："游鱼波上浮。”从此就会说话了。

杨咏楼头：《古今诗话》记载：北宋文学家杨亿几岁时还不会说话。一天家人带他到高楼上，不小心碰到了他的头，杨亿就吟诗道："危楼高百尺，手可摘星辰。不敢高声语，恐惊天上人。”

曹兵迅速，李使迟留。

坐落于湖北宜昌的长坂坡古遗址中的长坂雄风纪念碑。

【典故】

曹兵迅速：《三国志·蜀书·先主传》记载：曹操南征时，知道江陵（今湖北荆州）有军事物资。他怕刘备先占据此地，于是率领三千精锐骑兵一天一夜走了三百多里地，并在长坂坡打败了刘备。

李使迟留：《后汉书·方术传》记载：汉中太守要给大将军窦宪送礼，正做郡吏的李郃（hé）对太守说："窦宪倒台是眼前的事情，请您不要再和他交往了。"太守不听，于是李郃要求自己去送礼物。李郃路上故意拖延时间，走到半路的时候，窦宪果然在政治斗争中失败，凡与他结交的人都被免了职。由于李郃的拖延，汉中太守没有被罢官。

孔明流马，田单火牛。

【典故】

孔明流马：《三国志·蜀书·诸葛亮传》记载：三国时期蜀汉大臣诸葛亮（字孔明）发明了木牛流马作为运输的工具。

田单火牛：《史记·田单列传》记载：燕国攻打齐国，齐国人田单召集一千多头牛，牛角上系着尖刀，牛尾系着点燃的芦苇，向燕军阵地冲去。最终燕军大败。

五侯奇膳，九婢珍馐。

【典故】

五侯奇膳：《西京杂记》记载：王氏五侯（汉元帝皇后王政君的弟弟

五人同日封侯，世称五侯）之间关系不和，各自的宾客也不互相来往，只有楼护能够获得五侯们的欢心。每天五侯争着给楼护送食物，楼护把这些食物混合在一起，成为一种独特的菜肴，被称为“五侯鲭（zhēng）”。

九婢珍馐（xiū）：《清异录》记载：唐代大臣段文昌精于饮食，他家中有一老婢女专门负责烹饪。前后有一百多个婢女向她学习，但只有九个能掌握其烹饪的技能。

光安耕钓，方慕巢由。

【典故】

光安耕钓：《后汉书·逸民传》记载：刘秀称帝后，派人找到老朋友严光。严光穿着皮袄在钓鱼，不愿出来做官。使者来了三次，严光出于情面，随使者去见刘秀，并亲自向他请辞，到富春山种地去了。

方慕巢由：《汉书·王贡两龚鲍传》记载：王莽想请隐士薛方做官，薛方对他说：“尧舜做帝王的时候，民间有巢父、许由这样的隐士。现在您德比尧舜，希望能让我做巢父、许由。”王莽听了很高兴，就不强迫薛方做官了。

适嵇命驾，访戴操舟。

【典故】

适嵇命驾：《世说新语·简傲》记载：三国时期魏国名士吕安和文学家嵇康关系非常好。吕安曾到嵇康家里拜访，嵇康不在，嵇康的哥哥嵇喜请吕安到家里坐，吕安在门上写了个“鳳”（凤的繁体字）字，就离开了。嵇喜以为吕安夸奖自己是凤凰。嵇康回来后说：“凤字，是说你不过是凡鸟而已。”

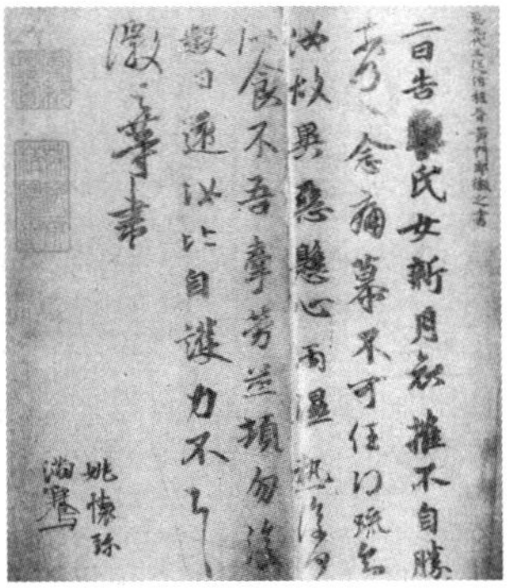

东晋王徽之书《新月帖》，此帖以行楷为主，挥洒自如，笔法多变，妍美流畅。

访戴操舟：《世说新语·任诞》记载：晋代书法家王徽之想起了住在远处的隐士戴逵

(kuí)，于是连夜乘船去看他。第二天早晨，王徽之到了戴逵家门口又立刻返回，说："乘兴而来，兴尽而返，不一定非要见戴逵。"

篆推史籀，隶善钟繇。

【典故】

篆（zhuàn）推史籀（zhòu）：《书断》记载：大篆这种字体相传是周宣王时的太史籀创造的。

隶善钟繇（yáo）：《笔阵图》记载：三国时期魏国书法家钟繇擅长隶书。

邵瓜五色，李橘千头。

【典故】

邵瓜五色：《三辅黄图》记载：秦朝灭亡后，东陵侯召平沦为平民，以种瓜为生。他种的瓜有五色，味道很好，被称为东陵瓜。

李橘千头：《襄阳记》记载：三国时期吴国官员李衡派人在故乡种柑橘，临终前对儿子说："你的母亲不让我积累财产，所以家里贫穷到这个地步。我在故乡有一千个木头仆人，不找你要吃穿，每年每人能给你一匹绢，也够应付生活了。"后来，李家的橘树每年都能收入数千匹绢。

芳留玉带，琳卜金瓯。

【典故】

芳留玉带：《尧山堂外纪》记载：明代大学士李春芳年轻时在崇明寺读书，中状元后写诗寄给崇明寺的主持，说："年年山寺听鸣钟，匹马长安忆远公。异日定须留玉带，题诗未可着纱笼。"后来李春芳进入内阁，果然把玉带送到崇明寺，寺里建楼收藏，称为玉带楼。

琳卜金瓯（ōu）：《次柳氏旧闻》记载：唐玄宗任命宰相前，先将他的名字写下，用金杯扣住。有一次，玄宗问太子："你认为这金杯下扣着的宰相名字是谁？"太子回答："不是崔琳、卢从愿吗？"玄宗点头称是。

孙阳识马，丙吉问牛。

【典故】

孙阳识马：《战国策·楚策》记载：春秋时期秦国人孙阳（即伯乐，相马专家）见一匹好马拉着盐车，任车夫的皮鞭抽打，便对着马大哭起来。那匹马低下头喷出鼻气，仰起头对天长叫，为伯乐能了解自己而感动。

中国现代杰出画家徐悲鸿所作《伯乐相马图》

丙吉问牛：《汉书·丙吉传》记载：西汉大臣丙吉出行，看到有人斗殴造成死伤，他没有在意；反而听到路边的牛喘息，他让属下前去询问情况。有人讥讽丙吉不忧民死而忧牛喘，丙吉说："百姓斗殴，这是地方官应该管的。但现在还是春季，并不热，如果牛是热得发喘，那么就是时令不正了，这才是我的职责所在。"

盖忘苏隙，聂报严仇。

【典故】

盖（gě）忘苏隙：《后汉书·盖勋传》记载：东汉大臣梁鹄要杀官员苏正和，他向官员盖勋征求意见。盖勋和苏正和有仇，有人劝他趁机报复，盖勋说："乘人之危，不仁。"于是劝阻梁鹄不要杀苏正和。

聂报严仇：《史记·刺客列传》记载：战国时期韩国大夫严仲子与韩国相国侠累有仇，想请刺客聂政杀死他。聂政由于有老母在世，不能答应这一要求。等聂母去世后，聂政成功刺杀了侠累，他自己也毁容自杀。

公艺百忍，孙昉四休。

【典故】

公艺百忍：《旧唐书·孝友传》记载：张公艺（经历北齐、北周、隋、唐四代，活到 99 岁）家族九世同居，唐高宗问他是怎样做到让宗族和睦的。张公艺在纸上写了一百多个“忍”字。

孙昉（fǎng）四休：北宋人孙昉自号四休居士。文学家黄庭坚问他其中的含义。孙昉回答：“粗茶淡饭饱即休，补破遮寒暖即休，三平二满（三平，即衣、食、住平平常常；二满，即满足于现有的名位）过即休，不贪不妒老即休。”

钱塘驿邸，燕子楼头。

【典故】

钱塘驿邸：《南唐近事》记载：宋朝翰林学士陶谷出使南唐，表现得很傲慢。南唐名臣韩熙载找来妓女秦弱兰伪装成驿站官员的女儿，侍奉住在驿站的陶谷。陶谷很喜欢秦弱兰，送给她一首词。南唐后主李煜宴请陶谷，宴席上让歌女唱这首词。陶谷严肃庄重的形象被彻底毁坏，锐气全消。

燕子楼头：唐代大臣张愔（yīn）去世后，他宠爱的侍妾关盼盼不肯另嫁，独自住在燕子楼（在今江苏徐州）上。诗人张仲素以关盼盼的口吻写了三首《燕子楼诗》。

十二侵

苏耽橘井，董奉杏林。

【典故】

苏耽橘井：《桂阳列仙传》记载：南朝人苏耽将要成仙时，预知两年后会发生瘟疫。于是他栽了一棵橘树，又凿了一口井，对母亲说：“如果发生瘟疫，让病人吃一片橘叶，喝一杯井水，就能治愈。”两年后果然发生瘟疫，母亲按照苏耽当初留下的话治好了病人。

董奉杏林：《神仙传》记载：三国时期吴国名医董奉为人治病不收钱，

只让痊愈的病人种杏树。几年后，这些树长成了杏树林。董奉让买杏的人用谷子来交易，所得的谷子用来赈济贫民和供给过路人。

汉宣续令，夏禹惜阴。

【典故】

汉宣续令：《汉书·魏相传》记载：西汉宣帝选拔了四名精通经书和阴阳学说的学者，让他们各自主管一个季节的时令。

夏禹惜阴：《帝王世纪》记载：上古帝王大禹不珍爱直径达一尺的玉璧，而珍惜每一寸光阴。

蒙恬造笔，太昊制琴。

【典故】

蒙恬造笔：《古今注》记载：秦朝著名将领蒙恬以枯木为管，鹿毛为柱，羊毛为被，制造出了毛笔，称为"秦笔"。

太昊制琴：《琴操》记载：传说中的上古帝王太昊（有学者认为他和伏羲是同一个人）造琴，以五弦象征五行；琴长三尺六寸六分，象征每年三百六十六日；宽六寸，象征六合。

太昊陵的午朝门。太昊陵位于河南淮阳，相传太昊伏羲氏定都宛丘（今淮阳县），创造了华夏民族的远古文明。

敬微谢馈，明善辞金。

【典故】

敬微谢馈：《南齐书·高逸传》记载：南朝齐人宗测（字敬微）隐居时，大臣萧子响给他送去厚礼。宗测谢绝说："我过着平淡的生活，无需这样的横财。"

明善辞金：《辍耕录》记载：元代大臣元明善等人奉命出使交趾（位于今越南）。回国前，交趾人送给他们厚礼，其他官员接受了，元明善却谢绝了。交趾国王说："别的使臣已经接受了，您无需担心什么。"明善说："他们接受，是为了安定小国的人心；我拒绝，是为了保全大国的体统。"

睢阳嚼齿，金藏披心。

【典故】

唐代将领张巡墓

睢阳嚼齿：《旧唐书·张巡传》记载：唐代安禄山造反，张巡守睢阳（今河南商丘）。每次交战，张巡都会大声呼喊，把牙齿都嚼碎了。张巡死后，有人检查他的尸体，发现只剩下了三四颗牙。　睢阳：本为地名，此处指唐代大臣张巡，因其镇守睢阳时壮烈牺牲，因此后人称其为张睢阳，以示尊敬。

金藏（zàng）披心：《大唐新语》记载：武则天时期，有人密告太子谋反，武则天命人查问此事。大臣安金藏听说后，大呼："太子没有谋反，你们要不信我说的话，请剖出我的心看看。"于是拔刀剖腹，肠子都流出来了。武则天很感动，便不再怀疑太子了。

固言柳汁，玄德桑阴。

【典故】

固言柳汁：《云仙杂记》记载：唐代人李固言从柳树下经过，听到弹指声，问是谁，回答说："我是柳树神，已经用柳树汁替你染过衣服了，如果你做了官，要用枣糕祭祀我。"不久他果然中了进士。

玄德桑阴：《三国志·蜀书·先主传》记载：三国时期蜀汉皇帝刘备（字玄德）家的东南角有一棵桑树，远处看好像车上的伞盖一样。刘备小时候经常和伙伴在桑树下做游戏，说："我一定要坐上有这样伞盖的车。"

姜桂敦复，松柏世林。

【典故】

姜桂敦复：《建炎以来系年要录》记载：南宋官员晏敦复做谏官时，敢提意见，朝廷官员都敬畏他。秦桧让人传话给他，说："你如果能曲意求全，做宰相是早晚的事。"晏敦复回答："姜桂的性质是越老越辣，我岂能因为个人的前途而误国？"　姜桂：生姜和肉桂，其性愈老愈辣。比喻人到年老性格越刚强。

松柏世林：《世说新语·方正》记载：东汉末名士宗承（字世林）和曹操年岁相近，但不肯与他交往。曹操掌控朝政之时，问宗承："咱们能不能交个朋友啊？"宗承回答："松柏之志犹存。"　松柏：松树和柏树，用来形容坚强不屈的品格。

杜预《传》癖，刘峻书淫。

【典故】

杜预《传》癖：《语林》记载：西晋著名政治家、学者杜预在研究《左传》（书名，是春秋末期左丘明为解释《春秋》而著的一部书）方面造诣很深。晋武帝问他："你有什么癖好？"杜预回答："我有《左传》癖。"

刘峻书淫：《南史·刘峻传》记载：南朝梁文人刘峻酷爱读书，听说哪里有稀见的书，就一定会去借来阅读。学者崔慰祖说刘峻是"书淫"。

钟会窃剑，不疑盗金。

【典故】

钟会窃剑：《世说新语·巧艺》记载：三国时期魏国谋士，将领钟会是大臣荀勖的堂舅，但两人关系不好。荀勖把价值连城的宝剑交由母亲收藏。钟会模仿荀勖的笔迹，写信给荀勖的母亲，把宝剑骗到手中。

不疑盗金：《史记·万石张叔列传》记载：西汉大臣直不疑同舍之人请假回家，临行前错拿了别人的黄金。丢金子的人怀疑是直不疑偷的，直不疑也不辩论，自己拿了黄金还他。同舍人回来后，把错拿的黄金还给了失主，失主非常惭愧，直不疑由此获得了长者的名声。

桓伊弄笛，子昂碎琴。

【典故】

位于四川射洪县城北金华山上的陈子昂书台，此处是初唐诗人陈子昂青年时代读书的地方，原名读书堂，或称陈公学堂。

桓伊弄笛：《晋书·桓伊传》记载：东晋名士王徽之在船上看见音乐家桓伊从岸上经过，就对他说："听说你擅长吹笛，请为我吹奏一曲。"桓伊立刻吹奏了三曲。

子昂碎琴：《独异志》记载：唐代诗人陈子昂入京，用一千贯钱买了一把胡琴。围观的人问他："你要这琴做什么？"陈子昂说："我明天要当场演奏，请大家来欣赏。"第二天，观众如期到达，陈子昂笑着说："我有文章百篇，不为人知。演奏音乐是贱业，根本不值得留心。"于是将琴摔碎，把文章发给观众。

琴张礼意，苏轼文心。

【典故】

琴张礼意：《庄子·大宗师》记载：春秋时期，子桑户死后，子贡去帮助料理丧事，看见琴张（即琴牢，字子张）和孟之反弹琴唱歌，便上前恭敬地问："在尸体前面唱歌，这符合礼法吗？"两人笑道："你知道什么是礼法的真意吗？"子贡回去告诉孔子，孔子说："他们是世俗之外的人啊。"

苏轼文心：《春渚纪闻》记载：北宋文学家苏轼曾经对官员刘景文说："我生平几乎没有遇到快乐的事情，只有写文章，心意所到之处，则笔力曲折，想表达的意思都能表达出来。我认为世间的乐趣没有超过这件事的。"

公权隐谏，蕴古详箴。

【典故】

公权隐谏:《旧唐书·柳公权传》记载:唐穆宗喜欢柳公权的书法，问他:“你的字为什么写得这么好?”柳公权回答:“心正则笔正。”当时唐穆宗作风荒唐，所以柳公权这样说。

蕴古详箴:《贞观政要》记载:唐代官员张蕴古上奏《大宝箴》,其中有“圣人以一人治天下，不能以天下奉养一人”的名句。

广平作赋，何逊行吟。

【典故】

广平作赋:《唐诗纪事》记载:唐代大臣宋璟（jǐng，字广平）曾作《梅花赋》，有名于世。皮日休仿照《梅花赋》写了《桃花赋》，在序中说:“宋广平做宰相，刚直异常，我以为他是铁肠石心，不会说柔媚的话。后来看他的文章中有《梅花赋》，文辞清秀艳丽，跟他的为人很不相像。”

何逊行吟:《锦绣万花谷·别集》记载:南朝梁官员、诗人何逊在扬州的官署有一棵梅树，他经常在梅树下吟咏。后来何逊调到其他地方做官，由于想念那棵梅树，他请求再调回扬州任职。

荆山泣玉，梦穴唾金。

【典故】

卞和洞也称抱璞岩、抱玉岩，位于安徽省蚌埠市怀远县荆山。相传为春秋时期楚国人卞和采玉处。

荆山泣玉:《淮南子·杂事》记载:春秋时期楚国人卞和从荆山（在今湖北）找到一块璞玉，打算献给楚厉王。献了两次，都被认为是用石头哄骗楚王，于是被砍去了双脚。楚文王即位后，卞和抱着玉哭道:“我不是伤心自己被砍了脚，而是伤心宝玉被称为石头，忠心的人被称为骗子。”文王让人剖开璞玉，果然是一块美玉。用这块玉雕出来的玉璧，就是著名的和氏璧。

梦穴唾金：《述异记》记载：有个船夫搭载了一位穿黄衣的乘客，路过梦穴（传说中的洞名）。乘客在船上吐了一口唾沫。船夫很生气，但当他转身再去看船上的唾沫时，竟都变为了黄金。

孟嘉落帽，宋玉披襟。

【典故】

孟嘉落帽：《孟嘉别传》记载：东晋人孟嘉做大将桓温的参军（谋臣）。桓温在重阳节宴请部属，一阵风吹掉了孟嘉的帽子，孟嘉没有觉察。桓温命孙盛写了一篇文章嘲笑孟嘉。孟嘉看到后，当即回复了一篇，文辞卓越，大家都很赞赏。

宋玉披襟：战国时期楚国人宋玉（相传他是屈原的学生）写了一篇《风赋》，其中提到楚襄王在兰台游玩，宋玉在旁边侍奉。一阵风刮过来，楚王敞开衣襟说：“真舒服啊，这风是我和百姓共享的。”宋玉说：“这是您的风。平民百姓居住在穷巷之中，风吹起来漫天是灰尘，难受得很，他们感受到的风跟您怎么能一样呢？”

沫经三败，获被七擒。

【典故】

沫经三败：《史记·刺客列传》记载：春秋时期，齐国打败鲁国，鲁国献上土地求和，齐鲁在柯地会盟。鲁国大夫曹沫曾经三次败给齐国，这次也随国君参加会盟。在盟坛上，曹沫持匕首劫持齐桓公，要求他归还从鲁国夺取的土地，桓公答应了，于是曹沫所丢失的土地又都回到鲁国。事后，诸侯都赞扬齐桓公能守信，即使在被胁迫的情况下答应了条件也不会反悔。

获被七擒：《汉晋春秋》记载：三国时期蜀汉大臣诸葛亮征讨南中（指今云南、贵州和四川西南部），七次擒获南中一带少数民族首领孟获，但每擒获一次都将他释放。最后一次，孟获说："您是天威啊，我们南中人再也不造反了。"于是归附了蜀汉。

易牙调味，钟子聆音。

【典故】

易牙调味：《韩非子·十过》记载：春秋时期齐国大臣易牙善于调味和奉承。齐桓公对他说："我把天下的美食都尝过了，就是没吃过蒸婴儿。"于是易牙把自己的儿子蒸了献给齐桓公。

钟子聆音：《吕氏春秋·孝行览》记载：春秋时期楚国人俞伯牙善于鼓琴，他的朋友钟子期善于欣赏。伯牙弹琴时意在高山，子期听了以后说："巍巍乎若泰山！"志在流水，子期听了以后说："荡荡乎若流水！"子期死后，伯牙认为世上再也没有知音了，于是就不再弹琴。

南宋末元初王振鹏的《伯牙鼓琴图》（现藏于故宫博物院），此图画春秋名士伯牙过汉阳在舟内鼓琴时路遇知音钟子期的故事。

令狐冰语，司马琴心。

【典故】

令（líng）狐冰语：《十六国春秋·前凉录》记载：十六国时期前凉人令狐策梦见自己站在冰上，和冰下的人说话。醒来后，有人给他解梦，说："冰上是阳，冰下是阴，在阳的一面跟阴说话，这是给人做媒啊。"不久就有人让令狐策为自己的儿子做媒。

司马琴心：《史记·司马相如列传》记载：西汉人卓王孙请文学家司马相如等人一起宴饮。宴席上，司马相如弹琴，感动了卓王孙的女儿文君，文君趁夜色与司马相如私奔。

灭明毁璧，庞蕴投金。

【典故】

灭明毁璧：《增广舆记》记载：春秋时期教育家澹台灭明带着一枚价值千金的玉璧渡河，河伯想要这枚玉璧，就掀起风浪，并让两条蛟龙夹着澹台灭明的船。澹台灭明左手拿璧，右手提剑将蛟龙斩杀。最后澹台灭明把璧毁掉，以示自己并非舍不得这枚璧。

庞蕴投金：《金刚科仪》记载：唐代佛教徒庞蕴造了一条铁船，把自己的家财都装在上面，沉到海里，以示舍弃身外之物。

左思三赋，程颐四箴。

【典故】

左思三赋：《晋书·左思传》记载：西晋文学家左思想要为三国时期的蜀汉、吴、魏三国的都城分别作赋。当时的文豪陆机给弟弟陆云写信说："这里有个乡下人想要为三都作赋，写成以后可以拿来盖酒坛。"后来左思写成《三都赋》，陆机看到后非常赞赏。

程颐四箴：北宋理学家程颐曾作视、听、言、动四箴（一种警戒性质的文体），用以自警。南宋大儒朱熹写《四书章句集注》时，将这四箴都抄录在《颜子问仁章》注内，认为这是学者应该照着去做的。

十三覃

陶母截发，姜后脱簪。

【典故】

陶母截发：《世说新语·贤媛》记载：东晋名将陶侃年轻时家贫，有贵客来访，他母亲把坐卧的草垫切碎了喂客人的马，又把头发剪下来换酒食。贵客知道后，感叹道："不是这样的母亲，生不出这样的孩子。"

姜后脱簪：《列女传·贤明传》记载：周宣王有一次起床晚了，他的王后姜氏摘去发簪，披头散发在囚禁宫女的地方待罪，并说："让君王晚起是我的罪过，请处罚我。"宣王说："这是我的过错，与你没有关系。"从此便早早上朝。周朝因而中兴。

达摩面壁，弥勒同龛。

【典故】

达摩面壁：《续高僧传》记载：南北朝时，印度僧人达摩乘船到中国。梁武帝亲自迎接他，但因两人在教义上的认识不同，达摩离开梁朝，到了嵩山（在今河南登封）。在嵩山，达摩面壁而坐，世人称"勘壁观"。

弥勒同龛（kān）：《淳化阁帖》记载：唐代书法家褚遂良给一个和尚写信说道："听说您久已抛弃尘世，和弥勒同龛，每天吃一顿清斋，按时禅定诵经，道果一定不会退转。"　弥勒：佛教菩萨名，释迦牟尼预言他在未来会成为佛。　龛：供佛的小阁子。

龙逄极谏，王衍清谈。

【典故】

龙逄（páng）极谏：《韩诗外传》记载：夏桀荒淫无度，大臣关龙逄进谏说："古代的君主，亲身实践礼义，爱民而节省花费，所以国家安定。您用钱没有节制，杀人无数，如果不悔改，上天一定会降祸于您。"夏桀听后下令把他处死。

王衍清谈：《晋书·王衍传》记载：西晋末期政治混乱，王衍身为大臣，却专心于清谈（以评议人物、辩论玄理为主要内容的一种议论，在魏晋时极为流行），被视为导致西晋灭亡的因素之一。

青威漠北，彬下江南。

【典故】

青威漠北：《史记·卫将军骠骑列传》记载：西汉时，有个刑徒给卫

卫青墓，位于陕西兴平汉武帝陵墓——茂陵东北1公里处。现存的这块墓碑，是当时地方长官清朝人毕沅所立，墓碑上书“汉大将军大司马长平侯卫公青墓”。

青相面说：“你是位贵人，以后定会封侯。”汉武帝时，卫青七次出征匈奴，屡立大功，拜为大将军，封长平侯。　漠北：指瀚海沙漠群的北部，历史上是匈奴人的活动中心。

彬下江南：《涑水记闻》记载：北宋名将曹彬奉命征南唐。战前，曹彬突然称病，众将都来探望，曹彬说：“我的病不是用药能治好的，众位如果肯发誓，到时候不乱杀人，我的病自然就好了。”众将对天发誓，并履行了誓言。

遐福郭令，上寿童参。

【典故】

遐福郭令：《太平广记·郭子仪》记载：唐代名将郭子仪（因功晋升为中书令一职，故称郭令）在七夕夜，看见空中有一辆车，车中坐一美女。他猜测这女子是织女，于是跪拜祷告。女子笑着说：“富贵，而且长寿。”后来郭子仪做了24年中书令，被封为汾阳郡王，儿子女婿都是高官，麾下的将士也都贵为王公。

上寿童参：《苏文忠公文集·童珪父参年一百二岁可承务郎致仕》记载：北宋仁宗对童参说：“古时的天子到四方巡察，每到一处都要询问当地有无百岁老人。如今你已经是一百多岁的人了，怎么能让你和平民百姓并列呢？”于是授给他官位。

郗愔启箧，殷羡投函。

【典故】

郗愔（yīn）启箧（qiè）：《中兴书》记载：东晋时大臣郗超临死前，担心父亲郗愔悲伤过度，就把一个匣子交给门生，说："我父亲如果悲痛过度，就把这个匣子给他；如果没有，就把它烧掉。"后来，郗愔果然悲痛欲绝，门生就将匣子呈上，里面都是郗超和桓温的秘密通信，涉及篡夺东晋皇位的问题。郗愔忠于东晋，看了信之后大怒说："这小子死得晚了！"于是不再哀痛。

殷羡投函：《世说新语·任诞》记载：东晋人殷羡要做豫章太守，很多在京城的豫章人都托他带信到家乡。路上，殷羡把这些信都扔到水里，说："该沉的沉，该浮的浮，殷羡不能替人带信。"

禹偁敏赡，鲁直沉酣。

【典故】

禹偁（chēng）敏赡：《名臣碑传琬琰集·毕文简公士安传》记载：北宋大臣王禹偁小时候替父亲给知州毕士安送面，正遇到毕士安给儿子们出了一个上联："鹦鹉能言争似凤。"王禹偁在一旁应声回答："蜘蛛虽巧不如蚕。"毕士安听后说："你满腹文章，将来一定会有大名声。"　敏赡：敏捷而博学。

鲁直沉酣：《苏轼文集·记黄鲁直语》记载：北宋文学家黄庭坚（字鲁直）沉醉于经史，曾说：士大夫三日不读书，对礼义的认识就会退步。对着镜子看，自己都会觉得面目可憎，与人说话则言语无味。

师徒布算，姑妇手谈。

【典故】

师徒布算：《佛祖通载》记载：唐代僧人一行来到天台山国清寺，见寺院门外有古松，门口有溪水，非常清幽。一行站在门外，听里面有一僧人在排布算筹（古时的计算工具），并对徒弟说："今天会有一个人来求教算法，而且已经到门口了。"听了这话一行快步走进院内，叩头拜这僧人为师。

唐代僧人一行，本名张遂，他是世界上首次推算出子午线纬度一度之长的人，并编制了《大衍历》。

姑妇手谈：《桂苑丛谈》记载：唐代围棋手王积薪随唐玄宗西行，晚上住在农家。这家只有婆媳两人，各住一间房。晚上，王积薪听见婆婆对儿媳说："下盘围棋吧。"两人都不出屋，也不点蜡烛，全靠说话对弈。最后婆婆说："你输了，我赢了九子。"第二天早晨，王积薪向她们求教，婆婆对媳妇说："你可以教这位先生一些平常的下法。"王积薪从此棋艺大进。　　手谈：即下围棋。因下棋时，默不作声，只靠一只手的中指、食指运筹棋子来斗智斗勇，如同手语交谈，故称手谈。

十四盐

风仪李揆，骨相吕岩。

【典故】

风仪李揆（kuí）：《刘宾客嘉话录》记载：唐代大臣李揆风仪美妙，善于奏对，唐德宗认为他"门第、人物、文章，当世第一"。

骨相吕岩：《浔阳摭醢（hǎi）》记载：唐末五代时期，高僧马祖见到吕岩（即吕洞宾，道士）时说："这个孩子骨相不一般。"后来吕岩游庐山，遇到神仙钟离真人，向他学了剑法。　　骨相：古人认为可以通过骨骼看出人的命运。

魏牟尺继，裴度千缣。

【典故】

魏牟尺縰（xǐ）：《新论》记载：战国时期魏国学者魏牟见赵王，赵王正让一个工匠做帽子，于是魏牟对赵王说："您如果爱惜国家能像爱惜做帽子的布一样，国家就能治理好了。"赵王问："治国为什么要和做帽子的布相比呢？"魏牟说："您从来不让亲信做帽子，都是找来好的工匠，是怕他们做坏了，浪费布。现在您治国不选贤才，而任用自己喜欢的人，这不是把国家看得还不如做帽子的布吗？"赵王无言以对。

裴度千缣：《新唐书·皇甫湜（shí）传》记载：唐代大臣裴度修福先寺，皇甫湜题写了碑文。裴度给他丰厚的报酬。皇甫湜却大怒说："我写了三千字碑文，一字要三缣（细绢），你给的报酬太少了。"裴度听后笑着说："你是桀骜不驯之人，我理应给你补足。"

孺子磨镜，麟士织帘。

【典故】

孺子磨镜：《海内士品》记载：东汉大臣黄琼曾经推荐名士徐稚（字孺子）做官，徐稚没答应。黄琼去世后，徐稚去参加葬礼，因为没有路费，便带着磨镜的工具，一路上靠做工挣钱。

麟士织帘：《南史·隐逸传》记载：南朝齐教育家沈麟士家贫，他一边织帘子一边读书。同乡称他为"织帘先生"。

华歆逃难，叔子避嫌。

【典故】

华歆逃难：《世说新语·德行》记载：东汉末年，名士华歆与王朗同时乘船避难。有一人想要搭船，华歆有些犹豫，王朗说："地方还大着呢，有什么不可以的。"后来贼兵追上来，王朗想让那个人下船，华歆说："我当初担心的就是这个情况。既然他已经把性命托付给我们，我们怎么能因为形势危急就抛弃他呢？"于是三人依然一起逃难。

叔子避嫌：《诗传》记载：春秋时期鲁国人颜叔子独自住在一间屋里。

晚上下大雨，邻家的房屋倒塌，有个女子到颜叔子处躲避。颜叔子为了避嫌，让女子手持蜡烛照明，蜡烛烧尽了，就点起火把来，一直到天亮。

盗知李涉，虏惧仲淹。

【典故】

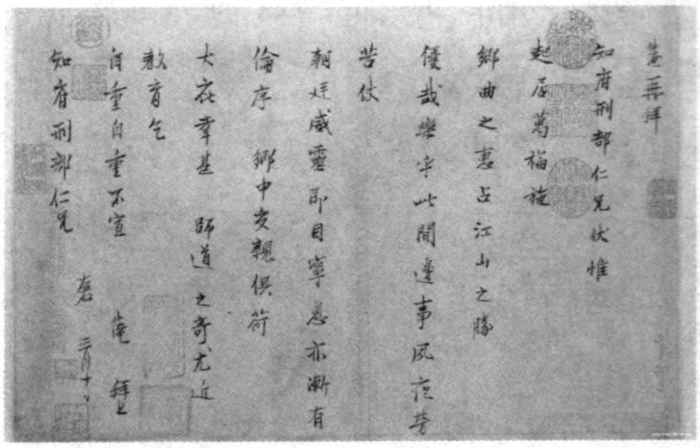

范仲淹书法作品《边事帖》

盗知李涉：《云溪友议》记载：唐代文人李涉旅行时遇到盗贼，盗贼的首领听说是李涉，就说："我们久闻你擅长作诗，希望能赠给我们一首。"于是李涉写了一首绝句："风雨潇潇江上村，绿林豪客夜知闻。相逢不用相回避，世上而今半是君。"

虏惧仲淹：《谈苑》记载：北宋政治家、文学家范仲淹接替连续战败的范雍出镇延州（治所在今陕西延安），防御西夏。西夏人互相提醒道："不要再打延州的主意了。范仲淹胸中有数万甲兵，不像范雍那样好欺负。"　　虏：此外指西夏人。

尾生岂信，仲子非廉。

【典故】

尾生岂信：《庄子·盗跖》记载：春秋时期鲁国人尾生与一个女子在桥下约会，女子迟迟未到，此时洪水来了，但尾生不愿失信，于是抱着桥柱等待，最终被淹死了。为了顾全约会的小信小义而丧命，在儒家学者看来算不得守信。

仲子非廉：《孟子·滕文公》记载：战国时期齐国隐士陈仲子（本名陈定）出生在大家族中，哥哥享有丰厚的俸禄，但陈仲子认为哥哥的俸禄是不义的，于是他背弃兄长和母亲，带着妻子逃走了。为了自己表现廉洁而不顾亲情，在儒家学者看来算不得廉洁。

由餐藜藿，鬲贩鱼盐。

【典故】

由餐藜藿（lí huò）：《孔子家语》记载：孔子的弟子仲由年轻时家贫，只能吃藜藿（都是野菜，这里指粗劣的饭菜）度日，还要到百里之外去背米，为父母做饭。后来仲由在楚国做官，过上了富贵的生活，但他却叹息道："现在想吃粗劣的食物，给父母去背米做饭，是不可能了。

鬲（gé）贩鱼盐：《吕氏春秋·慎大览》记载：商朝末期，政治混乱，胶鬲有才华却得不到任用，只能靠卖鱼卖盐为生。西伯姬昌（即后来的周文王）得知后，就把他推荐给纣王。

五湖范蠡，三径陶潜。

【典故】

五湖范蠡（lǐ）：《国语·越语》记载：春秋时期楚国人范蠡帮助越王勾践灭吴，越王想要和他平分国家，范蠡推辞后带着家人乘船进入五湖（即太湖，位于今江苏南部）。越王找不到他，就用黄金铸了范蠡的像，像对真人一样礼遇。

范蠡像

三径陶潜：东晋末期到南朝宋初期诗人陶潜的《归去来辞》中有"三径就荒，松菊犹存"的句子，意思是说自家门前的小路已经荒废，但松树和菊花还都一如往日。　　三径：指归隐的家园。

徐邈通介，崔郾宽严。

【典故】

徐邈通介：《三国志·魏书·徐邈传》记载：有人问三国时期魏国大

臣卢钦："大家曾说徐邈（三国时期魏国官员）通达，他从凉州刺史任上回京，大家又都说他清直。这是为什么？"卢钦回答："曹操看重清廉朴素的人，大家都特意改换车马服饰来求得好名声，徐公却与从前一样，所以大家说他通达；近来风气奢侈，大家都争相仿效，但徐公还是和从前一样，所以大家说他清直。"

崔郾（yǎn）宽严：《新唐书·崔郾传》记载：唐代人崔郾在虢（guó）州当刺史，一个月都未必会责打一个人。但他到鄂州以后，却变得非常严厉。有人问他为何前后变化这么大。崔郾说："陕地土地贫瘠，百姓劳苦，我以宽容的方式抚慰他们，百姓很容易归服。鄂州土地肥沃，百姓强悍，不靠威严无法制服他们。做官要懂得根据情况而改变措施啊。"

易操守剑，归罪遗缣。

【典故】

易操守剑：《先贤行状》记载：东汉王烈同乡有一个人偷牛，被牛主抓住，偷牛的人说："我愿意接受一切惩罚，但请不要让王烈知道这件事。"王烈听说后，认为这个贼还有羞耻之心，就送给他一匹布。后来有个老人把佩剑丢在路上，有个过路人看到，就停下来看守，一直等到老人来找。有人追查守剑之人是谁，发现就是之前的偷牛贼。

归罪遗缣（wèi jiān）：《后汉书·陈寔（shí）传》记载：东汉官员陈寔夜间读书时，有个小偷躲在房梁上。陈寔发现后，就对子弟说："做坏事的人不一定原本就是坏人，有时是习惯改变了天性，梁上的那位君子就是这样。"小偷吓得跳到地上，磕头谢罪。陈寔说："你是因为贫穷才这样吧。"于是送给他两匹绢。

十五咸

深情子野，神识阮咸。

【典故】

深情子野：《世说新语·任诞》记载：东晋名士桓伊（小字马野）喜好音乐，每次听到清亮的歌声，总是感叹："奈何，奈何。"大臣谢安听说后，评价道："桓伊真可以说是感情深切。"

神识阮咸：《晋书·阮咸传》记载：魏晋时人荀勖熟悉音律，西晋的宫廷音乐都由他制定，乐器也是他制作的。名士阮咸也懂音乐，每次宴会，阮咸总说音律不和谐。荀勖很生气，便将阮咸外调。后来有人耕地，挖出周朝定律用的玉尺，荀勖用它校正自己所制的乐器，都跟标准差一丝。经过此事，荀勖很赞赏阮咸的见识通神。

公孙白纻，司马青衫。

【典故】

公孙白纻（zhù）：《左传·襄公二十九年》记载：吴王派公子季札出使郑国。季札和郑国大臣公孙侨一见如故，季札送给公孙侨缟（gǎo）制的腰带，公孙侨回赠以白纻（一种丝织品）衣。

位于江西九江庐山的白居易草堂

司马青衫：唐代诗人白居易写有一首名为《琵琶行》的诗。诗的最后两句是："凄凄不似向前声，满座重闻皆掩泣。座中泣下谁最多？江州司马青衫湿。"司马：代指白居易，因其曾被贬为江州司马。　青衫：唐朝八九品官穿青色的官服。

狄梁被谮，杨亿蒙谗。

【典故】

狄梁被谮（zèn）：《大唐新语》记载：唐代大臣狄仁杰（去世后追封

为梁国公，世称狄梁公）做宰相时，皇帝武则天问他：“你在汝南当官时，有人说你坏话，你想知道是谁吗？”狄仁杰说：“他所说的事情，您认为我做得不对，我就应该改正；您认为我没有错，那是我的幸运。至于是谁说我的坏话，我不想知道。” 谮：说别人的坏话。

杨亿蒙谗：《耆（qí）旧续闻》记载：北宋时，御史不断上疏攻击大臣杨亿。杨亿在辞职信中写道：“我已经掉进沟里，还有人往下扔石头；我正困在荆棘中，尚有人拉开弓向我射箭。”

布重一诺，金慎三缄。

【典故】

布重一诺：《汉书·季布栾布列传》记载：西汉官员季布看不起辩士曹丘生，曹丘生对他说：“楚人说：‘得到黄金百斤，不如获得季布的允诺。’您是怎样得到这样的名声呢？是因为我在替您宣扬啊。而且您是楚人，我也是楚人，为何您拒绝与我交往呢？”季布听后送给曹丘生很多财物。

金慎三缄（jiān）：《说苑·敬慎》记载：孔子参观周王室的祖庙，看到陈列着一个金人，嘴上贴着严密的封条，背后有铭文，写着“不要多说话，说话多了出错就多；不要多事，事情多了祸患就多；不要贪图安乐，否则没有机会后悔；不要说‘能有什么害处’，祸患会绵延很久”。孔子对弟子说：“这些话是实在而又符合情理的啊！”

彦升非少，仲举不凡。

【典故】

彦升非少：《南史·任昉（fǎng）传》记载：南朝梁文学家任昉（字彦升）擅长写文章，大臣褚渊曾对他的父亲说：“这样的儿子，有一百个也不算多，只有一个也不算少。”

仲举不凡：《后汉书·陈蕃传》记载：东汉末大臣陈蕃（字仲举）15岁时，他父亲的朋友到家里拜访，见庭院长满了草，就问陈蕃：“知道有宾客要来，为何不先打扫一下呢？”陈蕃说：“大丈夫应该扫除天下，哪能把心思放在一间房子里呢？”

古人万亿，不尽兹函。

【译文】

值得提到的古人很多，这一部书是讲不完的。

附录

卷一

一东

粗成四字，诲尔童蒙。
经书暇日，子史须通。
重华大孝，武穆精忠。
尧眉八彩，舜目重瞳。
商王祷雨，汉祖歌风。
秀巡河北，策据江东。
太宗怀鹞，桓典乘骢。
嘉宾赋雪，圣祖吟虹。
邺仙秋水，宣圣春风。
恺崇斗富，浑濬争功。
王伦使虏，魏绛和戎。
恂留河内，何守关中。
曾除丁谓，皓折贾充。
田骄贫贱，赵别雌雄。
王戎简要，裴楷清通。

zǐ ní míng shì shào yì shén tóng

子尼名士，少逸神童。

jù bó gāo yì xǔ shū yīn gōng

巨伯高谊，许叔阴功。

dài yǔ lǐ jìng zhǐ báo wáng chóng

代雨李靖，止雹王崇。

hé níng yī bō rén jié yào lóng

和凝衣钵，仁杰药笼。

yì lún qīng jié zhǎn huò hé fēng

义伦清节，展获和风。

zhān fēng lìng yǐn biàn rì ér tóng

占风令尹，辩日儿童。

bì lǚ dōng guō cū fú zhāng róng

敝履东郭，粗服张融。

lú qǐ chú huàn péng chǒng yán gōng

卢杞除患，彭宠言功。

fàng gē yú zhě gǔ yì shī wēng

放歌渔者，鼓枻诗翁。

wéi wén zhū wǔ yáng xiào zūn zhōng

韦文朱武，阳孝尊忠。

yǐ lǘ jiǎ mǔ tóu gé yáng xióng

倚闾贾母，投阁扬雄。

liáng jī zhí hǔ féng hòu dāng xióng

梁姬值虎，冯后当熊。

luó fū mò shàng tōng dé gōng zhōng

罗敷陌上，通德宫中。

èr dōng
二冬

hàn chēng qī zhì táng xiàn sān zōng

汉称七制，唐羡三宗。

gǎo qīng duàn shé gāo zǔ shāng xiōng

杲卿断舌，高祖伤胸。

wèi gōng qiè zhí，shī dé kuān róng。
魏公切直，师德宽容。

mí héng yī è，lù sī jiǔ lóng。
祢衡一鹗，路斯九龙。

chún rén zhù mài，dīng gù mèng sōng。
纯仁助麦，丁固梦松。

hán qí sháo yào，lǐ gù fú róng。
韩琦芍药，李固芙蓉。

yuè yáng qī zǎi，fāng shuò sān dōng。
乐羊七载，方朔三冬。

jiāo qí bìng dì，tán shàng xiāng gōng。
郊祁并第，谭尚相攻。

táo wéi wù bào，hán bǐ yún lóng。
陶违雾豹，韩比云龙。

xǐ ér fēi zǐ，jiào shì zhāo róng。
洗儿妃子，校士昭容。

cǎi luán shū yùn，qín cāo cān zōng。
彩鸾书韵，琴操参宗。

sān jiāng
三江

gǔ dì fèng gé，cì shǐ jī chuāng。
古帝凤阁，刺史鸡窗。

wáng qín hú hài，xīng hàn liú bāng。
亡秦胡亥，兴汉刘邦。

dài shēng dú bù，xǔ zǐ wú shuāng。
戴生独步，许子无双。

liǔ mián hàn yuàn，fēng luò wú jiāng。
柳眠汉苑，枫落吴江。

yú shān jǐng zhí，lù mén yǐn páng。
鱼山警植，鹿门隐庞。

hào cóng chuáng nì，sōng bì zhàng zhuàng。
浩从床匿，崧避杖撞。

liú shī bù fù，hán wén dǐng gāng。
刘诗瓿覆，韩文鼎扛。
yuàn guī pán gǔ，yáng yì shí cóng。
愿归盘谷，杨忆石淙。
nǔ míng kè dí，chéng zhù shòu xiáng。
弩名克敌，城筑受降。
wéi qū dù qū，mèng chuāng cǎo chuāng。
韦曲杜曲，梦窗草窗。
líng zhēng chú gǒu，shī huò huā máng。
灵征刍狗，诗祸花龙。
jiā zhēn sī màn，lǔ zhí cǎi gāng。
嘉贞丝幔，鲁直彩缸。

sì zhī
四支

wáng liáng cè mǎ，fù yuè qí jī。
王良策马，傅说骑箕。
fú xī huà guà，xuān fǔ shān shī。
伏羲画卦，宣父删诗。
gāo féng bái dì，yǔ mèng xuán yí。
高逢白帝，禹梦玄彝。
yín chén qī cè，guāng jìn wǔ guī。
寅陈七策，光进五规。
lǔ gōng sān yì，yáng zhèn sì zhī。
鲁恭三异，杨震四知。
dèng yōu qì zǐ，guō jù mái ér。
邓攸弃子，郭巨埋儿。
gōng yú jià bì，chǔ dào huán jī。
公瑜嫁婢，处道还姬。
yǔn zhū dǒng zhuó，jiè shā wáng kuí。
允诛董卓，玠杀王夔。
shí qián jiǎo jié，zhū hài xióng qí。
石虔矫捷，朱亥雄奇。

píng shū fù fěn hóng zhì níng zhī
平叔傅粉，弘治凝脂。

bó yú qì zhàng mò dí bēi sī
伯俞泣杖，墨翟悲丝。

néng wén cáo zhí shàn biàn zhāng yí
能文曹植，善辩张仪。

wēn gōng jǐng zhěn dǒng zǐ xià wéi
温公警枕，董子下帷。

huì shū zhāng xù shàn huà wáng wéi
会书张旭，善画王维。

zhōu xiōng wú huì jì shū bù chī
周兄无慧，济叔不痴。

dù jī guó shì guō tài rén shī
杜畿国士，郭泰人师。

yī chuān zhuàn yì jué fàn lùn shī
伊川传《易》，觉范论《诗》。

dǒng zhāo jiù yǐ máo bǎo fàng guī
董昭救蚁，毛宝放龟。

chéng fēng zōng què lì xuě yáng shí
乘风宗悫，立雪杨时。

ruǎn jí qīng yǎn mǎ liáng bái méi
阮籍青眼，马良白眉。

hán zǐ gū fèn liáng hóng wǔ yī
韩子《孤愤》，梁鸿《五噫》。

qián kūn shì xiè cuī chén qǐ mí
钱昆嗜蟹，崔谌乞麋。

yǐn zhī mài quǎn jǐng bó pēng cí
隐之卖犬，井伯烹雌。

méi gāo mǐn jié sī mǎ yān chí
枚皋敏捷，司马淹迟。

zǔ yíng chēng shèng pān yuè chéng qí
祖莹称圣，潘岳诚奇。

zǐ zhī méi yǔ sī màn fēng zī
紫芝眉宇，思曼风姿。

yù huì qiè yǐn, chén jì chéng mí.
毓会窃饮，谌纪成糜。

hán kāng mài yào, zhōu shù rú zhī.
韩康卖药，周术茹芝。

liú gōng diàn hǔ, zhuāng zǐ tú guī.
刘公殿虎，庄子涂龟。

táng jǔ shàn xiàng, biǎn què míng yī.
唐举善相，扁鹊名医。

hán qí fén shū, jiǎ dǎo jì shī.
韩琦焚疏，贾岛祭诗。

kāng hóu xùn zhí, liáng bì kè ér.
康侯训侄，良弼课儿。

yán kuáng mò jí, shān qì nán zhī.
颜狂莫及，山器难知。

lǎn cán wēi yù, lǐ bì shāo lí.
懒残煨芋，李泌烧梨。

gān shèn yáng pèi, jiāo fàn chén yí.
干椹杨沛，焦饭陈遗。

wén shū jiè zǐ, ān shí qiú shī.
文舒戒子，安石求师。

fáng nián mò jiǎn, yán wǔ chēng qí.
防年末减，严武称奇。

dèng yún ài ài, zhōu yuē qī qī.
邓云艾艾，周曰期期。

zhōu shī yuán hú, liáng xiàng yuān chī.
周师猿鹄，梁相鵷鸱。

lín táo dà hàn, qióng yá xiǎo ér.
临洮大汉，琼崖小儿。

dōng yáng qiǎo duì, rǔ xī qí shī.
东阳巧对，汝锡奇诗。

qǐ qī sān lè, cáng yòng wǔ zhī.
启期三乐，藏用五知。

duò zèng shū dá, fā wèng zhōng lí.
堕甑叔达，发瓮钟离。

yī qián zhū lì, bàn bì lián jī
一钱诛吏，半臂怜姬。

wáng hú suǒ shí, luó yǒu qǐ cí
王胡索食，罗友乞祠。

shào fù dù mǔ, yōng yǒu yáng shī
召父杜母，雍友杨师。

zhí yán jiě fà, jīng zhào huà méi
直言解发，京兆画眉。

měi jī gōng dí, lǎo bì chuī chí
美姬工笛，老婢吹篪。

五微
wǔ wēi

jìng shū shòu xiǎng, wú yòu wèi yī
敬叔受饷，吴祐遗衣。

chún yú qiè xiào, sī mǎ wēi jī
淳于窃笑，司马微讥。

zǐ fáng bì gǔ, gōng xìn cǎi wēi
子房辟谷，公信采薇。

bǔ shāng wén guò, bó yù zhī fēi
卜商闻过，伯玉知非。

shì zhì yuǎn zhì, bó yuē dāng guī
仕治远志，伯约当归。

shāng ān chún fú, zhāng qì niú yī
商安鹑服，章泣牛衣。

cài chén shàn xuè, wáng gě jiāo jī
蔡陈善谑，王葛交讥。

táo gōng yùn pì, mèng mǔ duàn jī
陶公运甓，孟母断机。

liù yú
六鱼

shào dì zuò xī, tài zǐ qiān jū.
少帝坐膝，太子牵裾。

wèi yì hào hè, lǔ yǐn guān yú.
卫懿好鹤，鲁隐观鱼。

cài lún zào zhǐ, liú xiàng jiào shū.
蔡伦造纸，刘向校书。

zhū yún zhé jiàn, qín xī jī jū.
朱云折槛，禽息击车。

gěng gōng bài jǐng, zhèng guó chuān qú.
耿恭拜井，郑国穿渠。

guó huá qǔ yìn, tiān dīng mǒ shū.
国华取印，添丁抹书。

xì hóu zhú mǎ, zōng mèng yín yú.
细侯竹马，宗孟银鱼。

guǎn níng gē xí, hé qiáo zhuān jū.
管宁割席，和峤专车。

wèi yáng yuán zhàn, zhái xiàng wèi shū.
渭阳袁湛，宅相魏舒。

yǒng hé yōng juàn, cì dào cáng shū.
永和拥卷，次道藏书。

zhèn zhōu zèng bó, fú zǐ qū chē.
镇周赠帛，虙子驱车。

tíng wèi luó què, xué shì fén yú.
廷尉罗雀，学士焚鱼。

míng jiàn jì dá, yù shí lú chǔ.
冥鉴季达，预识卢储。

sòng jūn dù hǔ, lǐ bái chéng lǘ.
宋均渡虎，李白乘驴。

cāng jié zào zì, yú qīng zhù shū.
仓颉造字，虞卿著书。

bān jī cí niǎn, féng dàn tóng yú.
班姬辞辇，冯诞同舆。

qī yú
七 虞

xī shān jīng wèi, dōng hǎi má gū.
西山精卫，东海麻姑。

chǔ yīng xìn fó, qín zhèng kēng rú.
楚英信佛，秦政坑儒。

cáo gōng duō zhì, yán zǐ fēi yú.
曹公多智，颜子非愚。

wǔ yún fù chǔ, gōu jiàn miè wú.
伍员覆楚，勾践灭吴。

jūn mó lóng piàn, wáng sù lào nú.
君谟龙片，王肃酪奴。

cài héng biàn fèng, yì fǔ tí wū.
蔡衡辨凤，义府题乌。

sū qín cì gǔ, lǐ jì fén xū.
苏秦刺股，李勣焚须。

jiè chéng kuáng zhí, duān bù hú tú.
介诚狂直，端不糊涂。

guān xī kǒng zǐ, jiāng zuǒ yí wú.
关西孔子，江左夷吾。

zhào biàn xié hè, zhāng hàn sī lú.
赵抃携鹤，张翰思鲈。

lǐ jiā guó shì, niè mǐn tián fū.
李佳国士，聂悯田夫。

shàn ōu wáng bào, zhí bǐ dǒng hú.
善讴王豹，直笔董狐。

zhào dǐng jué jiàng, zhū mù zhuān yú.
赵鼎倔强，朱穆专愚。

zhāng hóu huà shí, mèng shǒu hái zhū.
张侯化石，孟守还珠。

máo suì tuō yǐng, zhōng jūn qì xū.
毛遂脱颖，终军弃繻。

zuǒ qīng huà hè, cì zhòng wéi wū.
佐卿化鹤，次仲为乌。

wéi shù qǐ zǐ， lú zhí kǎi mó。
韦述杞梓，卢植楷模。

shì héng huáng ěr， zǐ shòu fēi nú。
士衡黄耳，子寿飞奴。

zhí bǐ wú jīng， gōng yì yuán shū。
直笔吴兢，公议袁枢。

chén shèng chuò chā， jiè zǐ qì gū。
陈胜辍锸，介子弃觚。

xiè míng hú dié， zhèng hào zhè gū。
谢名蝴蝶，郑号鹧鸪。

dài hé shū jiǎn， zhèng xiá chéng tú。
戴和书简，郑侠呈图。

xiá qiū mài yào， yè lìng tóu wū。
瑕丘卖药，邺令投巫。

bīng shān yòu xiàng， tóng xiù sī tú。
冰山右相，铜臭司徒。

wǔ líng yú fǔ， mǐn yuè qiáo fū。
武陵渔父，闽越樵夫。

yú rén yù bàng， tián fǔ jùn lú。
渔人鹬蚌，田父⿰夋兔卢。

zhèng jiā shī bì， xī shì wén nú。
郑家诗婢，郗氏文奴。

卷二

bā qí
八齐

zǐ jìn mù shǐ， xiān wēng zhù jī。
子晋牧豕，仙翁祝鸡。

wǔ wáng guī mǎ， péi dù huán xī。
武王归马，裴度还犀。

chóng ěr bà jìn， xiǎo bái xīng qí。
重耳霸晋，小白兴齐。

jǐng gōng ráng huì， dòu yǎn zhān kuí。
景公禳彗，窦俨占奎。

zhuó jìng píng hǔ， xī bā shì ní。
卓敬冯虎，西巴释麑。

xìn líng bǔ yào， zǔ tì wén jī。
信陵捕鹞，祖逖闻鸡。

zhào bāo qì mǔ， wú qǐ shā qī。
赵苞弃母，吴起杀妻。

chén píng duō zhé， lǐ guǎng chéng xī。
陈平多辙，李广成蹊。

liè yì kè hǔ， wēn qiáo rán xī。
烈裔刻虎，温峤燃犀。

liáng gōng xùn què， máo róng gē jī。
梁公驯雀，茅容割鸡。

jiǔ jiā
九佳

yǔ jūn wǔ guì， wáng yòu sān huái。
禹钧五桂，王祐三槐。

tóng xīn xiàng xiù， xiào mào bó xié。
同心向秀，肖貌伯偕。

yuán hóng tǔ shì, yáng kǎn shuǐ zhāi.
袁闳土室，羊侃水斋。
jìng zhī shuō hǎo, guō nè yán jiā.
敬之说好，郭讷言佳。
chén guàn zé jǐ, ruǎn jí yǒng huái.
陈瓘责己，阮籍咏怀。

shí huī
十灰

chū píng qǐ shí, zuǒ cí zhì bēi.
初平起石，左慈掷杯。
míng gāo lín gé, gōng xiǎn yún tái.
名高麟阁，功显云台。
zhū xī zhèng xué, sū shì qí cái.
朱熹正学，苏轼奇才。
yuān míng shǎng jú, hé jìng guān méi.
渊明赏菊，和靖观梅。
jī shǔ zhāng fàn, jiāo qī chén léi.
鸡黍张范，胶漆陈雷。
gěng yǎn běi dào, sēng rú xī tái.
耿弇北道，僧孺西台。
jiàn fēng shòu kuàng, xiào jī huán cái.
建封受贶，孝基还财。
zhǔn tí huà yuè, chuò fù tiān tāi.
准题华岳，绰赋天台。
mù shēng jué qù, jiǎ yù chóng lái.
穆生决去，贾郁重来。
tái wū chéng zhào, píng què wéi méi.
台乌成兆，屏雀为媒。
píng zhòng wú shù, ān dào duō cái.
平仲无术，安道多才。
yáng yì hè tuì, dòu wǔ shé tāi.
杨亿鹤蜕，窦武蛇胎。

xiāng fēi qì zhú, chú ní chù huái
湘妃泣竹，鉏麑触槐。

yáng yōng wǔ bì, wēn qiáo yī tái
阳雍五壁，温峤一台。

shí yī zhēn
十一真

kǒng mén shí zhé, yīn shì sān rén
孔门十哲，殷室三仁。

yàn néng chǔ jǐ, hóng chǐ yīn rén
晏能处己，鸿耻因人。

wén wēng jiào shì, zhū yì ài mín
文翁教士，朱邑爱民。

tài gōng diào wèi, yī yǐn gēng shēn
太公钓渭，伊尹耕莘。

gāo wéi tuán lì, bì jǐn xiàn shēn
皋惟团力，泌仅献身。

sàng bāng huáng hào, wù guó zhāng dūn
丧邦黄皓，误国章惇。

yāng gēng qín fǎ, pǔ dú lǔ lún
鞅更秦法，普读《鲁论》。

lǚ zhū huà shì, kǒng lù wén rén
吕诛华士，孔戮闻人。

bào shèng chí fǔ, zhāng gāng mái lún
暴胜持斧，张纲埋轮。

sūn fēi shí miàn, wéi qǐ chéng shēn
孙非识面，韦岂呈身。

lìng gōng qǐng shuì, zhǎng rú shū mín
令公请税，长孺输缗。

bái zhōu cì shǐ, jiàng xiàn lǎo rén
白州刺史，绛县老人。

jǐng xíng lián mù, jǐn xuǎn huā yīn
景行莲幕，谨选花裀。

xī chāo zào zhái, jì yǎ mǎi lín
郗超造宅，季雅买邻。
shòu chāng xún mǔ, dǒng yǒng mài shēn
寿昌寻母，董永卖身。
jiàn ān qī zǐ, dà lì shí rén
建安七子，大历十人。
xiāng shān shī jià, sūn jì gū mín
香山诗价，孙济酤缗。
lìng yán sūn wǔ, fǎ biàn zhāng xún
令严孙武，法变张巡。
gēng yī fàn rǎn, guǎng bèi mèng rén
更衣范冉，广被孟仁。
bǐ chuáng chá zào, yǔ shàn guān jīn
笔床茶灶，羽扇纶巾。
guàn fū shǐ jiǔ, liú sì mà rén
灌夫使酒，刘四骂人。
yǐ niú yì mǎ, gǎi shì wéi mín
以牛易马，改氏为民。
kuàng xiān biǎo shèng, dēng hòu shěn bīn
圹先表圣，灯候沈彬。

shí èr wén
十二文

xiè fū chǔ shì, sòng jǐng xián jūn
谢敷处士，宋景贤君。
jǐng zōng xiǎn yùn, liú huī qí wén
景宗险韵，刘辉奇文。
yuán ān wò xuě, rén jié wàng yún
袁安卧雪，仁杰望云。
mào shū zǎi xiàng, fù fù jiāng jūn
貌疏宰相，腹负将军。
liáng tíng qiè guàn, zēng pǔ wù yún
梁亭窃灌，曾圃误耘。

zhāng xún jūn lìng chén lín xí wén
张巡军令，陈琳檄文。

yáng zhí yì shàng nìng yuè mí qín
羊殖益上，宁越弥勤。

cài yōng dào xǐ wèi guàn pī yún
蔡邕倒屣，卫瓘披云。

jù shān guī xī zūn yàn lóng wén
巨山龟息，遵彦龙文。

shí sān yuán
十三元

ào nì zhāo jiàn mào yì jiǎn yán
傲睨昭谏，茂异简言。

jīn shū mèng jué shā hù bǔ fān
金书梦珏，纱护卜藩。

tóng huī bǔ hǔ gǔ yě chí yuán
童恢捕虎，古冶持鼋。

hé qí hán xìn xiāng huà chén yuán
何奇韩信，香化陈元。

xú gàn zhōng lùn yáng xióng fǎ yán
徐幹《中论》，扬雄《法言》。

lì chēng wū huò yǒng shàng mèng bēn
力称乌获，勇尚孟贲。

bā lóng xún shì wǔ zhì táng mén
八龙荀氏，五豸唐门。

zhāng zhān chuī jiù zhuāng zhōu gǔ pén
张瞻炊臼，庄周鼓盆。

shū tuō shì jiǎn bó ào wén yuán
疏脱士简，博奥文元。

mǐn xiū wèi qǔ chén qiáo chū hūn
敏修未娶，陈峤初婚。

cháng gōng sī guò dìng guó píng yuān
长公思过，定国平冤。

chén zūn tóu xiá，wèi bó sǎo mén。
陈遵投辖，魏勃扫门。
sūn liǎn zhī jù，ruǎn xián pù kūn。
孙琏织屦，阮咸曝裈。
huì táng wú yǐn，wéi shān bù yán。
晦堂无隐，沩山不言。

shí sì hán
十四寒

zhuāng shēng hú dié，lǚ zǔ hán dān。
庄生蝴蝶，吕祖邯郸。
xiè ān zhé jī，gòng yǔ tán guān。
谢安折屐，贡禹弹冠。
yǐ róng wáng dǎo，jùn shā qū duān。
顗容王导，浚杀曲端。
xiū nuó tí jié，shū shào píng guān。
休那题碣，叔邵凭棺。
rú lóng zhū gě，sì guǐ cáo mán。
如龙诸葛，似鬼曹瞒。
shuǎng xīn yù lǐ，bái yuàn shí hán。
爽欣御李，白愿识韩。
qián lóu bù bèi，yōu mèng yī guān。
黔娄布被，优孟衣冠。
cháng gē nìng qī，hān shuì chén tuán。
长歌宁戚，鼾睡陈抟。
zēng shēn wù yì，páng dé yí ān。
曾参务益，庞德遗安。
mù qīn chǔ jiù，shāng huà zhī lán。
穆亲杵臼，商化芝兰。
gě hóng fù jí，gāo fèng chí gān。
葛洪负笈，高凤持竿。
shì zhī jié wà，zǐ xià gēng guān。
释之结袜，子夏更冠。

zhí yán táng jiè, yǎ liàng liú kuān
直言唐介，雅量刘宽。
lǚ xū hé diǎn, zhuō bí xiè ān
捋须何点，捉鼻谢安。
zhāng huá lóng zhǎ, mǐn gòng zhū gān
张华龙鲊，闵贡猪肝。
yuān cái wǔ hèn, guō yì sān tàn
渊材五恨，郭奕三叹。
hóng jǐng zuò xiàng, yán zǔ qì guān
弘景作相，延祖弃官。
èr shū gòng zhàng, sì hào yī guān
二疏供帐，四皓衣冠。
màn qīng háo yǐn, lián pō xióng cān
曼卿豪饮，廉颇雄餐。
cháng kāng sān jué, yuán fāng èr nán
长康三绝，元方二难。
zēng cí wēn bǎo, chéng rěn jī hán
曾辞温饱，城忍饥寒。
mǎi chén huái shòu, páng méng guà guān
买臣怀绶，逢萌挂冠。
xún liáng fú zhàn, rú yǎ ní kuān
循良伏湛，儒雅兒宽。
ōu mǔ huà dí, liǔ mǔ huó wán
欧母画荻，柳母和丸。
hán píng tí yè, yān jí mèng lán
韩屏题叶，燕姞梦兰。
piǎo mǔ jìn shí, huàn fù fēn cān
漂母进食，浣妇分餐。

shí wǔ shān
十五删

lìng wēi huá biǎo, dù yǔ xī shān
令威华表，杜宇西山。

fàn zēng jǔ jué，yáng hù tàn huán。
范增举玦，羊祜探环。

shěn zhāo kuáng shòu，féng dào chī wán。
沈昭狂瘦，冯道痴顽。

chén fān xià tà，zhì yùn jù guān。
陈蕃下榻，郅恽拒关。

xuě yè qín cài，dēng xī píng mán。
雪夜擒蔡，灯夕平蛮。

guō jiā jīn xué，dèng shì tóng shān。
郭家金穴，邓氏铜山。

bǐ gān shòu cè，yáng bǎo zhǎng huán。
比干受策，杨宝掌环。

yàn yīng néng jiǎn，sū shì wéi qiān。
晏婴能俭，苏轼为悭。

táng kāi luò shuǐ，shè jié xiāng shān。
堂开洛水，社结香山。

là huā qí fàng，chūn guì tóng pān。
腊花齐放，春桂同攀。

卷三

yī xiān
一 先

fēi fú shè lìng jià hè gōu xiān
飞凫叶令，驾鹤缑仙。

liú chén cǎi yào mào shū guān lián
刘晨采药，茂叔观莲。

yáng gōng huī rì wǔ yǐ shè tiān
阳公麾日，武乙射天。

táng zōng sān jiàn liú chǒng yī qián
唐宗三鉴，刘宠一钱。

shū wǔ shǒu guó lǐ mù bèi biān
叔武守国，李牧备边。

shào wēng zhì guǐ luán dà qiú xiān
少翁致鬼，栾大求仙。

yù chén cáo cāo měng xiàng fú jiān
彧臣曹操，猛相苻坚。

hàn jiā sān jié jìn shì qī xián
汉家三杰，晋室七贤。

jū yì shí zì tóng wū yù xuán
居易识字，童乌预《玄》。

huáng wǎn duì rì qín mì lùn tiān
黄琬对日，秦宓论天。

yuán lóng hú hǎi sī mǎ shān chuān
元龙湖海，司马山川。

cāo zhū lǚ bù bìn shā páng juān
操诛吕布，膑杀庞涓。

yǔ jiù jù lù zhǔn cè chán yuān
羽救巨鹿，准策澶渊。

yīng róng wán yào yán chǎng huán qián
应融丸药，阎敞还钱。

fàn jū ràng shuǐ, wú yǐn tān quán.
范居让水，吴饮贪泉。

xuē féng léi mǎ, liú shèng hán chán.
薛逢羸马，刘胜寒蝉。

zhuō dāo cáo cāo, fú shǐ jiǎ jiān.
捉刀曹操，拂矢贾坚。

huì kěn fù guó, zhì yuàn qīn xián.
晦肯负国，质愿亲贤。

luó yǒu féng guǐ, pān gǔ chēng xiān.
罗友逢鬼，潘谷称仙。

mào hóng shū fú, zǐ jìng qīng zhān.
茂弘练服，子敬青毡。

wáng qí yàn zì, hán pǔ luán jiān.
王奇雁字，韩浦鸾笺。

ān zhī huà dì, dé yù chóu biān.
安之画地，德裕筹边。

píng yuán shí rì, sū zhāng èr tiān.
平原十日，苏章二天。

xú miǎn fēng yuè, qì jí yún yān.
徐勉风月，弃疾云烟。

shùn qīn dǒu jiǔ, fǎ zhǔ pú jiān.
舜钦斗酒，法主蒲鞯。

rào cháo zèng cè, fú lǔ tóu biān.
绕朝赠策，苻卤投鞭。

yù ràng tūn tàn, sū wǔ cān zhān.
豫让吞炭，苏武餐毡。

jīn tái zhāo shì, yù shǔ zhù xián.
金台招士，玉署贮贤。

sòng chén zōng zé, hàn shǐ zhāng qiān.
宋臣宗泽，汉使张骞。

hú jī rén zhǒng, míng jì shū xiān.
胡姬人种，名妓书仙。

èr xiāo
二　萧

téng wáng jiá dié, mó jié bā jiāo.
滕王蛱蝶，摩诘芭蕉。

què yī shī dào, tóu bǐ bān chāo.
却衣师道，投笔班超。

féng guān wǔ dài, jì xiàng sān cháo.
冯官五代，季相三朝。

liú fén xià dì, lú zhào duó biāo.
刘蕡下第，卢肇夺标。

líng gān xiáng lǔ, zhú chǐ chén zhāo.
陵甘降虏，蠋耻臣昭。

lóng pín shài fù, qián lǎn zhé yāo.
隆贫晒腹，潜懒折腰。

wéi shòu shǔ jǐn, yuán zài jiāo xiāo.
韦绶蜀锦，元载鲛绡。

pěng xí máo yì, jué jū wēn qiáo.
捧檄毛义，绝裾温峤。

zhèng qián zhù shì, huái sù zhòng jiāo.
郑虔贮柿，怀素种蕉。

yán zǔ hè lì, mào hóng lóng chāo.
延祖鹤立，茂弘龙超。

xuán yú yáng xù, liú dú shí miáo.
悬鱼羊续，留犊时苗。

guì fēi pěng yàn, nòng yù chuī xiāo.
贵妃捧砚，弄玉吹箫。

sān yáo
三　肴

luán bā jiù huǒ, xǔ xùn chú jiāo.
栾巴救火，许逊除蛟。

shī qióng wǔ jì, yì bù sān yáo.
《诗》穷五际，《易》布三爻。

qīng shí ān shí, qí jì jū cháo.
清时安石，奇计居鄛。

hú xún yīng dòu, quán fǎng hǔ páo.
湖循莺脰，泉访虎跑。

jìn yóu shù xī, guǐ shù shī jiǎo.
近游束皙，诡术尸佼。

áo kuáng xī fà, jī lǎn zhuǎn bāo.
翱狂晞发，嵇懒转胞。

xī xī yàn yǒng, běi lǒng kǒng cháo.
西溪晏咏，北陇孔嘲。

mín jiē zì zhèng, qiāng yuàn xìng bāo.
民皆字郑，羌愿姓包。

qí péng shěn huì, shè yā mèng jiāo.
骑鹏沈晦，射鸭孟郊。

dài yóng gǔ chuī, jiǎ dǎo tuī qiāo.
戴颙鼓吹，贾岛推敲。

sì háo 四豪

yǔ chéng yú shùn, yuè xiàng yīn gāo.
禹承虞舜，说相殷高。

hán hóu bì kù, zhāng lù tí páo.
韩侯敝袴，张禄绨袍。

xiàng rú tí zhù, hán yù fén gāo.
相如题柱，韩愈焚膏。

juān shēng jǐ xìn, zhēng sǐ kǒng bāo.
捐生纪信，争死孔褒。

kǒng zhāng wén bó, mèng dé shī háo.
孔璋文伯，梦得诗豪。

mǎ yuán jué shuò, cháo fǔ qīng gāo.
马援矍铄，巢父清高。

bó lún jī lèi, chāo zōng fèng máo.
伯伦鸡肋，超宗凤毛。

fú qián lìn zuò，chē yìn zhòng láo。
服虔赁作，车胤重劳。

zhāng yí zhé zhú，rén mò rán hāo。
张仪折竹，任末燃蒿。

hè xún bīng yù，gōng jǐn chún láo。
贺循冰玉，公瑾醇醪。

páng gōng xiū chàng，liú zǐ gāo cāo。
庞公休畅，刘子高操。

jì zhá guà jiàn，lǚ qián zèng dāo。
季札挂剑，吕虔赠刀。

lái hù zhuó luò，liáng sǒng jīn gāo。
来护卓荦，梁竦矜高。

zhuàng xīn chǔ zhòng，cāo xíng chén táo。
壮心处仲，操行陈陶。

zǐ jīng shuǎng mài，xiào bó qīng cāo。
子荆爽迈，孝伯清操。

lǐ dìng liù yì，shí yù sān háo。
李订六逸，石与三豪。

zhèng hóng huán jiàn，yuán xìng chéng dāo。
郑弘还箭，元性成刀。

liú yīn qī yè，hé diǎn sān gāo。
刘殷七业，何点三高。

wǔ gē
五歌

èr shǐ rù shǔ，wǔ lǎo yóu hé。
二使入蜀，五老游河。

sūn dēng zuò xiào，tán qiào xíng gē。
孙登坐啸，谭峭行歌。

hàn wáng fēng chǐ，qí zhǔ pēng ē。
汉王封齿，齐主烹阿。

dīng lán kè mù，wáng zhì làn kē。
丁兰刻木，王质烂柯。

huò guāng zhōng hòu, huáng bà kuān hé.
霍光忠厚，黄霸宽和。

huán tán fēi chèn, wáng shāng zhǐ é.
桓谭非谶，王商止讹。

yǐn wēng gōng shèng, cì kè jīng kē.
隐翁龚胜，刺客荆轲。

lǎo rén jié cǎo, è fū dǎo gē.
老人结草，饿夫倒戈。

yì kuān lǐ nè, bēi zhuàn sūn hé.
弈宽李讷，碑赚孙何。

zǐ yóu xiào yǒng, sī lì yín é.
子猷啸咏，斯立吟哦。

yì shì diāo ěr, lǘ lǐ míng kē.
奕世貂珥，闾里鸣珂。

tán chuò sī zhú, póu fèi lù é.
昙辍丝竹，裒废《蓼莪》。

jī chén wǔ fú, huà zhù sān duō.
箕陈五福，华祝三多。

liù má
六麻

wàn shí qín shì, sān jǐ cuī jiā.
万石秦氏，三戟崔家。

tuì zhī qū è, shū áo mái shé.
退之驱鳄，叔敖埋蛇。

yú xǔ yì fú, dào jì liáng shā.
虞诩易服，道济量沙。

jí cí kuì ròu, qióng què xiǎng guā.
伋辞馈肉，琼却饷瓜。

zhài zūn zǔ dòu, chái shào pí pá.
祭遵俎豆，柴绍琵琶。

fǎ cháng píng jiǔ, hóng jiàn lùn chá.
法常评酒，鸿渐论茶。

táo yí sōng jú, tián lè yān xiá
陶怡松菊，田乐烟霞。

mèng yè jiǔ suì, zhèng jué yī má
孟邺九穗，郑珏一麻。

yán huí liàn mǎ, yuè guǎng bēi shé
颜回练马，乐广杯蛇。

luó xiàng chí jié, wáng bō lǒng shā
罗珦持节，王播笼纱。

néng yán lǐ bì, gǎn jiàn xiāng jū
能言李泌，敢谏香车。

hán yù pì fó, fù yì chú xié
韩愈辟佛，傅奕除邪。

chūn cáng zú gòu, yōng shì chuāng jiā
春藏足垢，邕嗜疮痂。

xuē jiān chéng cǎi, jiāng bǐ shēng huā
薛笺成彩，江笔生花。

bān zhāo hàn shǐ, cài yǎn hú jiā
班昭汉史，蔡琰胡笳。

fèng huáng lǜ lǚ, yīng wǔ pí pá
凤凰律吕，鹦鹉琵琶。

dù chuán táo yè, cūn míng xìng huā
渡传桃叶，村名杏花。

qī yáng
七阳

jūn qǐ pán gǔ, rén shǐ yà dāng
君起盘古，人始亚当。

míng huáng huā è, líng yùn chí táng
明皇花萼，灵运池塘。

shén wēi yì dé, yì yǒng yún cháng
神威翼德，义勇云长。

yì xióng shè rì, yǎn fèn fēi shuāng
羿雄射日，衍愤飞霜。

wáng xiáng qiú lǐ shū xiàng mái yáng
王祥求鲤，叔向埋羊。

liàng fāng guǎn yuè lè bǐ gāo guāng
亮方管乐，勒比高光。

shì nán shū jiàn cháo cuò zhì náng
世南书监，晁错智囊。

chāng qiú yǒu lǐ shōu dùn shǒu yáng
昌囚羑里，收遁首阳。

shì gōng zhèng shū jùn jǔ lǐ gāng
轼攻正叔，浚沮李纲。

xiáng jīn liú yù shùn lǔ bāng chāng
降金刘豫，顺虏邦昌。

yú shāo chì bì shì zhé huáng gāng
瑜烧赤壁，轼谪黄冈。

mǎ róng jiàng zhàng lǐ hè jǐn náng
马融绛帐，李贺锦囊。

tán qiān yíng zàng zhī xí lín sāng
昙迁营葬，脂习临丧。

rén yù shī jiào liú shì mò zhuāng
仁裕诗窖，刘式墨庄。

liú kūn xiào yuè bó qí lǚ shuāng
刘琨啸月，伯奇履霜。

sài wēng shī mǎ zāng gǔ wáng yáng
塞翁失马，臧谷亡羊。

kòu gōng kū zhú shào bó gān táng
寇公枯竹，召伯甘棠。

kuāng héng záo bì sūn jìng xuán liáng
匡衡凿壁，孙敬悬梁。

yì lú mǐn sǔn shān zhěn huáng xiāng
衣芦闵损，扇枕黄香。

yīng fú zhào wǔ jí shā huái wáng
婴扶赵武，籍杀怀王。

wèi zhēng wǔ mèi ruǎn jí chāng kuáng
魏徵妩媚，阮籍猖狂。

diāo lóng liú xié mǐn jì yīng yáng
《雕龙》刘勰，《愍骥》应玚。

yù chē tài dòu xí shè jǐ chāng
御车泰豆，习射纪昌。

yì rén yàn bó nán zǐ tiān xiáng
异人彦博，男子天祥。

zhōng zhēn gǔ bì qí jié rén táng
忠贞古弼，奇节任棠。

hé yàn tán yì guō xiàng zhù zhuāng
何晏谈《易》，郭象注《庄》。

wò yóu zōng zǐ zuò yǐn wáng láng
卧游宗子，坐隐王郎。

dào jiǔ bì zhuó gē ròu dōng fāng
盗酒毕卓，割肉东方。

lǐ yīng pò zhù wèi guàn fǔ chuáng
李膺破柱，卫瓘抚床。

yíng jūn xì liǔ xiào liè cháng yáng
营军细柳，校猎长杨。

zhōng wǔ jù diàn dé yù jū sāng
忠武具奠，德玉居丧。

áo cáo xióng yì yuán fā shū kuáng
敖曹雄异，元发疏狂。

kòu què lì bù lǚ zhì jiā náng
寇却例簿，吕置夹囊。

yàn shēng bái jiǎn yuán zēng qīng xiāng
彦升白简，元曾青箱。

kǒng róng liǎo liǎo huáng xiàn wāng wāng
孔融了了，黄宪汪汪。

sēng yán bù cè zhào yī fēi cháng
僧岩不测，赵壹非常。

shěn sī hào kè yán sì wéi láng
沈思好客，颜驷为郎。

shēn tú sōng wū wèi yě cǎo táng
申屠松屋，魏野草堂。

dài yuān xī luò, zǔ tì nán táng
戴渊西洛，祖逖南塘。
qīng chéng dá jǐ, jià lǔ wáng qiáng
倾城妲己，嫁虏王嫱。
guì fēi táo jì, gōng zhǔ méi zhuāng
贵妃桃髻，公主梅妆。
jí liǎo sī hàn, gòng fèng zhōng táng
吉了思汉，供奉忠唐。

卷四

bā gēng
八 庚

xiāo shōu tú jí, kǒng xī fán yīng
萧收图籍，孔惜繁缨。

biàn zhuāng cì hǔ, lǐ bái qí jīng
卞庄刺虎，李白骑鲸。

wáng róng zhī gǔ, lǐ mì chén qíng
王戎支骨，李密陈情。

xiàng rú wán bì, lián pō fù jīng
相如完璧，廉颇负荆。

cóng lóng jiè zǐ, fēi yàn sū qīng
从龙介子，飞雁苏卿。

zhōng chén hóng hào, yì shì tián héng
忠臣洪皓，义士田横。

lǐ píng lín jiǎ, gǒu biàn gān chéng
李平鳞甲，苟变干城。

jǐng wén yǐn zhèn, máo jiāo fú pēng
景文饮鸩，茅焦伏烹。

xǔ chéng ěr zhòng, dīng yuàn mù máng
许丞耳重，丁掾目盲。

yōng shū dé rùn, mài bǔ jūn píng
佣书德润，卖卜君平。

mǎ dāng wáng bó, niú zhǔ yuán hóng
马当王勃，牛渚袁宏。

tán tiān zōu yǎn, jī gǔ huán róng
谈天邹衍，稽古桓荣。

qí céng fàn bǐng, píng dé fēn gēng
岐曾贩饼，平得分羹。

wò chuáng yì shào, shēng zuò yán míng
卧床逸少，升座延明。

wáng bó xīn zhī, jiǎ kuí shé gēng
王勃心织，贾逵舌耕。
xuán hé guō zǐ, huǎn jiá lì shēng
悬河郭子，缓颊郦生。
shū chéng fèng wěi, huà diǎn lóng jīng
书成凤尾，画点龙睛。
gōng chén tú gé, xué shì dēng yíng
功臣图阁，学士登瀛。
lú xié mào chǒu, wèi jiè shén qīng
卢携貌丑，卫玠神清。
fēi xióng zài shì, yuán zé sān shēng
非熊再世，圆泽三生。
ān qī dōng dù, pān yuè xī zhēng
安期东渡，潘岳《西征》。
zhì hé dān diào, zōng yí chuò gēng
志和耽钓，宗仪辍耕。
wèi yāng xíng zhà, yáng hù tuī chéng
卫鞅行诈，羊祜推诚。
lín zōng qīng zhōu, wén jì zhēng gēng
林宗倾粥，文季争羹。
mào zhēn kē shuì, yáng chéng huǎn zhēng
茂贞苛税，阳城缓征。
běi shān xué shì, nán guō xiān shēng
北山学士，南郭先生。
wén rén péng jǔ, míng shì dào héng
文人鹏举，名士道衡。
guàn yuán chén dìng, wéi pǔ sū qīng
灌园陈定，为圃苏卿。
róng fù cāng hǎi, zǔ yǒng péng chéng
融赋沧海，祖咏彭城。
wēn gōng wàn juàn, shěn yuē sì shēng
温公万卷，沈约四声。
xǔ xún shèng jù, xiè kè yóu qíng
许询胜具，谢客游情。

bù qí zǎi shàn，zǐ tuī xiàng jīng
不齐宰单，子推相荆。

zhòng yān fù xìng，pān làng cáng míng
仲淹复姓，潘阆藏名。

pēng chá xiù shí，lù jiǔ yuān míng
烹茶秀实，漉酒渊明。

shàn niàng bái duò，zòng yǐn gōng róng
善酿白堕，纵饮公荣。

yí dí zào jiǔ，dé yù tiáo gēng
仪狄造酒，德裕调羹。

yìn píng wáng shì，qián xí jiǎ shēng
印屏王氏，前席贾生。

jiǔ qīng
九青

jīng chuán yù shǐ，jì zèng tí xíng
经传御史，偈赠提刑。

shì ān zhèng zì，cì zhòng tán jīng
士安正字，次仲谈经。

xián zūn zǔ là，kuān shí tiān xīng
咸遵祖腊，宽识天星。

jǐng huàn chuí jiè，bān gù lè míng
景焕垂戒，班固勒铭。

néng shī dù fǔ，shì jiǔ liú líng
能诗杜甫，嗜酒刘伶。

zhāng chuò jiǎn dié，chē yìn náng yíng
张绰剪蝶，车胤囊萤。

qú yù xué yǔ，yīng wǔ sòng jīng
鸜鹆学语，鹦鹉诵经。

shí zhēng
十蒸

gōng yuǎn wán yuè, fǎ xǐ guān dēng.
公远玩月，法喜观灯。

yàn tóu zhāng yuè, fèng jí xú líng.
燕投张说，凤集徐陵。

xiàn zhī shū liàn, xià sǒng tí líng.
献之书练，夏竦题绫。

ān shí zhí niù, wèi dào mó léng.
安石执拗，味道模棱。

hán chóu liáng fù, hàn jì bèi cún.
韩仇良复，汉纪备存。

cún lǔ duān mù, jiù zhào xìn líng.
存鲁端木，救赵信陵。

shào yōng shí luàn, líng mǔ zhī xīng.
邵雍识乱，陵母知兴。

shí yī yóu
十一尤

qín gāo chì lǐ, lǐ ěr qīng niú.
琴高赤鲤，李耳青牛。

míng huáng jié gǔ, yáng dì lóng zhōu.
明皇羯鼓，炀帝龙舟。

xī shū zhèng xià, sòng yù bēi qiū.
羲叔正夏，宋玉悲秋。

cái yā yuán bái, qì tūn cáo liú.
才压元白，气吞曹刘。

xìn qín mèng zé, fān xǐ jiāo zhōu.
信擒梦泽，翻徙交州。

cáo shēn fǔ hàn, zhōu bó ān liú.
曹参辅汉，周勃安刘。

tài chū rì yuè, jì yě chūn qiū.
太初日月，季野春秋。

gōng chāo chéng shì, zhǎng rú wéi lóu.
公超成市，长孺为楼。

chǔ qiū shǐ zhuàng, tián yù qǐ xiū.
楚丘始壮，田豫乞休。

xiàng cháng sǔn yì, hán yù dǒu niú.
向长损益，韩愈斗牛。

jìn chú niàng bù, xuán bài yǐn hóu.
琎除酿部，玄拜隐侯。

gōng sūn dōng gé, páng tǒng nán zhōu.
公孙东阁，庞统南州。

yuán dān zhì mào, rén jié xié qiú.
袁耽掷帽，仁杰携裘。

zǐ jiāng yuè dàn, ān guó yáng qiū.
子将月旦，安国阳秋。

dé yú xī yē, yǔ liàng nán lóu.
德舆西掖，庾亮南楼。

liáng yín kuǐ lěi, zhuāng mèng dú lóu.
梁吟傀儡，庄梦髑髅。

mèng chēng qīng fā, yīn hào fēng liú.
孟称清发，殷号风流。

jiàn jī zǐ jìng, fàn jì yáng xiū.
见讥子敬，犯忌杨修。

xún xī lěi luǎn, wáng jī zài zhōu.
荀息累卵，王基载舟。

shā ōu kě xiá, jiāo lù nán qiú.
沙鸥可狎，蕉鹿难求。

huáng lián chí shàng, yáng yǒng lóu tóu.
黄联池上，杨咏楼头。

cáo bīng xùn sù, lǐ shǐ chí liú.
曹兵迅速，李使迟留。

kǒng míng liú mǎ, tián dān huǒ niú.
孔明流马，田单火牛。

wǔ hóu qí shàn, jiǔ bì zhēn xiū.
五侯奇膳，九婢珍馐。

guāng ān gēng diào，fāng mù cháo yóu
光安耕钓，方慕巢由。
shì jī mìng jià，fǎng dài cāo zhōu
适嵇命驾，访戴操舟。
zhuàn tuī shǐ zhòu，lì shàn zhōng yáo
篆推史籀，隶善钟繇。
shào guā wǔ sè，lǐ jú qiān tóu
邵瓜五色，李橘千头。
fāng liú yù dài，lín bǔ jīn ōu
芳留玉带，琳卜金瓯。
sūn yáng shí mǎ，bǐng jí wèn niú
孙阳识马，丙吉问牛。
gě wàng sū xì，niè bào yán chóu
盖忘苏隙，聂报严仇。
gōng yì bǎi rěn，sūn fǎng sì xiū
公艺百忍，孙昉四休。
qián táng yì dǐ，yàn zǐ lóu tóu
钱塘驿邸，燕子楼头。

shí èr qīn
十二侵

sū dān jú jǐng，dǒng fèng xìng lín
苏耽橘井，董奉杏林。
hàn xuān xù lìng，xià yǔ xī yīn
汉宣续令，夏禹惜阴。
méng tián zào bǐ，tài hào zhì qín
蒙恬造笔，太昊制琴。
jìng wēi xiè kuì，míng shàn cí jīn
敬微谢馈，明善辞金。
suī yáng jiáo chǐ，jīn zàng pī xīn
睢阳嚼齿，金藏披心。
gù yán liǔ zhī，xuán dé sāng yīn
固言柳汁，玄德桑阴。

jiāng guì dūn fù, sōng bǎi shì lín
姜桂敦复，松柏世林。

dù yù zhuàn pǐ, liú jùn shū yín
杜预《传》癖，刘峻书淫。

zhōng huì qiè jiàn, bù yí dào jīn
钟会窃剑，不疑盗金。

huán yī nòng dí, zǐ áng suì qín
桓伊弄笛，子昂碎琴。

qín zhāng lǐ yì, sū shì wén xīn
琴张礼意，苏轼文心。

gōng quán yǐn jiàn, yùn gǔ xiáng zhēn
公权隐谏，蕴古详箴。

guǎng píng zuò fù, hé xùn xíng yín
广平作赋，何逊行吟。

jīng shān qì yù, mèng xué tuò jīn
荆山泣玉，梦穴唾金。

mèng jiā luò mào, sòng yù pī jīn
孟嘉落帽，宋玉披襟。

mò jīng sān bài, huò bèi qī qín
沫经三败，获被七擒。

yì yá tiáo wèi, zhōng zǐ líng yīn
易牙调味，钟子聆音。

líng hú bīng yǔ, sī mǎ qín xīn
令狐冰语，司马琴心。

miè míng huǐ bì, páng yùn tóu jīn
灭明毁璧，庞蕴投金。

zuǒ sī sān fù, chéng yí sì zhēn
左思三赋，程颐四箴。

shí sān tán
十三覃

táo mǔ jié fà, jiāng hòu tuō zān
陶母截发，姜后脱簪。

dá mó miàn bì, mí lè tóng kān
达摩面壁，弥勒同龛。

lóng páng jí jiàn, wáng yǎn qīng tán
龙逄极谏，王衍清谈。

qīng wēi mò běi, bīn xià jiāng nán
青威漠北，彬下江南。

xiá fú guō lìng, shàng shòu tóng cān
遐福郭令，上寿童参。

xī yīn qǐ qiè, yīn xiàn tóu hán
郗愔启箧，殷羡投函。

yǔ chēng mǐn shàn, lǔ zhí chén hān
禹偁敏赡，鲁直沉酣。

shī tú bù suàn, gū fù shǒu tán
师徒布算，姑妇手谈。

shí sì yán
十四盐

fēng yí lǐ kuí, gǔ xiàng lǚ yán
风仪李揆，骨相吕岩。

wèi móu chǐ xǐ, péi dù qiān jiān
魏牟尺缌，裴度千缣。

rú zǐ mó jìng, lín shì zhī lián
孺子磨镜，麟士织帘。

huà xīn táo nàn, shū zǐ bì xián
华歆逃难，叔子避嫌。

dào zhī lǐ shè, lǔ jù zhòng yān
盗知李涉，虏惧仲淹。

wěi shēng qǐ xìn, zhòng zǐ fēi lián
尾生岂信，仲子非廉。

yóu cān lí huò, gé fàn yú yán
由餐藜藿，鬲贩鱼盐。

wǔ hú fàn lǐ, sān jìng táo qián
五湖范蠡，三径陶潜。